MEU
LEGADO.com

CB035369

COORDENAÇÃO EDITORIAL
Marcelo Simonato

MEU LEGADO.com

Literare Books
INTERNATIONAL
BRASIL · EUROPA · USA · JAPÃO

© LITERARE BOOKS INTERNATIONAL LTDA, 2022.
Todos os direitos desta edição são reservados à Literare Books International Ltda.

PRESIDENTE
Mauricio Sita

VICE-PRESIDENTE
Alessandra Ksenhuck

DIRETORA EXECUTIVA
Julyana Rosa

DIRETORA DE PROJETOS
Gleide Santos

RELACIONAMENTO COM O CLIENTE
Claudia Pires

EDITOR
Enrico Giglio de Oliveira

ASSISTENTE EDITORIAL
Luis Gustavo da Silva Barboza

REVISÃO
Ivani Rezende

CAPA
Victor Prado

DESIGNER EDITORIAL
Lucas Yamauchi

IMPRESSÃO
Gráfica Paym

Dados Internacionais de Catalogação na Publicação (CIP)
(eDOC BRASIL, Belo Horizonte/MG)

M597 Meu legado.com: histórias de homens e mulheres que marcaram sua geração / Coordenador Marcelo Simonato. – São Paulo, SP: Literare Books International, 2022.
264 p. : il. ; 16 x 23 cm

ISBN 978-65-5922-373-2

1. Autorrealização. 2. Empreendedores. 3. Sucesso. I. Simonato, Marcelo.

CDD 158.1

Elaborado por Maurício Amormino Júnior – CRB6/2422

LITERARE BOOKS INTERNATIONAL LTDA.
Rua Antônio Augusto Covello, 472
Vila Mariana — São Paulo, SP. CEP 01550-060
+55 11 2659-0968 | www.literarebooks.com.br
contato@literarebooks.com.br

SUMÁRIO

9   PREFÁCIO
Marcelo Simonato

11   UMA JORNADA DE FOCO EM VALORES, APRENDIZADO E DESENVOLVIMENTO HUMANO
Alexandre Gomiero

21   O LEGADO DE DONA TEREZINHA BIAGGI
Aramis Biaggi e Geraldo Biaggi

31   RITOS DE PASSAGEM: ESCOLHAS E RENÚNCIAS
Cadu Ocáriz

39   CONHEÇA SEUS PONTOS FORTES: ATIVE SEU LEGADO
Carol Mira

49   O MEU, O SEU, O NOSSO LEGADO: HISTÓRIA DE UM CASAL QUE DECIDIU EMPREENDER JUNTO NA VIDA E NOS NEGÓCIOS
Danielle Faro Oliveira e Mario Cezar Oliveira

57   RESILIÊNCIA COMO ESSÊNCIA
Deborah de Souza Piantavini

65   DO BALCÃO DA MERCEARIA PARA AS SALAS DE AULA DO MUNDO
Domingos Sávio Zainaghi

73   DE ONDE EU VIM? PARA ONDE EU VOU?
Elisa Toda

81   PRESENTES ESCONDIDOS EM MEIO AOS DESAFIOS
Gisele Gengo

89   DO ANONIMATO AO SUCESSO, COM GISELLE SUARDI
Giselle Suardi

97   MOMENTOS DIFÍCEIS SÃO DEGRAUS, ESCOLHA SUBIR!
Helaine Rodrigues

105   LEGADOS NÃO SÃO OPCIONAIS
Iracy da Costa

113   "É IMPOSSÍVEL"
Jaqueline Oliveira Moreira Kanashiro

121   NUNCA DEIXE DE SONHAR!
Leandro Miranda

129   PARA QUE TODAS AS MULHERES POSSAM ESCOLHER SEU DESTINO
Lisa Dossi

137   METAMORFOSE AMBULANTE
Luis Faiock

145   MEU LEGADO: SER O MEU MELHOR
Marcelo Munhoes

153   A IMPORTÂNCIA DE DEIXAR UM LEGADO
Marcelo Simonato

161   LIDANDO COM AS ILUSÕES POR MEIO DO AUTOCONHECIMENTO
Márcia Tejo

169   EU NÃO SONHO, EU PROJETO O FUTURO
Marciano Cunha

177   UM DIA MUITO IMPORTANTE
Marco André O. Sales

185   VOCÊ É O RESULTADO DE SUAS ESCOLHAS!
Mauro Moraes

195   MEU LEGADO DE AMOR, FÉ E PERSISTÊNCIA
Natani Gomes Feijão

203   CONECTAR MENTES E ORGANIZAÇÕES EM ALTA PERFORMANCE
Regina Biglia

211   SOU UM MILAGRE!
Renata Goldfeld

221   UM CONVITE À REFLEXÃO SOBRE O SEU LEGADO
Renato Possancini

229   MEU LEGADO: INSPIRANDO PESSOAS
Renato Toshihiro Kotsuka

237   COMO SEREI LEMBRADO?
Sidnei D. Motter

247   CONECTE-SE COM A VIDA
Silvana Pampu

257   O QUE DEIXAREMOS AQUI? O QUE MAIS IMPORTA A VOCÊ?
Wagner Motta

PREFÁCIO

Olá, me chamo Marcelo Simonato, sou o coordenador e idealizador deste livro. Seja muito bem-vindo!

Em 2021, em meio a uma pandemia que atingiu diversos países, nos vimos em uma situação jamais vista pela nossa geração:

- isolamento social;
- empresas fechando suas portas em larga escala;
- aumento do número de demissões;
- crise econômica e politica;
- volta da inflação e dos juros altos;
- pessoas ficando doentes e muitas vindo a falecer.

Um cenário de guerra, e verdadeiramente estávamos enfrentando uma batalha, só que dessa vez contra um inimigo "quase invisível": o coronavírus.

Foi em meio a esse caos que surgiu a ideia de escrever sobre legado, afinal, percebemos, em momentos como esse, que daqui não levaremos nada e passamos a nos perguntar:

- qual o sentido da vida?
- será que eu fiz o suficiente?
- que marca eu deixei na vida da minha família e das pessoas que conviveram comigo?

Perguntas como essa sempre pairaram em minha mente e quando leio livros como a Bíblia, por exemplo, e vejo ali histórias de homens e mulheres que tiveram seus nomes registrados no livro da vida, penso: Uau! Estamos agora aprendendo algo com uma pessoa que viveu há alguns milhares de anos atrás, quando ainda nem se falava em internet, redes sociais, era digital e muito menos pandemia.

Um exemplo foi Jó. A Bíblia nos conta que Jó era um homem muito rico, talvez o mais próspero de sua época, porém ele foi acometido por uma série de infortúnios: perdeu seu gado, sua plantação, seus filhos e, por fim, sua saúde. Já muito doente, até sua esposa o desengana e o incita a pedir pela morte, porém Jó, homem temente a Deus, segue firme orando ao Senhor e pedindo que Deus abençoasse aqueles que o amaldiçoavam e, já no final de sua história, vemos Jó se reestabelecendo na saúde, nas finanças e tendo inclusive novos filhos.

Jó conclui seu livro dizendo: Senhor, antes eu só Te conhecia de ouvir falar, mas agora os meus olhos Te veem.

Que fé teve esse homem, que viveu há quase 5 mil anos atrás e que deixou um legado para que, hoje, eu e você pudéssemos conhecer sua história de superação, bondade, misericórdia e persistência. Um legado que nos motiva a seguir em frente, rompendo em fé.

Desejo uma ótima leitura e que Deus abençoe a sua vida!

Marcelo Simonato

1

UMA JORNADA DE FOCO EM VALORES, APRENDIZADO E DESENVOLVIMENTO HUMANO

Capacidade de adaptação, persistência e foco em valores são fundamentais para os processos de transformação que enfrentamos. É importante tornar nossos valores e aprendizados em um prefácio para as gerações futuras.

ALEXANDRE GOMIERO

Alexandre Gomiero

Contatos
www.lexgobr.com.br
agomiero@gmail.com
LinkedIn: linkedin.com/in/agomiero
11 99195 7337

Economista e pós-graduado em Comércio Exterior pela Universidade Mackenzie. Com 30 anos de experiência como executivo em empresas multinacionais, teve passagens pelas áreas financeira, tecnologia de informação, planejamento corporativo e melhoria de processos de negócios. Liderou projetos de planejamento estratégico, implantação de sistemas e inovações tecnológicas. Escritor e palestrante, atua como consultor em gestão de projetos, processos e transformação organizacional, com o propósito de apoiar as empresas em suas jornadas de mudanças.

Eu quero ser Analista de Sistemas! Essa era a minha afirmação todas as vezes que alguém me perguntava sobre minhas pretensões futuras durante minha infância. Com certeza era a influência do meu pai, que havia feito um estágio na PRODESP no início da década de 1980 e me dizia que era o emprego do "futuro". Nessa mesma época, eu passava muitas tardes com o meu avô, contando minhas descobertas nos livros e ouvindo suas histórias, aprendendo sobre as plantas que ele cultivava no quintal de sua humilde casa. Desde a minha infância, a maior influência sempre foi a minha mãe, que alicerçou os valores de ética, respeito e honestidade na formação do meu caráter. Percebo que todas essas influências ficaram latentes e juntas na minha fase adulta, impulsionando minha vida pessoal e profissional.

Na minha juventude, apesar de ter grande facilidade com a área de Exatas e uma referência em casa (meu pai era um excelente professor de matemática), foi na área de Humanas que foquei meu grande interesse. Estávamos vivenciando os anos da redemocratização do Brasil, efervescência política, cultural e temas importantes começaram a ser discutidos. Meu sonho era ser escritor, eu passava horas desenvolvendo histórias e até escrevi um romance, que ainda será publicado. Mas a realidade daquele momento me fez buscar outros horizontes: optei por fazer Ciências Econômicas na Universidade Mackenzie. Foi uma oportunidade de unir minhas habilidades em matemática com o meu interesse em história. Ainda poderia fazer uma monografia e deixar um mínimo legado do meu aprendizado.

No início dos anos 1990, o mundo ainda era predominantemente analógico, mas eu percebia que havia um movimento interessante acontecendo que me fazia lembrar do "emprego do futuro" que meu pai me dizia na infância. Em paralelo com a faculdade, comecei a estudar "informática", termo usado para sintetizar as linguagens de programação e os primeiros programas de computação.

Eu já havia trabalhado em alguns empregos anteriormente, mas foi em 1993 que minha trajetória profissional realmente teve início, com o estágio na empresa Unilever, em uma divisão do Agronegócio (Anderson Clayton), no departamento de Tecnologia da Informação.

Lembrava muito do meu avô quando fui conhecer a plantação de grãos e quando fiz estágio em uma fábrica de esmagamento de soja.

Por uma característica pessoal, sempre busquei ser generalista ao invés de ser excessivamente especialista. Apesar da minha intensidade na busca pelo meu próprio aprendizado, eu percebia que precisava conhecer sobre uma grande variedade de temas para ter uma visão sistêmica por onde eu passava. Por isso, eu nunca desperdicei oportunidades, pois elas não eram abundantes.

No início dos anos 2000, eu já estava na multinacional francesa Louis Dreyfus (minha escola profissional, onde trabalhei durante 14 anos), e o mundo corporativo estava impactado com fraudes financeiras no Barings Bank, WorldCom e Enron. Escândalos relacionados à assédio (sexual e/ou moral) também começaram a ser tratados de forma mais aberta. As empresas começaram a se preocupar mais com controles, segregação de funções, ética, integridade e, por fim, compliance. Sempre lembrava de minha mãe e os valores cultivados por ela, que, no novo contexto mundial, tinham ressonância e, principalmente, proporcionavam oportunidades para o meu desenvolvimento profissional.

Passei por várias atividades em um aprendizado contínuo, desde apoio à área comercial até ao departamento financeiro. Tive oportunidades de participar de grandes projetos de reestruturação da empresa, como implantação do SAP, e me consolidei na posição de *Business Controller*.

Foi nessa época que tive a oportunidade de liderar a minha primeira equipe. Desde então, costumo prezar pelo desenvolvimento de laços humanos com os colaboradores, dentro e fora do ambiente de trabalho. Valores são os mesmos no âmbito pessoal e profissional. E, da mesma forma, eu sempre serei imparcial nas avaliações de desempenho da equipe.

Quando entrei na Noble (atual Cofco), em meados de 2009, o mundo ainda estava abalado com a crise financeira do ano anterior, e houve grandes reflexos nas atividades das empresas. Nesse momento, estávamos entrando no mundo VUCA, acrônimo (em inglês) de quatro características da nossa sociedade desde então: *Volatility* (volatilidade), *Uncertainty* (incerteza), *Complexity* (complexidade) e *Ambiguity* (ambiguidade).

A 4ª Revolução Industrial tinha se iniciado, com o foco na tecnologia com modelos operacionais sendo transformados em modelos digitais. Havia chegado o momento de mais uma virada na minha carreira: em 2012, entrei na Multigrain, empresa pertencente ao grupo japonês Mitsui, com a função de PMO

(Project Management Officer) para gerenciar os projetos de transformação da empresa. O principal foi a implantação de um sistema integrado de gestão empresarial (SAP). Eu conto essa experiência em mais detalhes no capítulo 2 do livro *Engage for Business*.

Para um programa de transformação de 2 anos, com vários projetos ocorrendo simultaneamente, com mais de 100 participantes (entre colaboradores diretos e indiretos), foi necessário que eu adaptasse minha forma de liderança para um estilo "facilitador", delegando e compartilhando o poder com a equipe. Essa experiência me fez entender melhor a importância da colaboração entre as pessoas para atingir um resultado ainda superior.

No início de 2015, um novo desafio na Multigrain: estruturar e liderar uma equipe com o objetivo de atuar como um agente de transformação dentro da empresa pós-implantação de um sistema integrado de gestão empresarial. Eu conto essa experiência em mais detalhes no capítulo 1 do livro *Liderando Juntos*. Novamente, o estilo de liderança necessitava ser adaptado para uma forma "transformacional" e "servidora".

Eu buscava maneiras de ajudar a equipe a encontrar realização pessoal no trabalho, criando um ambiente em que eles pudessem mostrar o seu melhor. Atuava como mentor no desenvolvimento e na formação de talentos para a organização. Naquela época, eu já identificava a minha preocupação com o meu legado, de experiência e conhecimento e dos valores.

Em 2018, resolvi seguir minha carreira profissional como consultor e me apresentar como um "Construtor de pontes", atuando no trinômio pessoas/tecnologia/agronegócio, mas não me limitando a eles.

Meu propósito

"Onde as necessidades do mundo e os seus talentos se cruzam, aí está a sua vocação". Essa frase atribuída ao filosofo grego Aristóteles guiou minha busca pelo meu propósito. A identificação do seu propósito é fundamental para nortear suas ações e dar sentido à sua vida. Entretanto, precisamos responder a algumas perguntas para identificar o seu IKIGAI, palavra japonesa que significa "razão de ser" ou "propósito":

1. O que eu amo fazer?
2. O que eu faço muito bem?
3. Pelo que eu posso ser pago?
4. Do que o mundo precisa?

Fonte: www.institutolot.com.br

O meu propósito de vida é "construir pontes". Eu adoro buscar soluções entre as partes e executo essa função com sucesso. O mercado tem oferecido espaço e remunerado cada vez mais quem busca soluções, sejam tecnológicas, processos ou mudanças.

Meus valores

Os alicerces dos meus valores foram construídos desde a minha infância, com fortes padrões éticos que norteiam minha vida e minhas decisões, com muita dedicação e determinação em tudo o que eu faço para conseguir atingir meus objetivos

No papel de liderança, a construção da confiança nos outros e em mim é fundamental nas minhas interações com as pessoas e na formatação da equipe, bem como o respeito e a preocupação com todos que estão ao meu redor.

Eu sempre busquei expandir meu conhecimento e minha visão sobre o mundo e a disposição para refletir sobre meu desenvolvimento interno.

E, finalmente, por meio da minha experiência, eu tenho compreendido a importância de deixar um legado para os outros e um mundo mais sustentável para as gerações futuras.

Meu legado

Como parte de meu amadurecimento pessoal e profissional, venho apresentando preocupação crescente com o meu legado e com os caminhos mais eficientes para apoiar o desenvolvimento das pessoas que trabalharam comigo, principalmente referentes ao estilo de liderança e aos valores que compartilhei e compartilho em minhas relações.

Como profissional reflexivo e crítico, realizo autoanálises constantes e poderia escrever sobre minha percepção a respeito de meu estilo de liderança e meus valores. No entanto, há um provérbio chinês que diz: "Existem sempre três verdades, a minha, a sua e a verdadeira". Nessa perspectiva, realizei um levantamento com 20 dos colaboradores que trabalharam diretamente comigo, visando incorporar neste relato sua visão sobre o meu legado junto a eles. O referencial que embasou tal levantamento foi o Modelo Barrett®[1] em que os colaboradores responderam a três questões fechadas e, utilizando a escala de Likert, a primeira foi relacionada ao estilo de liderança baseado no conceito dos "Sete Níveis de Consciência:

Modelo de liderança Barrett

Fonte: https://www.valuescentre.com/barrett-model/

---

[1] Baseado na hierarquia de necessidades de Abraham Maslow (1976) e alinhado com os sete estágios do desenvolvimento psicológico humano, Richard Barrett desenvolveu o modelo dos Sete Níveis de Consciência que se aplica a todos os indivíduos e estruturas de grupos humanos, sendo instrumento para a transformação cultural.

Outra questão aborda os valores que os colaboradores enxergam em mim e, finalmente, a visão deles sobre o grau de influência de minha liderança em alguns valores. Inclui 8 valores que são muito relevantes para mim e 4 que são pouco relevantes. Os resultados são apresentados e discutidos a seguir.

Questão 1

"Analise cada uma das afirmativas abaixo sobre estilos de liderança (baseada no Modelo Barrett®) e classifique a aderência de cada uma dela à liderança exercida por Alexandre Gomiero, sendo 1 a menor e 5 a maior aderência."

Dentre as categorias de líderes possíveis, 70% dos colaboradores indicaram que meu estilo de liderança se enquadra de forma mais aderente em visionário, mentor ou facilitador. Considero este resultado semelhante à minha própria visão, pois creio que meu estilo de liderança seja de delegação de responsabilidades, promoção e orientação ao crescimento pessoal e visão futura.

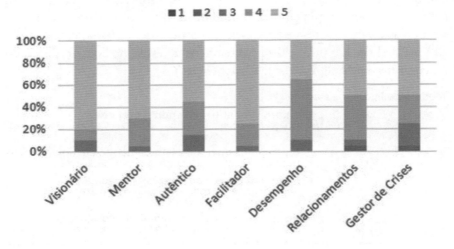

Questão 2

"Analise cada um dos valores/comportamentos abaixo e classifique a aderência de cada um deles nas atividades profissionais de Alexandre Gomiero, sendo 1 a menor e 5 a maior aderência."

Os 5 valores mais citados com maior aderência a mim foram: confiança, integridade, ética, trabalho em equipe e preocupação com gerações futuras. Já valores considerados menos aderentes foram poder, ambição, imagem pessoal e recompensa, que realmente não considero como determinantes de meu perfil.

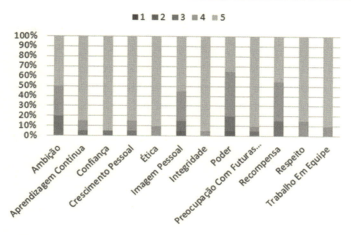

Questão 3

"Agora, você, participante dessa pesquisa, pense na sua própria atuação profissional. Classifique o grau de influência da liderança exercida por Alexandre Gomiero em relação aos seguintes valores/comportamentos, sendo 1 a menor e 5 a maior influência."

Os 5 valores mais citados com maior aderência à influência nas atividades dos colaboradores foram: integridade, ética, trabalho em equipe, respeito e aprendizagem contínua. Podemos verificar que três dos valores mais citados foram coincidentes entre as respostas das questões 2 e 3, demonstrando que existe sinergia entre os meus valores pessoais e aqueles que influenciam meus colaboradores, o que julgo ser um resultado positivo.

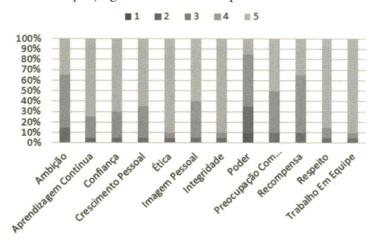

Conclusão

Vivenciei uma jornada incrível nesses 30 anos de carreira. Muitos laços humanos se formaram e muito conhecimento pude trocar com o ecossistema em que estive envolvido. Sigo com a minha permanente "revolução humana" buscando conhecimentos e compartilhando minhas experiências e meus valores. Construindo pontes entre passado, presente e futuro. Essa é a minha missão.

Agradecimentos

Aos colaboradores, que muito contribuíram respondendo ao levantamento apresentado neste texto, e à minha família, pelo apoio incondicional na minha carreira.

Referências

BARRETT, R. *A organização dirigida por valores: liberando o potencial humano para a performance e a lucratividade.* Rio de Janeiro: Editora Campus, 2014.

"Desafios da Liderança em um Ambiente de Transformação". In: SIMONATO, M. *Liderando juntos: um novo olhar para a gestão das gerações atuais.* São Paulo: Literare Books, 2020, p. 09-15.

GOMIERO, A. "Processo Colaborativo na Implantação de Sistema Integrado de Gestão Empresarial" In: SADDY, R. *Engage For Business. Como superconectores aceleram negócios por meio de redes colaborativas.* São Paulo: Literare Books, 2019, p.19-24.MOGI,

KEN, I. *Os cinco passos para encontrar seu propósito de vida e ser mais feliz.* São Paulo: Editora Astral Cultural, 2018.

REIMAN, J. Propósito: por que ele engaja colaboradores, constrói marcas fortes e empresas poderosas. Rio de Janeiro: Alta Books, 2018.

2

O LEGADO DE DONA TEREZINHA BIAGGI

A beleza do ser humano está nas suas ações! Neste capítulo, teremos a oportunidade de conhecer a vida de Dona Terezinha, sua família, o que ela fez e os testemunhos que deu em sua vida. Pessoa simples, dedicada, de vida intensa e de oração profunda. Sua marca foi sempre sorrir, incentivar aqueles que se aproximassem dela, ser feliz, viver na graça de Deus, vencer sempre os desafios e deixar um exemplo de vida.

ARAMIS BIAGGI E GERALDO BIAGGI

Aramis Biaggi

Contatos
aramis.bsp@salesianos.com.br
Facebook: @Aramis Biaggi

Sacerdote Salesiano da Congregação Salesiana. Graduação em Filosofia pela Faculdade Salesiana de Filosofia, Ciências e Letras de Lorena, em 1982; e em Teologia pelo Instituto Teológico Pio XI em São Paulo, em 1989. Licenciado em Pedagogia pela Faculdade Salesiana de Ciências de Americana, em 1991. Fez pós-graduação em Psicopedagogia pela Faculdade Salesiana de Ciências de Americana, em 1992. Fez Mestrado em Educação na UNIMEP, em 2005. Em 2011, concluiu o curso de MBA em Gestão de Ensino Superior, do Centro Universitário UNISAL. Atualmente, é diretor geral da presença salesiana e obra social em Itaquera, São Paulo. Tem experiência na área de Educação, com ênfase em Educação Permanente, atuando principalmente no tema formação permanente.

Geraldo Biaggi

Contatos
biaggigeraldo@gmail.com
Geraldo.biaggi@unisal.br
Facebook: @profgeraldobiaggi / geraldo.biaggi
Instagram: @biaggigeraldo
LinkedIn: Geraldo Vitório Biaggi
Youtube: Geraldo Biaggi
19 99777 9019

Geraldo Biaggi é graduado em Matemática Plena pela Universidade Metodista de Piracicaba (1982); possui MBA em Contabilidade e Auditoria, pelo Instituto Salesiano Dom Bosco de Americana (1986); também mestrado em Educação, pelo Centro Universitário Salesiano São Paulo (1999). É executivo com 37 anos de experiência profissional, atuando em grandes empresas nacionais e multinacionais como chefe de custos. Atualmente, realiza consultorias de custos e orçamentos. É professor convidado pelo Centro Universitário Salesiano de São Paulo – Unidade de Americana – com mais de 35 anos de experiência. Tem como propósito montar feiras de empregabilidade para levar oportunidades de emprego para as pessoas mais necessitadas e desempregadas.

Thereza Muzzi Biaggi, filha de Antônio Muzzi e de Ema Dezorzi Muzzi, nasceu no dia 18 de maio de 1930 –, casada com Victório Biaggi, que nasceu no dia 14 de fevereiro de 1924 –, era de uma família de origem italiana, do segundo casamento de sua mãe.

Terezinha, como era conhecida, teve uma vida muito difícil quando criança. Estudou até a terceira série do Ginásio. Teve de trabalhar muito desde cedo. Sendo Vicentina*, fez muitos trabalhos solidários e implantou no coração dos filhos os gestos de solidariedade permanente. "Ajude sempre os mais necessitados e nunca faltará o essencial para nós", isso nos ensinava desde pequenos. Nos motivava e fazia com que ajudássemos, recolhendo as doações para montar cestas básicas às famílias necessitadas e cadastradas no grupo dos vicentinos.

Em 1975, Terezinha e seu marido adotam a adolescente Tereza de Oliveira.

Comenta P. Aramis: "Levamos uma vida abençoada com pais exigentes e muito religiosos. Participamos dos grupos de coroinhas, perseverança, juvenil e catequese. O pai era vicentino e responsável pelo abrigo para adultos. A mãe, muito participativa na Paróquia Santa Bárbara com Missas diárias e de diversas pastorais com ênfase na Pastoral Vocacional paroquial, fazia visitas frequentes ao seminário diocesano na Paróquia São José, com doações e cafezinhos da tarde na pastoral diocesana."

Terezinha foi Ministra da Eucaristia por muito tempo e da Pastoral da Visitação.

Também fez o compromisso como Salesiana Cooperadora no grupo Bem-aventurada Alexandrina da Costa de Americana e foi muito ativa e benemérita nas atividades e orações; ajudou muito na santificação do grupo. Participava ativamente das reuniões e eventos na Inspetoria Salesiana.

Um dos serviços que ela prestou foi na Casa Dom Bosco de Americana com as crianças mais necessitadas: participava da Missa, servia lanches e conversava com eles, orientando-os sempre.

Muito marcante na vida dela era o seu sorriso, que quando alguém estava com dificuldades, triste ou deprimido, ao visitá-la ou receber sua visita, não tinha como não ficar tão feliz quanto ela.

Filhos de Dona Terezinha

Maria Ema (04/07/1951)

Concluiu apenas a Educação Básica. Começou a trabalhar muito jovem em uma fábrica de tecelagem como ordideira. Casou-se com Benedito Edvar Junque e seus filhos são Silmara Patrícia, que se casou com Márcio Ricardo Sacheto com quem teve os filhos Maria Clara e João Pedro; Anderson Rogério; e Marcos Fernando, pai de Matheus Perecin.

Gaspar (29/05/1954)

Foi para o seminário em 1965 e saiu em 1978; concluiu seus estudos de Pedagogia, Filosofia e Análise de Sistemas. Casou-se com Maria Aparecida Moreno e seus filhos são Denys Eduardo, casado com Soraia Bicudo; Samir; e Mabila, casada com Gustavo Peixoto, mãe de Valentina e Maia.

P. Marco (08/04/1956)

Entrou no seminário em 1968 na cidade de Lavrinhas. Em 1974, fez o noviciado em Pindamonhangaba. Em Lorena, fez as faculdades de filosofia e de pedagogia, nos anos 1975 a 1977. Entre 1978 e 1979, foi professor dos alunos do em Pindamonhangaba. Fez Teologia em São Paulo, no bairro da Lapa, entre 1980 a 1983. Foi ordenado padre em Santa Bárbara no dia 10 de dezembro de 1983. Trabalhou como padre em Moçambique, na África, de 2014 a inícios de 2020; e em São Paulo, de 2020 até hoje.

Terinha (11/09/1957)

Concluiu o curso de Enfermagem e trabalha até hoje na área. Casou-se com José Rizzeto e tiveram filhos: Alexia, mãe de Gabriel Mantovani e Davi Mantovani; e Augusto Cesar, casado com Milena Cestari Maximiano.

Geraldo Vitório (19/11/1958)

Entrou no seminário em 1971 e ficou até 1976. Fez faculdade de Ciências Físicas e Biológicas e Matemática Plena, pós-graduação em Contabilidade e Auditoria e mestrado em Educação. Casou-se com Jumara Aparecidas dos Santos Biaggi, e tiveram duas filhas: Jamile Helena e Giovana – Jamile é casada com Pedro Henrique Siqueira, com quem teve Maria Helena. Trabalhou nas Indústrias Romi S. A. como chefe de Custos, leciona no UNISAL - Unidade de Americana.

Aramis Francisco (27/07/1960)

Entrou no seminário em 1975, em Lavrinhas, São Paulo. De 1980, graduou-se nos cursos de Filosofia e Pedagogia. Em 1982, Lavrinhas. Em 1983, Piracicaba. De 1985, Pio XI, Curso de Teologia. No dia 21 de janeiro de 1989, foi ordenado sacerdote na Cidade de Santa Bárbara d'Oeste. Em 1989, foi trabalhar em Lavrinhas. Em 1990, Americana. Em 1986, São José dos Campos. Em 1997, Piracicaba. Em 2000 Sorocaba. Em 2003 Piracicaba. Em 2008 Colégio Santa Teresinha em Paulo. Em 2014, Pio XI na Lapa. Em 2016 Americana e 2021 em Itaquera.

Natal José (24/12/1963)

Faleceu ainda recém-nascido, no dia 29 de dezembro de 1963.

Luís (15/05/1965)

Fez curso de Administração e pós-graduação Empresarial. Solteiro, está noivo de Tereza Telles.

Tereza (22/05/1960)

Concluiu o Ensino Médio e cursou graduação em Contabilidade. Casou-se com o Dimas Biaggio e teve duas filhas, Débora e Carolina.

Poema: Tereza, Terezinha de muitos sentidos

Minha sogra se chamava "Tereza"...
Tereza Muzzi Biaggi. Era filha de imigrantes italianos que vieram para começar uma vida nova na Terra de Santa Cruz.
Construiu sua vida sobre 2 pilares seguros: a Fé e o Trabalho.
Incansável, rezava constantemente e trabalhava para cuidar da família, dos filhos, dos amigos, dos mais necessitados.
Nunca a vi reclamar... Por mais difícil que fosse a labuta, lá estava ela, pronta e disponível para começar.
Minha sogra se chamava "Tereza"...
Nome dado a mulheres fortes, seguras, determinadas, firmes em Cristo!
Por conta disso e por escolher entrar pela porta estreita, certamente teve muitos sofrimentos e muitas vezes chorou.
Foi mãe de 8 filhos lindos! Frutos abençoados de uma união consagrada a Deus com o Sr. Vitório, que infelizmente não conheci.
Um deles foi para o Céu com apenas 4 dias de vida, e ainda me lembro do seu olhar marejado ao contar como ele era um bebê tão lindo... tão gordinho.
Dois de seus filhos receberam a honra do Sacerdócio e há muitos anos se alistaram nas fileiras sagradas. São agora as colunas da família.
Outro filho seu, Deus preparou para mim, para me encontrar numa viagem santa, por lugares santos, sendo isso o início de uma vida de lutas, austeridade, felicidade e paz na sua bondosa presença.
Minha sogra se chamava "Tereza"...
Grande devota de Santa Terezinha sabia como ninguém viver o caminho da Pequena Via.
Era humilde e desapegada como uma criança, e tudo esperava do Bom Deus.
Amava a Deus com todas as suas forças e depositava em Nossa Senhora toda a sua esperança.

Rezava, rezava muito. O tempo todo, rezava. Foram muitos terços, ladainhas, Santas Missas, adorações ao Santíssimo, cercos de Jericó, ângelus, novenas, viagens à Aparecida etc. Nunca a vi sem um santíssimo Rosário nas mãos e no peito, trazia sempre um crucifixo e a medalha de Nossa Sra. Auxiliadora.

E quanto aos jovens? Muito ajudou com preces e orientações, com sua presença amiga, um porto seguro para os que tinham dúvidas, uma acolhida... uma Mamãe Margarida!

Minha sogra se chamava "Tereza"...

Naquele dia inesquecível, o Céu abriu os seus portões dourados, e ela foi convidada a entrar.

Foi no dia 12 de outubro que recebeu o primeiro convite. Nos dias seguintes, os anjos e as Santas Terezas a visitaram. Enfim, no dia 15 de outubro, Festa de Santa Tereza d'Ávila, ela se foi. Foi celebrar com as outras Terezas, a grande festa que nos espera. Naquele instante, tive a felicidade de estar ao seu lado e de contemplar o seu sorriso mais lindo de todos e a certeza de que a maior sabedoria está em viver toda uma vida na presença de Deus!

Hoje, lá do Céu, sei que ela me olha como antes e diz para Santa Terezinha:

"Minha nora se chama Tereza..."

(TEREZA TELES)

A noite de seu falecimento

P. Marco escreve de Moçambique

Estes recados diferentes a cada irmão na noite em que a mãe morreu. Ele estava sozinho no silêncio e no escuro na capelinha da comunidade de Moatize e imaginava os irmãos velando a mãe e sofrendo sua partida. Mandou uma mensagem para cada um deles naquela madrugada. Lá a noite já avançava cinco horas na frente.

1. "Oi, Ema, você está bem? Sinta-se com o dever cumprido. Se o coração sofre, a fé cresce neste momento. Como Deus foi bom para conosco nos dando esta mãe maravilhosa. Imagino agora a alegria dela diante de Deus dizendo que seu dever foi bem cumprido, e Deus confirmando tudo. Ela

pede por cada um de nós. Não esquece ninguém. Ela foi e é sempre maravilhosa. Estamos juntos. Obrigado por tudo que fez por ela. Beijos."
2. "Fala, Gaspar! Espero que esteja bem. Que dor é esta que a gente sente pelo passamento da mãe? O que nos consola de verdade é saber que agora ela está diante de Deus contando tantas coisas bonitas que fez nesta vida. E Deus a lhe dizer que tudo é verdade. Ela terá a eternidade para contar tanta coisa. Que mulher extraordinária! Que bênção em nossa vida! Quantas lições nos deixou! Permanecerá para sempre em nossa memória. Viva esta mãe verdadeira que temos! Ela vai continuar cuidando de cada um de nós até que estejamos juntos dela contemplando a face maravilhosa de nosso Deus. Abraços. Coragem. Firme aí. Obrigado por tudo que fez e foi para ela."
3. "Terinha, você foi muito especial neste tempo da doença da mãe. Tenha a certeza de que Deus viu tudo que fez com muito amor. Isto perdoa muito dos seus pecados porque mais amou. "Tudo que você fizer ao próximo necessitado, é a mim que o fará", disse Jesus. "Venha bendita para a casa do meu Pai!" A mãe nos ensinou a servir sempre e a renunciar às coisas mais preciosas em nossas vidas por amor a Deus. Hoje estamos preparados para renunciar à sua presença física entre nós. Ela foi em paz. Ela nos deixou a paz. Eu estive presente no momento da partida da mãe quando vocês me chamaram pelo celular e eu consegui ver sua partida para o paraíso. Pude lhe falar para ir em paz ao encontro de Deus. Fiquei feliz. Sinto-me muito próximo aí. Obrigado: Paz para você. Coragem porque você que esteve mais próxima dela vai sentir muito mais. Eu sinto muito não poder estar aí presente para abraçar você e os irmãos e demais familiares e amigos. Mas estou em oração muito unido a vocês e em sintonia com a mãe neste momento de felicidade pela vitória de uma vida vivida intensamente no amor, no perdão, no serviço, na família, na comunidade. Um grande beijo de gratidão a você."
4. "Geraldo, chegou a hora que muitas vezes temíamos, a hora da separação física da mãe de seus filhos e pessoas queridas. Estando longe nesta ocasião pude sentir certa tranquilidade porque eu sabia que vocês estavam cuidando da mãe como fizeram até o fim. Obrigado por tudo. Deus lhes recompense cada gesto de amor a favor da mãe querida. Ela deve estar agradecendo a Deus a vida que teve e as pessoas que fizeram parte dela. Na sua eterna conversa vai sempre pedir por todos. Um dia nos reuniremos com ela junto a Deus. Abraços agradecidos por tudo. Rezo por vocês."
5. "Aramis, você cumpriu um grande e lindo papel neste tempo em que esteve ao lado da mãe. Sua presença aí me sustentou em muitos momentos aqui. Eu sabia que você estaria sempre fazendo o melhor para a mãe. Sempre tive essa segurança. Não sei como agradecer o bem que você sempre me fez. A sua preocupação em me fazer próximo no momento da passagem da mãe para o céu jamais será esquecida. Não tem tamanho a minha gratidão por você. Agora entendo ainda mais a sabedoria da mãe em ter educado seus filhos para servir e vejo como você aprendeu bem esta lição. Meu coração

se volta para Deus só para agradecer esta linda família. Obrigado por tudo. Estou aqui na capela diante de Cristo, que nos consola a todos, rezando por vocês. Gostaria muito de estar aí abraçando você e todos da família. Mas Deus quis assim. Você me deu o melhor presente que nunca pensei que fosse acontecer. Eu estive presente no momento da partida da mãe. E eu a vi partir para o paraíso. Pude lhe falar para ir em paz ao encontro de Deus. Fiquei feliz. Sinto-me muito próximo de vocês. Muito obrigado. Paz para você e para todos aí."

6. "Luís, você está bem? Certamente o coração está apertado. A mãe sempre demonstrou grande afeto por você. E você soube retribuir com sua agradável presença ao lado dela sempre que possível. Ela foi feliz com isso, apesar dos sofrimentos que a vida lhe reservou. Foi mulher forte na vida. Por isso que tinha seu sorriso constantemente. Ela está onde sempre desejou estar. Diante de Deus, reza por nós. Coragem. Obrigado por todo gesto de carinho que você deu a ela e que a deixou mais feliz. Abraços."

O legado

Como vimos, essa é a história de uma mulher batalhadora que, com seu marido, criou oito filhos com muito sacrifício e dedicação. Chamo a atenção para um detalhe que marcou sua vida: estar sempre alegre, otimista e encorajadora de quem se aproximasse dela, sempre com seu terço na mão e rezando pela união das famílias e por paz nos corações. Não poderia deixar passar sem comentar o quanto essa mulher fez pelos pobres, doentes e excluídos pela sociedade. Uma mulher lutadora de um coração ímpar, imensamente bondoso e piedoso! Que seu legado nos sirva de exemplo, que a sua fé nos encoraje a continuarmos com os seus trabalhos.

3

RITOS DE PASSAGEM
ESCOLHAS E RENÚNCIAS

"(...) o tempo de convívio não é determinante para provocarmos impacto. Por vezes, pensamos que a longevidade das relações é que nos revela. Falsa premissa. Muitas vezes, pouco tempo é suficiente para marcarmos nossa presença, independentemente do viés". Espero que este capítulo possa nos vincular: entrego minha história e quero conhecer a sua. Vamos nos conectar?

CADU OCÁRIZ

Cadu Ocáriz

Contatos
www.caduocariz.com.br
caduocariz@gmail.com
Facebook: caduocariz
LinkedIn: Cadu Ocáriz
Instagram: @caduocariz
48 99611 6719

Produtor de conteúdo, palestrante e apresentador de eventos. Há 38 anos no mercado financeiro, com destaque para diretor de produtos, mercados e soluções na Cresol Coop Crédito (2021/Florianópolis). Superintendente estratégia e negócios digitais no Banco Patagonia (2018/Buenos Aires). Gerente executivo de estratégia e organização e de distribuição da rede varejo no Banco do Brasil (2013/2017-Brasília), diretor geral BBAG Espanha (2016/2017-Madrid). *Office-boy* BB (1982/1984-Rio de Janeiro). Cursos diversos no Brasil e no exterior, sendo mais relevantes: Silicon Valley Mission (2020/StartSe-San Francisco), Empretec (2020/Sebrae-SC), *Workshop Digital Business Transformation* (2014/Massachusetts Institute of Technology MIT/Brasília), *Workshop Business Operational Efficiency* (2013/ONU UNIPEACE/Nova York). Ávido por aprender, praticar e compartilhar. Participei como conselheiro nos Sebrae SC e MS, na BB Consórcios e fui membro da Comissão de Acompanhamento e Distribuição de Produtos de Varejo da ANBIMA.

Mamãe e papai

Uma mineira de Juiz de Fora (MG) e um paraguaio das margens do Rio Apa, em Bela Vista (MS), se encontram em um ônibus no Rio de Janeiro, ambos a caminho do trabalho. Anos iniciais da década de 1960, tão emblemática para o mundo por sua revolução de costumes e tão decisiva para a história brasileira pelos seus movimentos políticos e sociais. Nesse contexto, Rubens e Anédia se casam e, em um pequeno apartamento alugado em Botafogo, esquina da São Clemente com Guilhermina Guinle, nasce o primogênito, também primeiro neto paterno e materno. Pois então, na última semana de 1966, conheci o mundo.

Papai e mamãe trabalharam muito. Ela, desde os 14 anos, filha mais velha de 9 irmãos, para ajudar no sustento da família mineira recém-chegada no Rio. Sua grande escola foi a labuta, por quase 50 anos ininterruptos, forjou sua carreira até chegar à Secretária Executiva da Ancar, empresa pioneira dos *Shoppings Centers* brasileiros. Ele, engenheiro químico e economista, primeiro passou pela Petrobrás e seguiu para Furnas Centrais Elétricas. Uma trajetória interrompida tragicamente por um acidente aéreo quando retornava de uma viagem profissional. O ano era 1973, papai virava estrela e mamãe enviuvava, com 3 filhos (eu com 6 anos, Luciana com 2 e o caçula Rafael com menos de 2 meses). Sem dúvida, um dos mais relevantes ritos de passagem da minha vida.

Do papai, guardo lembranças muito mais afetivas do que efetivas. A paixão herdada pelo Flamengo, incluindo minha primeira ida ao Maracanã, algumas brincadeiras na sala do apartamento de Botafogo e o apego à família. Em sua breve passagem por aqui, seu legado foi de honradez, simpatia, gentileza e amor. Quanta saudade e afeto reprimido carrego comigo!

Da mamãe, viva, lúcida e ainda viúva, trago tanto em mim que, por vezes, me assusto – a dedicação visceral ao trabalho e a responsabilidade de mantenedora material e afetiva de toda uma família, seja pela assunção precoce como arrimo para meus avós e tios, seja pela força inexplicável de manter equilibrado e vivo o projeto de família que constituiu com papai. Quanto exemplo e coragem carrego comigo!

Ritos de passagem

Desde que aprendi a expressão "ritos de passagem", assumi em minha trajetória a prática de acolher e fazer dos momentos de inflexão, alavancas de resiliência, impulso e renovação de votos com a vida. Penso que nosso grande matrimônio é com a vida. Enquanto o tempo é o padrão que serve como uma função matemática, cujas incógnitas construímos e desconstruímos com nossas escolhas e livre arbítrio, a vida é nosso cônjuge desde a concepção até o último puxar de ar. É um casamento típico, com prazer, crises, desafetos, amor, saúde, doença, tristeza, alegrias e cuja separação definitiva sabemos qual é, mas não queremos, podemos ou devemos conhecer a hora.

Minha vida tem sido repleta de ritos de passagem, pilares de meu legado. Enumero-os: nascimento, ser Flamengo até morrer, primeira ida ao Maracanã, morte de meu pai, entrada no Colégio Santo Inácio, os encontros do OPA (grupo católico Oração pela Arte), posse no Banco do Brasil, casamento com Patrícia, viagens (cada uma delas), adoção dos meus 3 filhos (Pedro, Carol e João), 19 mudanças de casa e 11 de cidade, aposentadoria, retorno ao mercado de trabalho na Cresol, "reaposentadoria".

Para cada um destes ritos e seus desdobramentos, poderia escrever diversos artigos. São vivências intensas, ora eufóricas, ora devastadoras, absolutamente disruptivas nos meus recentes 55 anos. Há muita paixão em cada decisão que tomei, sempre com o apoio de muita gente. E esta é a maior fortuna: sinto-me amado por amigos, colegas, família e, especialmente, por minha amantíssima esposa e pelas crianças, filhos de nossos corações.

Impactos

Para escrever este artigo, primeiro relutei internamente com o título do livro. A princípio, achei pretensioso demais falar sobre meu legado. Nunca quis voluntariamente ser exemplo para ninguém. Obviamente, sempre soube das pessoas com quem convivi, assim como nelas me espelhava para inspiração de muitas das minhas escolhas, eventualmente também poderia ter impacto em suas histórias.

Diante da dúvida, promovi uma pesquisa na qual perguntei à minha lista de contatos do celular e das redes sociais qual impacto ou lembrança mais significativa conservam de mim. Obtive 103 respostas de amigos, colegas, parentes, conhecidos, gente que gosta ou desgosta de mim, alguns que convivi por um mês e pessoas da vida inteira. Pedi transparência, parcimônia nos elogios e firmeza naquilo que incomodei. Não queria ter como resultado uma falsa sensação.

Fiquei feliz com os *feedbacks*. Para quase todos, há uma imagem positiva de parceria, dedicação, inspiração, firmeza, foco, simpatia, sorriso, afeto. Para alguns, preocupação no descaso com a saúde, a falta de cuidado com meu corpo e como minha impulsividade passou dos limites e virou "sinericídio", neologismo muito pertinente ao meu senso de humor.

Outro dado impressionante foi constatar que tempo de convívio não é determinante para provocarmos impacto. Por vezes, pensamos que a longevidade das relações é que nos revela. Falsa premissa. Muitas vezes, pouco tempo é suficiente para marcarmos nossa presença, independente do viés.

Foi muito legal receber retorno de algumas pessoas muito distantes até da memória e revelador não ter a opinião de outras, bem mais próximas. Não julgo os porquês, mas fico com o fato. Declararam-se amigos alguns que guardo como colegas ou conhecidos; colocaram-se como colegas uns que considero em meu peito como amigos. Que lição de perspectiva emocional aprendi com este exercício! Recomendo e, se alguém quiser experimentar, basta pedir que compartilho a estrutura da pesquisa, simples e direta.

Entretanto, o que ficou de mais forte foi poder enxergar nas linhas e entrelinhas dos depoimentos uma imagem amplificada do que o espelho revela quando busco o autoconhecimento. Sem falsa modéstia ou autocrítica exagerada, me considero um cara legal, muitas vezes engraçado, inteligente, crítico, com humor ora leve, ora cáustico, formador, apaixonado por compartilhar conhecimento e experiência, coração acima da razão, comprometido, dedicado, focado em relacionamentos e resultados, firme nos valores e ideias que defendo e responsável até demais. A essa autoimagem, se juntaram nos depoimentos a impulsividade, a força das palavras que elevam ou magoam, a falta de compromisso com um estilo de vida saudável, a arte de comunicar em público e conseguir mobilizar pessoas. Por essa pesquisa, descobri que meu legado para muitos foi ensinar a tirar os olhos do chão e enxergar o horizonte.

Escolhas e renúncias

Assim como adotei por alavancas os ritos de passagem, carrego como lema de vida as faces da mesma moeda: escolhas e renúncias. Tal qual na lei da ação e reação, escolhas e renúncias são siamesas e quase sempre proporcionais: para importantes escolhas, renúncias significativas; o contrário nem sempre é verdadeiro. Mas há exceções que justificam cada decisão e isto é reconfortante!

Senão, vejamos: ao permanecer por 37 anos no Banco do Brasil, escolhi um horizonte com inúmeras oportunidades, crescimento pessoal e profissional em uma das empresas mais éticas e fantásticas de nosso país. Um banco que realmente dignifica ser o único a carregar no sobrenome o Brasil. Em minha trajetória, fui *office-boy* e alto executivo, incluindo duas expatriações, para Espanha e Argentina. Contratei operações de microcrédito e conduzi carteiras bilionárias. Aprendi a ser chefe; desaprendi. Aprendi a ser gerente; desaprendi. Aprendi a ser gestor; desaprendi. Aprendi a ser gente que se relaciona com gente, 360 graus, 24 horas por dia, 7 dias por semana. Quanta paixão me invade ao relembrar cada passagem, colegas, contratos e vendas que mudaram vidas e negócios dos clientes, a busca incessante pela construção de um país mais justo. Renunciei a uma promissora carreira de publicitário e diretor de cinema, universo que transitei também por paixão, mas que virou uma saudosa não escolha.

Como meu legado para essa empresa bicentenária, com quase 100.000 funcionários, resumiria em uma palavra: inconformismo. Fui inconformado com o *status quo* vigente e beligerante na busca do novo. Inaugurei agências, ajudei a incorporar outros bancos, formei gente para entender o significado e relevância do seu trabalho, respeitar clientes e todos os *stakeholders*. Participei ativamente de uma corporação que se vincula à própria história do país, desde a vinda da família real em 1808. Um banco público de economia mista com robusta governança, difícil de quebrar ou desfazer por decreto, pela honrosa missão que se renova diariamente no amor dos seus funcionários e na fidelidade do que chamo "comunidade BB". Em projetos que liderei, da minha capacidade de comunicar e engajar, coloquei muita gente na mesma *vibe* e, por meio deles, de alguma forma perpetuei minha passagem por ali. Planejei, conduzi, gerei conteúdo e apresentei encontros e eventos para as milhares de lideranças da empresa, em centros de convenções e estádio de futebol. Não foi em vão e nada pode ser em vão. Podendo oferecer algum conselho, cito um grande amigo e mentor, Zeca, ex-diretor do Banco: "não se economize", dizia ele para toda a equipe. Ou seja, busque a plenitude do que pode ser; afinal, quais são nossos limites além daqueles que nos impomos por medo ou preguiça? Deixando algum legado para o BB, sei que pude cumprir de fato meu papel de cidadão brasileiro com real senso patriótico. Quanta realização carrego!

Ao me casar com Patrícia, escolhi, parafraseando Caetano na canção "Dom de Iludir", as dores e delícias de viver a dois. Que felicidade ter encontrado uma parceira de vida e legado! Menina do interior, linda, também funcionária do BB, organizada, extremamente sensível e inteligente, vive e morre pela família sem pestanejar! Ensina todos os dias que prioridade e exemplo de verdade não se discursam; se demonstram agindo. Assim, com força de mãe, filha, companheira, namorada, ajudou a transformar minha vida no que sou. Se é que tenho algum legado, sua participação é bem mais do que relevante: é imprescindível. Que renúncias fiz? Uma vida mais leve e desregrada? Neste caso, nem sei dizer. A melhor escolha e renúncia que fiz em minha vida. Quanto amor carrego!

Ao adotar meus filhos, escolhi o renascimento pela paternidade. Ter filhos do coração não é simples, tanto pelo processo formal em si, trabalhoso e angustiante, mas também pela história pregressa que as crianças trazem. Com a autoridade de três adoções, afirmo que o amor vem da convivência e do afeto construído no relacionar, muito além de quaisquer fatores genéticos e biológicos. Pedro Cauê, Maria Carolina e João Victor são o melhor pedaço de mim, meu DNA não científico, minha genética improvável, meu legado de fato para a humanidade. Digo a eles com frequência: "papai e mamãe podem ensinar, dar exemplo e orientar; as escolhas serão sempre de vocês". Afinal, quem não divide, não tem nada. Renunciei aos filhos biológicos ou gerados por algum dos avançados métodos de concepção, renunciei a viagens sem programação, horas de sono intermináveis, não precisar me preocupar com o futuro. Quanta alegria por essa escolha e renúncia! Quanta concordância e discordância com o poetinha Vinícius! Afinal: filhos? Melhor tê-los! E quando os temos é que o sabemos! A eles, meu legado de fato. Ninguém sabe tanto minhas fragilidades, fraquezas, inseguranças, incoerências! Ninguém viveu, vive e viverá tanto o que fui, sou e serei. Quanta luz em minha existência!

Carpe diem, todos os dias

Elegi para falar de legado minha principal história profissional, o casamento e os filhos. Mas todos os meus ritos de passagem e as implicações de cada escolha e renúncia feitas formam meu legado.

Afinal, legado pode ser obra, produção, história de vida; o castelo de areia feito com 7 anos em Ipanema e que durou o sabor das ondas, o voo que não chegou ao destino planejado, o violão mal tocado, o inglês imperfeito. Pode estar nas caixas de mudança, nos álbuns físicos e digitais de fotografias, no gol marcado na pelada ou gritado em vermelho e preto na arquibancada, em cada amigo que se fez presente ou ausente, mas que vive no coração, na fé que professamos, na canção desafinada cantarolada em meio a sorrisos ou lágrimas.

Enfim, meu legado é ser pai, esposo, filho, profissional, em tudo apaixonado. É presença, distância, beijo e abraço que dei e recebi. Meu legado nada mais é do que algum impacto que possa ter causado e que, por um breve ou longo momento, afetou algum existir. E afetamos, legamos, impactamos. O universo não seria o mesmo sem cada um de nós.

Querendo saber mais, adoro conversar. Vivo aposentado por opção em Florianópolis e adoraria conhecer sua história. Afinal, vivo em uma ilha, mas ninguém é ilha. Somos continente, plenos de tudo o que nos cerca! Obrigado por seus olhos e sentimentos!

4

CONHEÇA SEUS PONTOS FORTES
ATIVE SEU LEGADO

O legado é uma expressão dos nossos pontos fortes, daquilo que há de melhor em nós. Ao viver nosso legado, automaticamente usamos nossos dons e talentos para entregá-lo ao mundo. Neste capítulo, convido-o a refletir sobre a importância de identificar seus pontos fortes e como conectá-los com seu legado.

CAROL MIRA

Carol Mira

Contatos
www.carolmira.com
contato@carolmira.com
Instagram: @carolmiradh
11 97488 1801

Mentora de carreira e especialista em Desenvolvimento Humano. Também é escritora, palestrante e CEO da Carol Mira Desenvolvimento Humano, criada com a missão de desenvolver profissionais e equipes nas competências humanas para melhores resultados. Graduou-se em Administração de Empresas pela PUC-SP e possui pós-graduação em Consultoria Empresarial pela FIA-USP, em Psicologia Organizacional pela PUC-RS e MBA em *Executive Coaching* pela UniBF/Faculdade Febracis. Atuou por 10 anos no mundo corporativo e há 6 anos empreende em seus negócios próprios. Como *coach* e mentora, acumulou mais de mil horas em atendimentos individuais e em grupo. É apaixonada pelo poder de transformação das pessoas, inspirando-as diariamente a desenvolverem e a ativarem seus talentos.

É pelo meu legado que decidi fazer parte deste livro. É por acreditar que, no fim, o nosso legado é o que faz tudo ter sentido.

Meu objetivo é te servir com esta leitura, compartilhando meu conhecimento para que você encontre e tenha clareza do seu legado. Se você já o encontrou, exerça-o cada vez mais de forma intencional, pois ele transforma pessoas. Agora, se ainda não o encontrou, anime-se e levante-se para encontrá-lo. Você nasceu para ser lembrado, contudo, as memórias a seu respeito serão construídas com base em suas atitudes, que serão norteadas pelo seu propósito.

Existe algo natural em você que te desperta para o seu legado.

Já parou para pensar que por trás daquilo que você faz bem, pode estar o seu legado? Que pode não ser um simples talento, mas a forma como você pode contribuir com o mundo, gerando impacto e transformação na sua história e na de outras pessoas?

Compartilharei o que aprendi sobre "legado" ao longo da minha vida e como isso está diretamente conectado com meus talentos naturais e meus pontos fortes.

Sou de Guarulhos-SP, vim de uma família humilde. Minha mãe era do lar – optou por não trabalhar para cuidar de mim e da minha irmã – e meu pai trabalhava em dois empregos para conseguir garantir nosso sustento e educação. Tínhamos o básico, nada abundante. Apenas o que precisávamos.

Graças à dedicação deles, pude ter acesso a uma boa formação escolar que, ao longo da minha vida, me rendeu bons frutos.

Quando criança, era muito ligada aos estudos. Gostava de ler, escrever, aprender e, principalmente, ensinar os outros. Era daquelas alunas que aprendia a matéria e na sequência estava explicando para outros coleguinhas. Era comum eu liderar grupos de estudos para provas e apresentar trabalhos para a turma. Primeiro aprendia, interpretava, criava estratégias próprias de estudo e depois ensinava aos meus colegas. Sentia muita satisfação em fazer isso.

Na infância, meu sonho era ser professora. Adorava ensinar e me comunicar. Não sabia, mas minha grande realização estava atrelada ao ato de entregar valor às pessoas.

No momento de ir para a universidade, decidi cursar Administração de empresas. Nessa fase, o meu objetivo era poder atuar em grandes empresas e ser uma mulher de negócios. Foi nesse período que iniciei no mundo corporativo, onde atuei por 10 anos. E, novamente, aquele comportamento de infância se replicava. Era muito criativa, comunicativa e sempre me colocava à frente de grandes projetos, buscando gerar valor para as pessoas e para a empresa.

Em 2015, logo após me tornar mãe, decidi empreender. Abri uma padaria em sociedade com meu esposo. Foi um momento bastante desafiador da minha vida. Estava totalmente fora da minha zona de conforto. Precisei me preparar bastante para enfrentar esse desafio, mergulhei nos estudos e busquei novos conhecimentos. Com muita dedicação e empenho, consegui bons resultados nessa empreitada, mas sentia que não era totalmente realizada nessa atividade.

Sentia falta de conhecer claramente o meu propósito e meu legado. Tinha a sensação de não estar explorando o meu verdadeiro potencial. Queria entender por que fazia o que fazia. Para quê e para quem fazia?

Esses questionamentos foram o início de uma importante jornada de autoconhecimento.

Aliás, já deixo a **primeira estratégia**: você só terá clareza do seu legado se desejar procurar por ele. Questione-se!

Esse processo não foi fácil, precisei de muitas leituras, cursos, mentorias e momentos de reflexão.

Anote a **segunda estratégia**: você precisa ter momentos para refletir sobre a sua vida! Sobre seus sonhos, metas, fraquezas, pensamentos, sentimentos e resultados. A reflexão (quase que diária) é fundamental para que você tome decisões rápidas de mudança!

Na sequência, fiz uma nova transição de carreira, e de gestora de negócios, me tornei *coach* e especialista em Desenvolvimento Humano, ajudando pessoas e profissionais que buscam direcionamento para suas vidas, carreiras e negócios. E, mais uma vez, me vi exercendo aquele comportamento da infância – o de criar valor para as pessoas por meio do meu aprendizado. Essa sempre foi a minha busca.

Ao longo do processo de autoconhecimento, encontrei respostas e meu propósito. E conhecer meu talento e pontos fortes ao longo da jornada foi uma chave essencial para entender meu verdadeiro legado.

O aprendizado

Refletindo sobre o que compartilhei anteriormente, sempre que eu buscava impactar e criar valor para as pessoas, eu estava executando essas ações a partir da ativação dos meus pontos fortes: facilidade na comunicação, criatividade para inventar métodos de estudos e habilidade com pessoas são alguns dos exemplos que estavam sempre presentes nesses momentos.

Ao ativar meu talento e trazer à tona meus pontos fortes percebidos desde a infância, eu já estava preparando meu legado. Como costumo dizer: "O nosso legado tem relação direta com nossos pontos fortes."

O que são pontos fortes?

Para facilitar sua compreensão, vamos definir os termos "talento" e "ponto forte".

Com base no conceito de M. Buckinham (2017), o talento é

> Qualquer padrão recorrente de pensamento, comportamento ou sensação que aparece naturalmente. São aptidões naturais que nos fazem agir de determinada maneira frente às situações do dia a dia.

Em *Descubra Seus Pontos Fortes 2.0*, Tom Rath (2019) afirma que, ao identificar o "talento" e dedicar tempo à prática e ao desenvolvimento de suas habilidades, criamos um "ponto forte". Ou seja, transformar seus talentos em autênticos pontos fortes exige prática e dedicação. É reconhecer aquilo em que sou bom e praticar diariamente ao exercer minhas atividades, de forma intencional, sem esperar por estímulos externos.

No meu caso, nasci com um talento potencial para a comunicação, mas, se ao longo da vida não exercitasse isso em aulas, apresentações e palestras, não teria esse talento desenvolvido e isso não seria um ponto forte, como hoje é.

Qual é o seu talento? Você tem colocado isso em prática para transformá-lo em um ponto forte?

Talento é 1% inspiração e 99% transpiração.
(THOMAS EDISON)

Pontos fortes x propósito x legado

Para falar sobre legado, quero reforçar o conceito de propósito.

"Propósito" é uma razão, um sentido para você fazer o que faz, está relacionado a suas ações diárias. É algo alinhado à sua visão extraordinária de futuro. Está mais associado ao seu mundo interior, à busca por uma satisfação.

Já o "legado" é o que você deixa para o mundo e para as pessoas a partir de suas ações, é o que você constrói baseado no seu propósito. Está conectado ao mundo exterior.

Quando você tem a definição do seu propósito, ele resulta no legado bem estruturado, que pode ser recebido por outras pessoas.

O legado é aflorado quando começa a existir o impacto na vida de outras pessoas. É passar pelo mundo, encontrar pessoas, conviver no coletivo e perceber como o mundo vai se transformando a partir da nossa intervenção. Esse mundo que ajudamos a transformar é o nosso legado.

Minha pergunta é: como você transforma o mundo à sua volta por meio das suas ações e do seu trabalho?

Conhecer o seu legado exige um olhar para si, exige autoconhecimento.

Quando digo que o seu legado tem relação com seus pontos fortes, é porque será por meio deles que você vai gerar impacto positivo ao seu redor. São pelos seus pontos fortes que você será notado e se destacará.

E afirmo isso não só com base em minha história, mas com base na minha experiência como coach e mentora, em que ajudei vários clientes a se conectarem com seu propósito e legado a partir da identificação e da confirmação de seus pontos fortes.

Reflita...

Quais são suas características, seus pontos fortes e as atitudes marcantes pelas quais as pessoas te reconhecem?

O que você pode descobrir...

Acredito que o seu legado está com você desde que nasceu e que o seu grande desafio durante a vida é identificá-lo. Como contei na minha história, o meu legado de entregar conhecimento de valor para as pessoas sempre esteve comigo ao longo da vida.

Esse é o objetivo deste capítulo: mostrar que pela percepção e pelo entendimento dos seus pontos fortes é possível ter maior clareza sobre o seu legado.

Uma ação fundamental para isso é buscar autoconhecimento. Seja por meio de livros, vídeos, treinamentos de imersão, *coaching* ou mentorias.

Esse processo vai trazer clareza sobre sua identidade, seu perfil, seus talentos e pontos fortes.

É comum pessoas se notarem perdidas e confusas em relação ao seu legado por não estarem ativando seus pontos fortes diariamente. Por talvez estarem focando em algo em que naturalmente elas não são excelentes.

Segundo Tom Rath (2019) "ao aperfeiçoarem seus pontos fortes, as pessoas têm um potencial de crescimento muito maior do que ao tentarem corrigir suas deficiências".

E isso é algo naturalmente influenciado pela sociedade. No livro *Descubra seus Pontos fortes 2.0*, o autor reforça que:

> O objetivo de quase todos os programas de aprendizado é ajudar a nos tornarmos aquilo que não somos. Se você não tem um talento natural para números, ainda assim é obrigado a se dedicar à matemática para obter um diploma. Se não for dotado de muita empatia, será enviado a um curso para incluir empatia em sua personalidade. Do berço ao trabalho, devotamos mais tempo às nossas deficiências do que aos nossos pontos fortes. (RATH, 2019)

Superar deficiências é uma parte essencial do princípio que define nossa cultura, o que nos leva a um caminho de maior resistência e nos distancia do nosso legado. Pesquisas do Instituto Gallup apontam que cada um de nós tem um potencial de sucesso maior em áreas específicas e que a chave para o desenvolvimento humano está em crescer a partir do que você já é. Impactar o mundo por meio dos seus talentos naturais, daquilo que você já faz com facilidade, naturalidade e excelência.

Então, convido você a fazer um exercício neste momento.

Pense sobre suas 3 maiores conquistas ao longo da vida. Coisas que aconteceram pela sua vontade, dedicação e empenho.

Agora reflita... Para realizar essas conquistas:

- Quais pontos fortes foram ativados em você?
- Quais características naturais da sua personalidade vieram à tona ao realizar cada uma dessas conquistas?
- Existem características em comum nessas 3 conquistas que você identificou? Se sim, provavelmente esses são seus pontos fortes.

Escreva-os a seguir:

_____
_____
_____

O que quero mostrar é que, a partir dessa reflexão, você tem uma pista para entender qual é o seu verdadeiro legado.

Voltando à minha história, desde a minha infância, eu sempre fui criativa. Tinha facilidade em aprender algo, criar e ensinar isso de forma simples para as pessoas, causando motivação e inspiração para se desafiarem.

Na escola era assim, na faculdade também. Muitas pessoas se conectavam comigo porque sentiam-se beneficiadas pelas minhas habilidades.

Hoje, como *coach* e mentora, trago isso para o meu dia a dia. Aprendo sobre o comportamento humano e ajudo pessoas a identificarem seus pontos fortes, suas habilidades, e a fazerem um plano de autodesenvolvimento comportamental.

Agora, desafio você a desenvolver o seu quadro de pontos fortes, propósito e legado.

Meus pontos fortes: criatividade, comunicação hábil, positividade, individualização, curiosidade.

Meu propósito: ensinar pessoas sobre desenvolvimento humano e comportamental, orientando-as com ferramentas e métodos estruturados para que se desenvolvam e alcancem os seus resultados desejados.

Meu legado: ajudar pessoas a identificarem e terem clareza de seus talentos e pontos fortes, para que acreditem mais em si próprias e despertem seu verdadeiro potencial nesta vida.

O nosso legado

Pessoas precisam do legado de outras pessoas

Creio que nós temos um legado em comum. Na minha visão, o nosso legado é aprender a explorar e a comunicar nossos pontos fortes, dons e talentos e levá-los ao outro.

Escrevendo e refletindo sobre esse capítulo, concluo que "as pessoas precisam do legado de outras pessoas para evoluírem".

As pessoas que inspiram você, fazem isso por meio do legado delas e, muitas vezes, até sem saberem. Por isso, incentivo você a buscar ter clareza sobre seu legado, incansavelmente, até que você veja na prática o impacto dele na vida de outras pessoas. O valor disso é inestimável e garanto que será uma de suas maiores recompensas.

Construí meus talentos nos ombros do talento de outra pessoa.
(MICHAEL JORDAN)

Uma pequena parte que gera frutos

O seu legado é para as pessoas. Se você quiser melhorar a sua vida e a das pessoas à sua volta, precisa agir.

Neste capítulo, compartilhei com você meu legado, como o encontrei e qual a importância de conhecer seus pontos fortes para ativá-lo. Espero que esta leitura inspire você a fazer isso, caso seja o seu desejo.

Para encerrar, compartilho uma pequena reflexão. Certa manhã, li um trecho de um devocional da Joyce Meyer (2013) que dizia assim:

> Quando Deus criou todos nós, Ele moldou e planejou cada pessoa, soprou em nós o fôlego da vida e depois pegou uma pequena parte de Si mesmo e colocou dentro de cada um.

Entendo que essa pequena parte é nosso diferencial, porque somos únicos. Representa o nosso talento. Cabe a nós desenvolvê-la e entregá-la ao mundo, transformando-a em nosso legado.

Agradeço pela sua leitura, deixo meu pedido para que compartilhe essa obra e este capítulo com outras pessoas que desejam conhecer a si e ao seu legado.

Referências

BUCKINHAM, M. *Descubra seus pontos fortes.* Rio de Janeiro: Sextante, 2017.

JOTA, J. *Ultracorajoso: verdades incontestáveis para alcançar a alta performance profissional.* São Paulo: Editora Gente, 2021.

MEYER, J. *Um novo dia, um novo você: 366 devocionais para desfrutar a vida diária.* Belo Horizonte: Bello Publicações, 2013.

RATH, T. *Descubra seus pontos fortes 2.0.* Rio de Janeiro: Sextante, 2019.

5

O MEU, O SEU, O NOSSO LEGADO

HISTÓRIA DE UM CASAL QUE DECIDIU EMPREENDER JUNTO NA VIDA E NOS NEGÓCIOS

Neste capítulo, a história da construção do legado e da transformação de relacionamentos e famílias, por meio do autoconhecimento e do autodesenvolvimento financeiro e pessoal (com base na inteligência financeira e emocional), será narrada ao longo da trajetória do casal Danielle e Mario, que decidiu empreender a sua família e o seu negócio baseados no mesmo propósito de vida.

**DANIELLE FARO OLIVEIRA E
MARIO CEZAR OLIVEIRA**

Danielle Faro Oliveira e Mario Cezar Oliveira

Contatos
www.ethernatreinamentos.com.br
comercial@ethernatreinamentos.com.br
15 99804 7905

Danielle Faro Oliveira é formada em Direito, com MBA em Gestão de Marketing e pós-graduada em Neurociências. Tornou-se psicanalista, *coach* e terapeuta especializada em Inteligência Emocional.

Mario Cezar Oliveira é formado em Processamento de Dados, pós-graduado em Administração de Empresas, com MBA em Gestão Estratégica e Econômica de Negócios e pós-graduando em Inovação Empreendedora.

Ambos são profissionais da educação financeira e membros da ABEFIN (Associação Brasileira de Profissionais de Educação Financeira).

Quando um homem com sonhos encontra uma mulher de visão, o sucesso torna-se inevitável.
ANÔNIMO

Empreender uma família não é tarefa fácil. Quem dirá um negócio e ainda, construir um legado? Deixar um legado no mundo significa sermos lembrados pelo que construímos quando não estivermos mais aqui. A questão é que só podemos deixar um legado positivo quando baseado em nosso propósito, pois, somente assim, nossas atitudes serão passíveis de edificar nossa trajetória.

Contudo, descobrir nosso propósito de vida nem sempre é algo fácil. Aliás, talvez seja uma das perguntas mais complexas a serem respondidas pelas pessoas no decorrer de suas existências.

Mas, para o casal Danielle e Mario, a resposta para essa questão sempre esteve ali, escondida no meio da história de ambos sem que eles se dessem conta. Um propósito nascido exatamente da mesma origem que entrelaçou a vida deles: o amor e as diferenças entre ambos.

O casal começou a construir esse legado há mais de vinte anos, quando Mario chegou com um sorriso no rosto, um pouco tímido, perfumado e com gel no cabelo, em uma festa que Danielle quase havia desistido de ir.

Mario era ainda recém-formado na faculdade e havia começado a trabalhar há poucos meses. Danielle, apesar de pouco tempo formada, já possuía uma carreira em crescimento na advocacia e iniciava uma vida independente de sua família.

Foram 3 anos entre namoro e noivado até o casamento, em 18 de março de 2000. Naquela época, Mario já possuía uma carreira promissora em uma das instituições financeiras mais conceituadas do país. Danielle, além de advogada, também era professora universitária e, mesmo jovem, já havia conquistado visibilidade profissional. Em resumo, formavam um casal que prometia construir um futuro de sucesso.

O casamento aconteceu em uma cerimônia tradicional com direito a vestido branco, coral, músicas românticas italianas, flores e uma festa de comemoração. Esse foi o primeiro sonho realizado pelo casal, e o segundo sonho já se concretizaria 1 ano depois: estavam grávidos do Raphael.

A vida parecia um conto de fadas. Ambos cresciam profissional e financeiramente, tinham um bebê de 1 ano e meio, moravam em uma casa própria e viviam com prosperidade.

A "roda dos hamsters"

Foi então que, em um dia comum, no início de abril de 2003, Danielle foi diagnosticada com Esclerose Múltipla (EM), mudando a história dessa família.

Para quem não conhece, a EM é uma doença neurológica crônica, progressiva, autoimune e sem cura conhecida que, de forma resumida, em decorrência de lesões neurais geradas pelo próprio sistema imunológico faz com que o seu portador sinta sintomas diversos, como perda de ações motoras, fadiga intensa, fraqueza muscular, alterações visuais, auditivas, dentre outras.

De repente, um grande desafio havia sido apresentado ao casal. Danielle precisaria do apoio emocional do Mario, e ele, ser forte o suficiente para administrar uma esposa com saúde fragilizada e um bebê.

Foi nesse momento que as palavras proferidas no altar da Igreja de seu casamento realmente fizeram sentido: "...na alegria e na tristeza, na saúde e na doença... amando-te, respeitando-te e sendo-te fiel em todos os dias de minha vida, até que a morte nos separe..."; e, após a internação hospitalar para o tratamento médico, os sintomas regrediram e Danielle poderia voltar à sua rotina normal.

Contudo, retornar à "rotina normal" significava para Danielle voltar ao trabalho no estilo *workaholic*, baseando-se na crença de crescer profissionalmente a qualquer custo, ganhar dinheiro, ter sucesso e manter um bom padrão de vida. Ou seja, a "roda dos hamsters".

O hamster é um roedor inquieto e nervoso que precisa correr em sua roda como válvula de escape. Seres humanos não são roedores, mas também adoram a "roda dos hamsters", principalmente quando buscam desmedidamente a prosperidade financeira ou o sucesso profissional.

Girando, girando a sua "rodinha", Danielle não se dava conta de que viver assim a afastava cada vez mais dos seus princípios, valores e propósito de vida. Girar a roda somente a mantinha escrava de um ciclo vicioso, cega em relação ao mal que estava gerando para a sua saúde e, principalmente, para a sua família, pois, mesmo que o trabalho fosse algo exaustivo, a satisfação pessoal, profissional e financeira que sentia se justificava, mesmo que o preço a pagar fosse alto.

Infelizmente, ela escolheu pagar o preço, e sua saúde física, emocional e seu relacionamento familiar foram se deteriorando aos poucos. Os surtos passaram a ser mais frequentes, os sintomas cada vez mais diversificados, e os desgastes em seu casamento aumentavam.

Para tentar conter a progressão da doença, Danielle precisou, por determinação médica, reduzir a carga horária de trabalho, consequentemente, sua remuneração diminuiu. Com isso, o casal foi obrigado a rever o padrão de vida da família; procurando economizar, concluíram que só conseguiriam se fossem viver fora da capital paulista.

Além disso, era também necessário que Danielle pudesse ter uma rotina com menos estresse e mais qualidade de vida.

Contudo, a mudança para o interior paulista não mudou seu comportamento. A sua "roda dos hamsters" ainda estava lá e, mesmo sem clientes, em uma cidade estranha, Danielle foi se reerguendo profissionalmente: em um curto prazo, advogava para clientes do interior, da capital e até do exterior.

Sua rotina de trabalho e estresse estavam sob controle, a roda girava mais lentamente, e a saúde, equilibrada. Todavia, sorrateiramente, no final do ano de 2015, Danielle foi surpreendida por um novo surto da EM, mas, dessa vez, os remédios não conseguiram reverter com eficácia os sintomas. Ela precisou de internação hospitalar e, junto com isso, caiu em depressão.

O dinheiro, o sucesso, a gestão do tempo e o desgaste físico estavam equilibrados. Então, qual era o problema? O que estava faltando?

Faltava exatamente identificar e priorizar o seu propósito de vida!

Olhar para dentro

Chegar a essa conclusão fez com que Danielle decidisse olhar para dentro de si. Até aquele instante, havia olhado apenas para fora em busca das explicações. Havia analisado o ritmo de trabalho, a alimentação, o estresse e os problemas, mas nunca tinha olhado para dentro, para suas feridas, para suas crenças e comportamentos. E, por mais que todas as suas ações a levassem pelo caminho certo, o lixo interno sempre iria com ela até que fosse totalmente descartado e, junto com ele, sua "roda dos hamsters".

Buscar o autoconhecimento e o autodesenvolvimento, além de formações específicas para ampliar seus conhecimentos, levaram-na à descoberta do seu propósito de trabalhar com desenvolvimento humano, ajudando as pessoas em sua transformação pessoal e, assim, realizar sua própria transformação.

Coincidência ou não, em paralelo ao movimento de transformação interna vivido por Danielle, Mario também estava em processo de mudança e descarte de lixo emocional. Mesmo realizado profissionalmente, passou a questionar sua carreira corporativa e o verdadeiro sentido por trás daquilo que fazia.

Durante toda a sua jornada na área financeira, Mario trabalhou em vários departamentos, com diversos produtos financeiros. Contudo, a despeito da área e da atividade que realizava, sua atuação tinha sempre o mesmo propósito: trazer, para seus projetos, o olhar dos clientes e suas necessidades que, na maior parte das vezes, se encontravam na falta de entendimento sobre os produtos financeiros e, principalmente, em como utilizá-los em suas vidas. Só que, naquele momento, a necessidade de mergulhar profundamente em sua essência levou Mario, por meio de treinamentos de autoconhecimento e autodesenvolvimento, ao seu verdadeiro despertar. Percebeu que toda aquela trajetória profissional o havia direcionado para uma falsa sensação de estabilidade e segurança. Sua carreira estava sendo manipulada pelo sistema corporativo, afinal, ele delegou as rédeas da sua vida profissional, focando na garantia de salário e empregabilidade, o que não o satisfazia mais.

Neste momento, identificou seu verdadeiro propósito e decidiu ir além.

Mario queria buscar formas de ajudar as pessoas em sua mudança comportamental em relação ao dinheiro, e seu propósito não se encaixava mais dentro daquele universo corporativo em que se encontrava. Não existia espaço para realizar o que desejava.

Foi então que ele abandonou voluntariamente a sua "roda dos hamsters". Encerrou seu ciclo profissional corporativo e se tornou educador financeiro.

Transformando o vilão em mocinho

Curiosamente, mesmo trabalhando com finanças, Mario carregou, durante toda a sua vida, a crença de que o dinheiro e a ambição profissional eram nocivos. O dinheiro, para ele, representava a ausência que sentiu do seu pai quando criança, em decorrência da realização pessoal, profissional e financeira que o pai buscava.

É claro que, quando se tornou adulto, Mario entendeu que seu pai se ausentava em busca de prover ao sustento família financeiramente, mas sua interpretação quando criança gravou em seu inconsciente a crença de que priorizar o dinheiro e tudo do que dele derivava, acima da própria família, significava ausência de amor e de atenção.

Danielle, por sua vez, em razão de ter vivenciado na infância a insegurança da separação dos pais e a luta incessante da mãe para manter o padrão de vida da família, não confiava, não compartilhava com Mario a carga da responsabilidade de conquistar o futuro que gostaria de ter. Ela se protegia, e o dinheiro virou seu escudo emocional em busca da segurança que, tal como aprendeu na infância, nenhum homem poderia prover.

Dessa forma, a crença negativa em relação ao dinheiro direcionou Mario a espelhar na Danielle a repulsa pelo comportamento que valoriza – acima de tudo, o dinheiro –, ao passo que Danielle, quanto mais insegura se tornava em relação à forma com a qual Mario lidava com o dinheiro, intensificava sua busca pela acumulação financeira e menos confiava em seu marido.

Eles nunca haviam percebido que ambos estavam reproduzindo e repulsando padrões de comportamentos que tinham aprendido em suas infâncias, mas que os levavam a lidar com o dinheiro de maneira completamente antagônica; assim, falar de dinheiro virou um tabu entre os dois.

Dessa forma, duas pessoas com histórias diferentes, cada um deles com seus próprios desafios e aprendizados em suas trajetórias, perceberam que, juntos, sempre foram mais fortes.

Não eram suas diferenças que os afastavam. Pelo contrário, elas se complementavam para que, juntos, atingissem a realização pessoal que tanto sonhavam, pois o sucesso profissional que buscavam e a realização do propósito de transformarem a vida das pessoas levou Danielle e Mario a ressignificarem a sua relação com o dinheiro.

Foi em um final de semana imersos no autoconhecimento financeiro que Mario e Danielle ressignificaram seus comportamentos por meio da libertação das suas crenças limitantes sobre o dinheiro, colocando-o em seu devido lugar – como meio de realização de sonhos, e não mais como objetivo –, conquistando o equilíbrio no relacionamento como casal.

O meu, o seu, o nosso legado

Nascia a Etherna Treinamentos, formada pelo casal que se tornou sócio, não só na vida, mas também nos negócios, unidos pelo propósito de apoiar pessoas, especialmente casais, em sua transformação emocional e financeira.

Eles conseguiram, assim, transformar suas diferenças em complementariedade e trazer, em prol de um propósito em comum, as habilidades adquiridas por Danielle, com sua formação em psicanálise, inteligência emocional e *coaching*, e por Mario, como gestor, educador financeiro comportamental e planejador, o conhecimento necessário para que os processos de autoconhecimento e de autodesenvolvimento emocional e financeiro que realizam possam cumprir a sua função.

A cada casal e família que reconectam, fortalecem o alicerce do legado que Mario e Danielle estão construindo. Todos os dias, quando conscientizam as pessoas da importância de se autoconhecerem, de se respeitarem em suas diferenças e de ressignificarem seus relacionamentos, um passo a mais é dado nessa missão.

Danielle e Mario não possuem superpoderes!

São pessoas comuns que se propuseram a fazer ao próximo o melhor que podem, com as ferramentas que possuem, esperando deixar sua marca pela inspiração em outras pessoas, para que possam compreender que, sim, é possível empreender uma vida juntos, tanto no seu ser pessoal quanto nos seus negócios, porque, talvez, a alma gêmea que desejam já esteja lá ao seu lado, há algum tempo, sem que percebessem sua existência.

6

RESILIÊNCIA COMO ESSÊNCIA

Neste capítulo, venho falar sobre constantes recomeços e a importância de ter resiliência como essência. A vida é cíclica, como uma roda gigante: às vezes estamos no alto, às vezes lá embaixo, ora vemos o horizonte, ora o chão, mas precisamos aproveitar o passeio!
"Sempre há uma outra chance, uma outra amizade, um outro amor, uma nova força. Para todo fim, um recomeço." (*O Pequeno Príncipe*).

DEBORAH DE SOUZA PIANTAVINI

Deborah de Souza Piantavini

Contatos
piantavinideborah@gmail.com
Linkedin: linkedin.com/deborah-souza-b127a1185
Instagram: @deborahpiantavini
47 99609 6370

Deborah de Souza Piantavini é graduada em Comunicação Social com ênfase em Publicidade e Propaganda pela Universidade de Santo Amaro, possui MBA em Gestão de Pessoas e liderança estratégica pela INESA. Possui mais de 20 anos de atuação na área administrativa, financeira e de RH em empresas de grande e médio porte. Tem como propósito desenvolver, inspirar e engajar pessoas.

Um legado de grandes recomeços

Deborah, filha de um comerciante e de uma professora que sempre lutaram para manter a educação e o bem-estar dos seus dois filhos. Meu irmão mais velho e eu aprendemos desde muito cedo a lutar pelos nossos objetivos e lidar com as adversidades da vida.

Adversidades não foram poucas para os meus pais, mas sempre passaram por elas nos ensinando, mesmo que sem perceber, a sermos resilientes e a recomeçar sempre que necessário.

Meu querido pai, Joaquim, infelizmente falecido, neto de um português nato, desde muito novo trabalhou na padaria de seu avô e seguiu na profissão de comerciante, tendo seu próprio negócio ao longo dos anos: foram docerias, padarias e bares em uma rotina intensa e cansativa, mas sempre muito digna de todo seu esforço para manter o conforto da família.

Minha querida mãe, Assis, formou-se professora quando ainda erámos crianças, para ter uma profissão e ajudar meu pai nas finanças. Guerreira, forte, determinada e um verdadeiro exemplo de força e amor.

Meu irmão e eu estudávamos no colégio adventista no bairro onde morávamos, na zona Sul de São Paulo, um ótimo colégio e com princípios religiosos. Até a minha 8ª série, meu pai conseguiu honrar com as mensalidades, mas por causa de uma crise em seu comércio não foi possível me manter nesse colégio para cursar o colegial, hoje ensino médio.

Fiz um vestibular para um concorrido colégio estadual no bairro Itaim Bibi e passei. Começava então uma nova fase em minha vida, pois, além de ser um mundo novo, eu teria que me deslocar de ônibus até o colégio por conta da distância.

Acordava às 5 da manhã e ia para o colégio, não conhecia ninguém, estranhei o método, mas a cada dia um novo desafio; para uma adolescente de 15 anos aquele universo era imenso.

Nessa época, meus pais trabalhavam juntos no comércio, pois meu pai estava sem funcionários, então minha mãe ia ajudá-lo no período da noite, chegavam em casa por volta das 23h. Em determinada noite, eu me despertei às 00h e percebi que eles não estavam em casa, não quis acordar meu irmão e voltei a dormir achando que seria só um mero atraso. Às 3h da manhã, meu irmão me acorda me dando a notícia que meus pais tinham sofrido um acidente e estavam no hospital.

Foi sem dúvida o pior dia da minha vida, meu pai adormeceu no volante devido ao cansaço da rotina exaustiva, atravessou a pista e foi parar embaixo de um ônibus. O acidente foi muito grave, meu pai foi tirado das ferragens por bombeiros e minha mãe foi levada ao hospital mais próximo.

Sem ter a noção da gravidade, fui levada ao hospital e pude perceber o quanto seria difícil passar por tudo aquilo, sem saber como meus pais sairiam dessa situação e o que seria de nossas vidas dali pra frente.

Meu pai precisou ser transferido para o hospital das clínicas pela gravidade dos ferimentos, uma transferência bem complicada de conseguir naquela época e, acreditem, meu pai sempre pagou plano de saúde para a família, mas , novamente, por causa da crise financeira, a mensalidade estava atrasada cerca de um ou dois meses, e o plano de saúde não pôde prestar atendimento. Minha mãe permaneceu no hospital em que foi socorrida, mas seu estado também era grave.

Após a alta de minha mãe, eu precisei sair do colégio no Itaim para prestar cuidados a ela em casa, seria inviável eu estudar tão longe. Como o ano letivo já estava em andamento, minha tia conseguiu uma vaga para um colégio estadual perto de casa assim, eu cuidava da minha mãe pela manhã e à tarde eu estudava. Novamente, passei por adaptação no novo colégio, mas sempre com muita fé em Deus e com aquele sentimento resiliente que meus pais me transferiram.

Os meses passaram, meu pai finalmente saiu do hospital, agora eu tinha dois para prestar cuidados, meu irmão já trabalhava mais intensamente nesse momento, pois foi obrigado a tomar a frente dos negócios do meu pai até que fosse possível fazer a venda. Conseguiu uma licença temporária no seu trabalho e, assim, cuidava da parte financeira da casa.

Como a situação era bem delicada em todos os aspectos, mas minha mãe já estava se recuperando e podia também cuidar do meu pai, decidimos que eu precisava trabalhar. Pedi transferência no colégio para o período noturno e fui à busca de emprego. Eu já sabia a importância de ter uma fonte de renda, pois mesmo em bons tempos eu ministrava aulas particulares de reforço em minha casa.

Passei por várias empresas, tive a oportunidade de descobrir o que eu tinha vocação para seguir: fui auxiliar de professoras em colégios de educação infantil, recepcionista, auxiliar administrativo, ajudei a administrar um comércio de joias, aprendi o ofício de ourives, até que chegou a época da faculdade e me decidi por cursar comunicação social com ênfase em publicidade e propaganda, pois eu adorava o processo criativo.

Ao longo da faculdade, não consegui fazer estágios, pois a remuneração dos estágios não cobria a mensalidade da faculdade mais os meus gastos, então sempre segui trabalhando na área administrativa, financeira e de RH.

No último ano da faculdade, eu precisei trancar a matrícula, pois consegui uma oportunidade de emprego em uma renomada instituição de ensino de idiomas; o horário seria das 13h às 22h e não existia turma na faculdade pela manhã, então eu decidi trancar e somente trabalhar naquele ano até que uma turma fosse formada e eu pudesse pedir transferência de turno.

Um ano depois, formou-se uma turma pela manhã, e consegui cursar e finalizar a faculdade.

Nessa empresa, cresci, passei por vários cargos, conheci pessoas inesquecíveis, estudei outro idioma, fiz vários cursos, me confiaram responsabilidades que jamais imaginei ter. Foram 6 anos incríveis, comecei como vendedora de cursos, mas em pouco tempo passei para o setor de administração de recursos da escola e fui promovida a assistente administrativo para cuidar do departamento pessoal e auxiliar a gestão na administração geral da escola.

Quando tudo parecia estar nos eixos, comecei a me sentir diferente: aquela Deborah que encarava tudo que aparecia começou a sentir medo de coisas pequenas, como dirigir, ficar sozinha, sair à noite e aquele mal estar se intensificou de tal forma que comecei a ter reações físicas e cheguei a ir ao pronto atendimento acreditando estar com algum problema grave de saúde.

Minha gestora na época, uma pessoa admirável e humana que está guardada pra sempre em meu coração, me proporcionou uma consulta com sua médica de confiança, que me examinou, solicitou vários exames e, então, juntamente com um ótimo psiquiatra, me diagnosticaram com síndrome do pânico.

As crises eram intensas e apavorantes, não conseguia ir trabalhar sozinha e, como ficar em casa também não me fazia bem, minha gestora me propôs que eu fosse todos os dias ao trabalho e ficasse por lá, pois, assim, eu teria companhia, psicólogas por perto e, se eu me sentisse em condições, eu poderia realizar algum tipo de trabalho.

Meu pai me levava ao trabalhon e assim eu passava os dias, até que os remédios começaram a agir. Nesse momento da minha vida, eu consegui uma conexão incrível com Deus e tenho certeza de que sem essa conexão a minha melhora não seria possível.

O tempo foi passando, eu fui melhorando, ficando confiante novamente, comprei meu carro e aquele medo inexplicável não me acompanhava mais.

Eu já estava noiva, tínhamos planos de construir o futuro em um lugar com melhor qualidade de vida. Até que meu noivo recebeu uma proposta de trabalho em Joinville-SC e me perguntou se essa seria a nossa chance de uma vida com mais qualidade.

Após 3 meses, nos casamos, eu me desliguei da empresa que eu tanto amava e mudamos para Joinville. Em uma cidade nova, sem ninguém por perto, começamos nova trajetória.

Muitos desafios, conhecer a cidade, as pessoas, a procura de uma casa que seria nosso lar definitivo, e eu, à procura de um emprego, sentido a falta da família, dos amigos... foram anos até a considerada verdadeira adaptação.

Consegui um emprego por onde recomecei minha trajetória profissional, fui construindo a minha imagem e carreira ao longo dos anos a partir de um recomeço.

Conseguimos comprar a nossa casa e veio a vontade de ter filhos. Tentamos por um ano e, sem sucesso, procuramos auxílio, foi necessário um tratamento hormonal para que a gravidez fosse possível.

E foi mais que possível, no prazo de um ano eu estava grávida! Pela contagem hormonal o médico estranhou e disse que o número era alto demais para ser apenas um bebê, talvez dois. A felicidade era tamanha! Fiz novo exame, e o número só crescia, logo o médico solicitou um ultrassom e lá estavam três embriões!

Fomos aconselhados pelo médico a não criar expectativas, pois não saberíamos se os três "vingariam" e também tínhamos que ter a consciência de que era uma gravidez de alto risco, mas no ultrassom seguinte: três corações. Eles vingaram!

Uma mistura de sentimentos, em seis semanas tive que me afastar do trabalho, pois eu já tinha muitas dores e os bebês corriam riscos.

Com a rápida e intensa irrigação de sangue no útero, formou-se um coágulo entre as placentas e, se eu não passasse meus dias na cama, esse coágulo poderia se dissolver e eu perderia os bebês.

Foram 5 meses na cama com muitas incertezas, mas com a certeza do propósito de Deus nas nossas vidas, e eu sabia que Ele estava cuidando de tudo.

Ao 6º mês, eu pude me levantar e já não tinha forças nas pernas para caminhar, mas aos poucos conseguia dar alguns passos, consegui sair de casa por 2 vezes e logo voltei para a cama por conta do peso da barriga.

Com 31 semanas, no dia marcado para o ultrassom, às 10h da manhã, todos estavam bem, a médica comentou que, se nascessem naquele dia, já nasceriam com um peso razoável. Saindo do estacionamento da unidade de imagem, uma das bolsas estourou e foi só dar a volta no quarteirão para entrar no pronto atendimento.

Notícia boa e notícia ruim, a boa: os bebês estavam bem; a ruim: não havia três vagas em UTI neonatal em nenhum hospital da cidade.

Foram horas de agonia, preocupação e dor, o hospital tentava a minha transferência para um hospital com as vagas disponíveis. A enfermeira que cuidava de mim disse que a minha paz era que acalmava a todos da equipe, pois a situação era bem crítica, mas Deus me enchia de mansidão e eu sabia que tudo ia dar certo.

Às 19h, a transferência foi liberada: eu iria para Blumenau, cerca de 1 hora e meia de viagem, para um hospital referência em UTI neonatal. Deus cuidando de tudo! Uma viagem de ambulância inesquecível.

Meus filhos nasceram às 22:57, 22:58 e 22:59, com uma das melhores equipes médicas, obstetra, pediatras e enfermeiras que nunca esquecerei.

Os três precisaram de ventilação mecânica no início, dois logo se recuperaram, mas um deles ficou entubado por aproximadamente vinte dias; eu precisei alugar um local em Blumenau, onde pudesse me instalar para dormir e passar o dia na UTI com eles. Alguns perguntam como foi a recuperação da cesárea, eu nem sei responder a essa pergunta porque passava horas em pé ao lado das incubadoras. O foco eram eles, não eu.

Passados trinta dias, voltamos para casa, tudo novo, três bebês, cuidados, inseguranças, dúvidas mil, um cansaço extremo, mas uma alegria sem tamanho.

Com toda a minha história de recomeços e desafios, aproveito para falar com vocês um pouco sobre liderança e digo que foi nesse momento da minha vida que aprendi a ser líder, embora em todos os momentos de adversidades a liderança estivesse presente, pois eu tive que ser líder de mim mesma para passar por todos os momentos difíceis.

Com a chegada dos trigêmeos, eu precisei ter uma boa estratégia, precisei desenvolver minha equipe (minha mãe e meu esposo), saber ouvir, saber orientar e estar sempre motivada – características de um bom líder.

Desenvolvi a liderança situacional, na qual, no início, fui uma líder direcionadora, pois tinha poucas habilidades e muita motivação, mas ao longo do tempo, me tornei uma líder delegadora, com muitas habilidades e alta motivação.

Falo também sobre resiliência, que foi essencial para toda a minha trajetória e que é essencial também para um bom líder, pois o líder resiliente também costuma ser otimista, ele tende a enxergar o lado bom das coisas, inclusive dos erros, tirando proveito de cada experiência. Por saber que novas oportunidades são oferecidas a cada dia, ele está disposto a encará-las de forma positiva e a evoluir com elas, e foi assim que eu consegui ver o lado positivo de todas as adversidades que passei.

Quando meus filhos completaram um ano e três meses, eu voltei para o mercado de trabalho, pois senti a necessidade de continuar minha trajetória profissional. Tive a sorte de voltar para a mesma empresa e trilhei meu caminho para a liderança, hoje sou coordenadora de uma equipe dentro do RH. Também consegui voltar a estudar inglês e me especializar em liderança.

O legado que quero deixar para meus filhos, para meus liderados e para todos com quem tenho o prazer de partilhar essa caminhada é ser um exemplo de garra, resiliência e força, isso não significa ser forte o tempo todo, mas que sempre é possível se reerguer e recomeçar. Em especial para as mulheres, mães que não acreditam que podem se inserir ou voltar ao mercado de trabalho após a maternidade, acreditem! É super possível e renovador!

7

DO BALCÃO DA MERCEARIA PARA AS SALAS DE AULA DO MUNDO

Nasci no dia 23 de janeiro de 1959, em São Paulo, na maternidade Mater Dei, onde quase 45 anos depois meu pai faleceu. Uma lamentável coincidência que até hoje me dói comentar. Fui criado em um ambiente católico, de muito amor e fé. Pretendo contar como é possível ser de uma família humilde e ter uma carreira profissional e acadêmica vencedora.

DOMINGOS SÁVIO ZAINAGHI

Domingos Sávio Zainaghi

Contatos
www.zainaghi.com.br
www.nucleozainaghi.com.br
11 3253 8445

Sou advogado, professor com mestrado e doutorado pela PUC-SP e pós-doutorado em Direito do Trabalho pela Universidad Castilla-La Mancha, Espanha. Sou jornalista, com especialização em Comunicação Jornalística pela Faculdade Casper Líbero. Sou pós-graduado em Sociologia, História e Filosofia, pela PUC-RS. Sou autor de livros jurídicos e escritor de obras literárias. Sou membro da Academia Paulista de Direito e da Academia Nacional de Direito Desportivo. Professor *Honoris Causa* em Humanidades da Universidad Paulo Freire, da Costa Rica. Sou presidente honorário da Asociación Iberoamericana de Derecho del Trabajo y de la Seguridad Social e do Instituto Iberoamericano de Derecho Deportivo. Membro do Instituto Latinoamericano de Derecho del Trabajo y de la Seguridad Social (ILTRAS). Membro do Instituto Brasileiro de Direito Desportivo, do Instituto de Direito Social Cesarino Jr., do Instituto dos Advogados de São Paulo. Membro da Sociedade Amigos do Exército em São Paulo (SASDE). Membro da Associação dos Cronistas Esportivos do Estado de São Paulo. Coordenador acadêmico da Sociedade Brasileira de Direito Desportivo-SBDD. Professor do curso de mestrado da UNIFIEO.

Meu pai, Orlando Zainaghi, nasceu em São José do Rio Preto-SP, no dia 15 de abril de 1931. Meu avô faleceu quando meu pai era muito pequeno, e minha saudosa avó Luzia (chamada de vó Lúcia) deu um duro danado para alimentar quatro filhos, sendo viúva, até fome passou para dar alimentos ao meu pai e meus tio e tias. Era analfabeta até o fim de sua vida, aos 89 anos. Meu pai praticamente não teve instrução formal, mas adorava ler jornais e me incutiu esse hábito desde que aprendi a ler. Era excelente com matemática.

Era um homem muito quieto, introspectivo, que tinha tudo para não ser comerciante, mas teve em minha mãe uma grande companheira, pois ela era mais simpática e paciente com os fregueses. Ele faleceu no dia 27 de dezembro de 2003, aos setenta e dois anos. Até hoje não tem um só dia em que eu não pense nele. Foi quem me ensinou a dirigir veículos e a tabuada, além, como já disse, me fazia ler jornal todos os dias, primeiro o Diário da Noite e depois a Gazeta Esportiva. Por sua influência me tornei corintiano, e se hoje sou conselheiro desse clube, devo a ele e por ele dedico parte da minha vida ao Corinthians.

Minha mãe, Guiomar da Silva Castro Zainaghi, nasceu em São Paulo, no dia 29 de outubro de 1928. Meu avô era policial, e minha avó faleceu durante o parto de seu quarto filho, quando minha mãe tinha apenas três anos. Meu avô se casou após três meses do falecimento de minha vó e teve mais seis filhos.

A vida de minha mãe não foi tão sofrida do ponto de vista material como foi a de meu pai, mas a ausência de sua mãe de sangue lhe fez muita falta. Ela foi uma grande mãe, criou a mim e meus irmãos com muito amor e carinho. Transmitiu-nos a fé em Deus e em Nossa Senhora, e até hoje essa fé me acompanha, pois sou católico, inclusive membro da União dos Juristas Católicos de São Paulo (UJUCASP). Minha mãe faleceu em 27 de abril de 2022, e essa será uma saudade que nunca acabará até que a reencontre na vida eterna.

Tenho dois irmãos e uma irmã, todos mais novos: Orlando, Maria Cristina e Walter. Minha infância era brincar com meus irmãos e primos; muitos primos, como se pode imaginar em razão do número de tios. Fomos mais próximos dos primos maternos do que da parte de meu pai.

Apesar de ser de uma família humilde, meus pais sempre tiveram televisão em casa, o que para os anos 1960 era algo luxuoso, mas eles se sacrificaram muito para comprar o primeiro aparelho, e sei que o fizeram por minha causa. Quando eu tinha 15 anos, compraram uma TV em Cores para que eu pudesse assistir à Copa do Mundo de 1974.

Eu fui um estudante comum, nunca fui gênio. Até o segundo ano do ginasial eu ia muito bem, estudava francês, língua que até hoje estudo e aprecio, apesar de pouco usar. A partir da 7ª Série, o ensino no Brasil sofreu mudanças. Aboliu-se o ginásio e adotou-se o ensino de inglês, língua que nunca consegui aprender. Eu odiava matemática, e todos os quatro anos do ginásio fiquei para segunda época, período em que minha mãe contratava uma professora particular para eu poder conseguir aprovação.

Por outro lado, em história, português e literatura, eu era simplesmente apaixonado; paixão esta que até hoje me acompanha. O amor pela leitura é tanto que minha biblioteca tem mais de sete mil volumes! Dentre estes, a maioria jurídicos, muitos de historia, literatura, marketing, romances, biografias e publicações religiosas.

Meu sonho era estudar jornalismo, mas meus pais, preocupados com meu futuro, não sabiam se essa carreira seria boa para mim, então pediram a um parente da família de minha mãe, que era juiz do trabalho, que me colocasse em contato com jornalistas para me falarem como era essa profissão. Esse parente nosso me pediu para encontrá-lo na Justiça do Trabalho, na Av. Ipiranga em São Paulo (local que eu frequentaria centenas de vezes anos depois).

O tal jornalista me jogou um balde de água fria, pois me desanimou por completo. Ele me disse que era perigoso ser jornalista no Brasil, em razão da ditadura que o país vivia. Eu nem sabia que estávamos vivendo em um Regime Militar, e aquela história de ditadura foi uma "novidade" para mim, pois nós, os adolescentes dos anos 1970, na maioria dos casos, não entendíamos nada nem nos interessávamos por política. O jornalista me disse para estudar qualquer coisa na área de humanas, e quando o Regime Militar terminasse eu estudasse jornalismo.

Voltei para minha casa de ônibus pensando no que fazer depois dos conselhos recebidos. Como eu tinha chegado cedo à Justiça do Trabalho, fiquei assistindo às audiências e acabei achando aquilo bem interessante. Uns meses antes, eu tinha interpretado o papel de promotor de justiça em uma peça no colégio e resolvi, naquele trajeto de umas duas horas, que iria prestar vestibular para Direito.

Como eu me preparava para entrar na faculdade de jornalismo, eu fazia um cursinho mais leve, e não teria grandes chances de ser aprovado em uma faculdade de ponta, como USP, PUC e Mackenzie. Prestei vestibular na Faculdade de Direito de Osasco que, mesmo assim, era muito concorrida, pois era a única na Zona Oeste da Grande São Paulo. Se não me equivoco, era coisa de vinte candidatos por vaga. O vestibular na época era dividido em dois ou três dias. Consegui ser aprovado e, mesmo não sendo o curso que eu gostaria, fiquei feliz, e meus pais muito mais!

Eu fui aprovado aos dezoito anos e segui para o primeiro dia de aula. O curso era noturno, a sala de aula era composta majoritariamente por pessoas mais velhas, por volta dos trinta anos, que já estavam encaminhados na vida. Eu era o mais jovem, e ainda não trabalhava. Foi um choque, o que piorou quando entra na sala um professor, se apresenta como desembargador (nunca tinha escutado esse termo até então) e disse ser professor da disciplina Direito Romano. Nem me lembro qual foi a segunda aula, pois essa primeira já foi suficiente para eu ter vontade de chorar.

Para piorar minha tristeza, graças ao meu pai, que pediu a um freguês do bar e mercearia que tínhamos que me empregasse, e este senhor o fez, consegui um emprego em um banco (Banco Francês e Brasileiro, hoje Itaú).

Comecei a ter de levantar da cama às seis horas da manhã, pegar dois ônibus para ir ao banco, trabalhar oito horas por dia, voltar para casa, chegando por volta das 18h45, jantar correndo e seguir parta a faculdade, onde permanecia até as 23h00.

Enfim, trabalhava onde não queria, cujas atividades não gostava e seguia para um curso que nunca pensei em estudar, em uma faculdade que quando eu dizia o nome, o ar das pessoas era de espanto, pois ninguém a conhecia (nem eu, antes de ali estudar).

Esse período de frustração durou até o terceiro ano. Minhas notas eram sofríveis, apesar de nunca ter "pegado" DP (dependência) ou sido reprovado, mas exames fiz praticamente em todas as matérias. No quarto ano eu consegui um estágio em um escritório de advocacia e minha vida mudou completamente. Comecei a gostar do curso, pois adorava o escritório. Não via a hora de o dia amanhecer para ir trabalhar. Ia a fóruns, delegacias de polícia e tribunais. Além de atender os clientes junto com os advogados. Enfim, o céu se abriu e a tempestade da minha vida passou, o sol brilhou.

As notas foram outras, adeus aos exames, e daí para me apaixonar pelo Direito foi um pulo.

Terminei o curso, fiz o Exame de Ordem, fui aprovado e consegui um emprego na Tintas Coral. Mas não era o emprego dos sonhos, nem era minha intenção ser advogado empregado; eu queria era ter meu escritório. Desde o 5º ano fui juntando dinheiro e comprando equipamentos para meu futuro escritório. Primeiro, uma poltrona estilo presidente, linda, confortável, maravilhosa. Depois, uma mesa também maravilhosa, e de tão boa, é até hoje, quarenta anos depois, minha mesa de trabalho. A poltrona, tive de trocar, pois se deteriorou e ficou fora de moda.

Ainda nos tempos da Tintas Coral, ingressei no curso de mestrado da PUC-SP, em 1984, por indicação de um professor da graduação, meu amigo até hoje, Dr. Eduardo Jardim, que me apresentou ao coordenador do curso, professor Michel Temer, que me aceitou e iniciei o mestrado em Direito Constitucional com este professor. As aulas com o professor Temer eram simplesmente fantásticas!

Consegui um estágio de magistério em Direito Comercial com o prof. João Carramenha, na Faculdade de Direito de Osasco; e, em 1986, fui contratado pela Faculdade Tibiriçá como professor de Legislação Social, ou seja, Direito do Trabalho para estudantes de administração de empresas, comércio exterior e ciências contábeis.

Comecei a viajar para congressos fora do país em 1987. O primeiro foi em Buenos Aires no mês de abril. Em seguida, recebi um convite para outro em Lima, Peru, mas para fazer palestra. Foi uma experiência marcante, pois seria (e foi) a minha primeira palestra. Claro que estava nervoso, mas senti que minha vida mudaria a partir daquele momento. No fim, foi tudo bem. Falei em português, pois não sabia nada de espanhol.

Voltei ao Brasil e tomei duas atitudes importantes: troquei de área no mestrado da PUC para Direito do Trabalho e fui estudar espanhol.

E a paixão em frequentar congressos só aumentou. Antes de me tornar mestre, participei de congressos como assistente em Aracaju, Madri e Montevidéu; e o primeiro como palestrante no Brasil, em 1989, em um da Editora LTR, que era à época o principal congresso de Direito do Trabalho do Brasil.

Tornei-me mestre, com dissertação intitulada *Justa Causa para Despedida*. Esta acabou se tornando meu primeiro livro publicado, em 1992. No ano seguinte, publiquei outro, *Curso de Legislação Social*, o qual, em 2021, teve publicada sua 15ª edição.

Ingressei no doutorado em 1994 e defendi minha tese em 1997, com o título *Os Atletas Profissionais de Futebol no Direito do Trabalho*, que, claro, se tornou livro pela LTR, sendo em 2020, publicada sua 4ª edição.

Acabei descobrindo uma nova paixão: escrever. Publiquei, além dos livros acima, mais alguns trabalhos: *A justa causa no Direito do Trabalho* (Editora Malheiros); *CLT com jurisprudência* (LTr); *Elementos de Direito Processual do Trabalho* (Editora Síntese); *Nova Legislação Desportiva-Aspectos Trabalhistas* (LTr); *A solução extrajudicial dos conflitos trabalhistas* (LTr); *Processo do Trabalho* (Editora Revista dos Tribunais); *A solução Extrajudicial dos Conflitos Trabalhsitas no Brasil* (minha tese de pós-doutoramento); e *Anotações à Reforma Trabalhista* (LTr). Coordenei vários livros, uma CLT e publiquei dezenas de artigos em livros e mais de uma centena de artigos em revistas científicas.

Fiz um pós-doutorado em Direito do Trabalho na Espanha, na Universidad Castilla-La Mancha, dei aulas de pós-graduação em vários países da América Latina e na Itália.

Participei de mais de 300 congressos na minha vida, proferindo palestras, conferências e aulas, no Brasil, na América Latina, na Espanha, em Portugal, na Itália, em Israel, no Canadá, nos Estados Unidos e na Austrália.

Passei a lecionar em cursos de Direito em 1993, desde graduação até mestrado, em muitas faculdades, destaco apenas algumas: FMU, UNIFIEO, UNIMAR, UNIMARCOS, UMEC, Universidade São Francisco e muitas outras para aulas esporádicas, como a famosa Faculdade de Direito do Largo São Francisco e na PUC-SP.

Mas eu tinha uma dívida para pagar comigo mesmo, que era estudar jornalismo na Faculdade Cásper Líbero. Em 2005, aos 46 anos de idade, me matriculei em uma pós-graduação nesta instituição; nesse mesmo ano, iniciei atividades de comentarista esportivo na Rádio Capital de São Paulo e apresentei um programa de entrevistas na TV Justiça, ou seja, o sonho de ser jornalista se realizou.

Em 2013, parei com a TV e, em 2014, com o trabalho de comentarista por pura falta de tempo, mas retomei as entrevistas em 2021 no YouTube com um programa chamado Professor Zainaghi Entrevista.

E como amo estudar, em 2020, em plena pandemia da Covid-19, iniciei uma pós-graduação em sociologia, história e filosofia na PUC do Rio Grande do Sul.

E na área da produção de livros, resolvi escrever fora do campo do Direito. Publiquei, em 2019, o livro *Como ser palestrante jurídico*, voltado aos profissionais da área do Direito, no qual coloco toda minha experiência de mais três décadas proferindo palestras pelo mundo (Editora Mizuno), já em segunda edição; *Vai Corinthians – 50 anos de histórias de um louco do bando* (Pontes Editores) e *Vale a pena Ser Gentil?*, cuja terceira edição será publicada pela Literare.

Meu escritório se consolidou como um dos mais importantes do país nas áreas do Direito do Trabalho e do Direito Desportivo; em 2020, fundei uma escola de cursos de extensão na área jurídica, o Núcleo Zainaghi de Ensino Jurídico.

Presidi a Asociación Iberoamericana de Derecho del Trabajo y de la Seguridad Social, instituição com 50 anos de existência, que congrega os maiores nomes do Direito do Trabalho da América Latina e da Espanha, de Portugal e convidados da Itália.

Fui um dos fundadores e primeiro presidente do Instituto Iberoamericano de Derecho Deportivo, participo de várias instituições acadêmicas do Brasil que se dedicam ao Direito do Trabalho e ao Direito Desportivo.

Sou professor visitante, honorário e até *honoris causa* de universidades da América Latina.

Pesei muito arroz, feijão e café e servi muita cachaça e cerveja ajudando meus pais na mercearia desde muito pequeno.

Enfim, espero que este meu relato sirva de exemplo aos jovens que, quando se trabalha com amor, trata todos da mesma forma, independentemente da posição social, raça ou origem étnica, trabalhando e estudando de forma séria sem a ninguém prejudicar, todos nós conseguimos mudar nossa vida e nos tornar exemplo.

8

DE ONDE EU VIM? PARA ONDE EU VOU?

Saber a minha origem, de onde eu vim, me tornou livre para decidir para onde eu vou e deixou mais clara a minha existência. Muitas vezes, parecia que era preciso batalhar muito para conquistar o que eu queria para mim e realizar algo diferente era mais desafiador ainda! Neste capítulo, compartilho a minha trajetória de vida, considerando desde o dia em que eu fui em busca da minha história.

ELISA TODA

Elisa Toda

Contatos
toda.elisa@gmail.com
Instagram: @elisatoda
Facebook.com.br/elisatoda

Graduada em Tecnologia em Processamento de Dados e pós-graduada em Licenciatura pela Universidade Mackenzie. Atuou durante 26 anos no mundo corporativo e com Tecnologia da Informação, trabalhando em grandes empresas nacionais e multinacionais. *Coach* formada pela Sociedade Brasileira de Coaching (2014), formação em *Rebirthing* pela Escola Internacional Conexão Consciente (2016), *Practitioner* em PNL pela SBPNL (2012) e pela The Society of PNL (2020). Facilitadora em Constelações Familiares certificada pelo Instituto de Desenvolvimento Sistêmico Para a Vida – IDESV (2019) e psicogenealogista evolutiva certificada pela Escola Internacional Lauro Alonso. Tem como propósito servir para transformar vidas e levar conteúdo de qualidade a partir das experiências na família, nas profissões e na vida.

De onde eu vim?

Quanto mais me permito sentir a minha história, mais fortaleço a história que está por vir.

Nasci em 31 de agosto de 1969, em um domingo ensolarado. Me esperavam menino, mas nasci mulher e o meu lado feminino foi mais determinado.

Sou descendente de japoneses e ouvi muitas histórias vindas deles, pelo que a minha mãe conta, e é claro que isso acontece porque eu pergunto muito. Desde pequena, já amava fazer a árvore genealógica e adorava quando a professora falava que o assunto era ancestralidade.

Minha avó materna chegou ao Brasil (em 11 de dezembro de 1920, no navio Tosa Maru-Kobe), aos seis meses de idade, com seus pais. Meu avô materno chegou ao Brasil (em 7 de dezembro de 1921, no navio Seattle Maru-Nagano) pouco antes de completar seus 15 anos de idade, com seus pais. As famílias dos meus avós se reencontraram no Brasil e deram um "jeitinho" de casar os seus filhos, e assim aconteceu. Recentemente, descobri que meus avós maternos são primos de primeiro grau. A minha trisavó, em seu primeiro relacionamento, teve o meu bisavô (pai do meu avô materno). Depois que ficou viúva, casou-se novamente e teve a minha bisavó (mãe da minha avó materna). Sim, meu bisavô e a minha bisavó eram irmãos! Assim, seus filhos são primos e, entre eles, estão o meu avô, Yoshiro Sato, e a minha avó, Take Sato.

Meu avô paterno saiu do Japão com sua primeira família e seus cinco filhos (em 27 de julho de 1933, no navio Arizona Maru-Miyagui-ken). Dentre eles, o bebê Yoshitame Toda, com seis meses, que faleceu no navio durante a viagem e seu corpo foi jogado em alto mar. Minha avó paterna veio com a sua primeira família e seus dois filhos (em 5 e setembro de 1928, no navio

Elisa Toda | 75

Kamamura Maru-Kioto). Vovô perdeu sua esposa logo que chegou ao Brasil, e a minha avó materna também perdeu o seu esposo aqui depois que chegaram. Se conheceram por *miai* (casamento arranjado) e se casaram em 4 de janeiro de 1947. Me recordo das histórias que a minha avó contava na minha infância: dizia o quanto ela adorava o Japão, do quanto ela tinha saudades da sua terra natal e que já estava conformada de que aqui seria a sua terra onde ficaria para sempre, pois seus frutos (filhos e descendentes) aqui estavam.

A origem da minha família sempre foi de muita luta, muita batalha para conquistar espaço, fazer dinheiro, e descansar era como se fosse algo "proibido". Viajar, para eles, era apenas para visitar familiares, casamentos e velórios.

Tive bastante contato com a minha avó paterna. Penso que pelo fato de sermos canhotas, ela "segurava" minhas pontas quando eu queria escrever com a mão esquerda. A minha primeira língua foi a japonesa, apesar de ter nascido no Brasil. Como meus avós moravam conosco, falávamos somente o japonês. Quando entrei na escola, meu desafio era comunicar-me com meus amigos quando precisava pedir algum objeto. A minha grande sorte é que a minha professora, na época, também era de origem japonesa e falava a língua, então ela acabou ensinando algumas palavras aos meus amigos ; eu me recordo que ficava muito irritada porque ninguém me entendia. Mas, para brincar, comunicação não era problema, porque brincávamos como se todos falássemos a mesma língua. Depois de um tempo, já me comunicava fácil nas duas línguas.

Recordo-me de quando eu peguei a minha primeira cartilha escolar e achei o máximo aquilo! Não queria "estragar" o livro. Sempre que tinha lição de casa, perguntava se precisava ser na cartilha. A resposta sempre era sim, e aquilo me machucava por dentro. Ficava indignada de ter que rabiscar em um livro. Eu tinha um xodó com meus livros e, já naquela época aos meus seis anos de idade, dizia que escreveria um. Essa "promessa" estava adormecida até eu entender o que um representava para mim e por qual razão eu fazia o possível para não rabiscar os livros que eu comprava ou ganhava.

Descobri, ao longo da vida, a minha relação com os livros, vindo de uma história de um ancestral que não partiu para o Brasil porque, pouco antes de partir, lembrou que havia pegado emprestado um livro de um amigo e foi devolver. Quando chegou no porto, o navio havia partido.

Um dia, me peguei no provérbio "plante uma árvore, tenha um filho e escreva um livro" e, quando percebi que havia apenas plantado uma árvore e gerado dois filhos que não pude segurar no meu colo, reparei que eu ainda poderia escrever um livro. E qual livro seria? Falaria sobre o que? Enfim, apenas escrever e deixar sair o que há em mim, foi o que pensei.

Mesmo tendo falado aos meus seis anos, que escreveria um livro, relutei por um longo período. Nunca me achava suficiente para escrever sequer um parágrafo para ser publicado, então percebi que, desde os tempos do colégio, os trabalhos em grupo foram redigidos por mim.

Tive um professor de Língua Portuguesa que era detalhista ao extremo e tinha um ouvido muito apurado para qualquer tropeço na fala, corrigia na hora. Isso fez com que eu quisesse, ainda mais, escrever e falar melhor a língua, já que a minha primeira língua foi a japonesa. Outra inspiração são os meus pais que, mesmo vivendo no Brasil desde que nasceram, viveram e conviveram com o idioma japonês.

Para onde eu vou?

Quem tem um porquê de viver pode suportar quase qualquer como.

Tudo mudou quando eu, um dia, depois da minha meditação matinal, sentei na beira da cama e me perguntei: "Se eu morrer hoje, o que eu teria **deixado** neste mundo?". Veio uma cena na qual eu estava em um leito de hospital, com muitas pessoas à minha volta e, ali, me fiz algumas perguntas: "O que eu gostaria de estar ouvindo dessas pessoas? Qual marca teria deixado em cada um deles? O que eu teria feito que transformou a vida de alguém? E, em seguida, vi meu corpo sendo levado e colocado em um caixão, e o sentimento daquele corpo era de muita tristeza porque, até então, nada tinha feito que eu considerasse como meu legado, a minha marca pessoal no mundo!

Por várias vezes, ouvi a frase "Saia do prego!". Como se diz na PNL, "mapa não é território". Como uma perfeita virginiana que sou, me sentia na necessidade de me aprofundar mais e mais naquilo que eu queria transbordar, que é a VIDA. Sair do prego, naquele momento, para mim, era raso demais, superficial demais para o que eu precisava fazer. E decidi que, para eu ser profunda, precisava fincar, todos os dias, o martelo no meu prego para que eu pudesse treinar e aprender a exercitar aquilo com o que eu queria trabalhar. Para isso, algumas escolhas foram necessárias a fim de que eu pudesse atingir os meus objetivos:

Ter claro o propósito em tudo o que fizer

Uma das questões da vida é compreender a identidade de cada um, o desígnio de cada um. Viemos prontos para cumprir um propósito aqui na terra, da forma como somos e para o que existimos.

Para isso, deixo algumas perguntas para reflexão:

1. Quem sou eu?
2. Qual é meu dom, talento ou habilidade? O que dizem que sei fazer muito bem?
3. Como unir quem eu sou com o meu dom para identificar e cumprir o meu propósito?

Paixão em tudo o que fizer

Você acha que eu sou apaixonada por tudo o que eu faço, todas as atividades, todas as tarefas? Ledo engano. Quando preciso fazer uma tarefa que não é muito atrativa, faço um pouco dela todos os dias para que, ao longo do tempo, eu realize o que eu preciso. Muitas vezes, o "não gostar" surge porque você não sabe como fazer ou não se sente obrigada a fazer. Fazendo um pouco todos os dias, chega um momento em que você se vê *expert* naquilo que não era tão bom.

Foco naquilo que é preciso ser feito

Quando você cria um propósito, quando você sabe aonde você quer chegar, qualquer tarefa se torna mais leve, até mesmo fazer aquilo que não curte muito. Também é preciso aliar o lazer para que você não fique "bitolado" e se afaste das pessoas. Por qual razão não se afastar das pessoas? Só porque vivemos rodeados de pessoas e, quando morrer, alguém terá de dar um destino ao seu corpo físico. E, para evitar perder o foco, quando faço algo que pode me tirar do foco, me pergunto: isso me aproxima ou me afasta do meu propósito?

Assumir aquilo que eu sei fazer e que faço bem

O que importa, de verdade, quando temos claro o que precisamos e viemos fazer aqui na terra, cruzamos com pessoas que nos ajudam a alavancar a nós e a todos que estão à nossa volta. Muitas vezes, as pessoas não vão entender o que você faz e como. A frase simples e direta é: vá e faça! Para isso, três coisas são importantes para começar a assumir e fazer:

- honrar a quem veio antes de nós. Nossos pais pela vida que recebemos; nossos antigos empregos que nos proporcionaram chegarmos onde estamos; nossos mestres que nos ensinaram a escrita e a leitura; nossos relacionamentos passados pelos aprendizados como mulher/homem; enfim, a tudo o que veio antes, por mais dolorido que tenha sido. Quando fazemos isso, tornamos a tudo e a todos que vieram antes maiores do que nós. Somente assim podemos ser maiores aos que vierem depois de nós;
- estar no seu lugar no mundo. Somente no nosso lugar podemos ser quem realmente somos e fazer o que sabemos melhor. Se colocar no lugar de filha que sou, por exemplo, diante dos meus pais. Quantos filhos querem fazer mais pelos pais só porque eles ficaram doentes e/ou envelheceram, tirando a dignidade deles de continuarem fazendo, do jeito deles, por nós e exigindo que eles façam do nosso jeito. E há tantas outras funções que ocupamos, só que no lugar que não é nosso, ou seja, é ser filhos de nossos pais, irmãos de nossos irmãos, amigos de nossos amigos, homem/mulher na nossa relação, tios de nossos sobrinhos, e assim segue;
- colocar o que aprendemos em prática e inspirar outras pessoas com quem somos e o que fazemos. Na maioria das vezes, estudamos, adquirimos conhecimentos e os guardamos para nós. Colocamos os certificados e diplomas na pasta de documentos importantes e apenas os usamos quando convenientes. O melhor e maior caminho a ser percorrido é o de soltar, praticar e disseminar o que adquirimos para o maior número de pessoas.

Você pode estar perguntando "Como fazer isso?". A resposta para você é "Apenas comece..." Somente quando começamos a fazer, podemos sentir, ver e ouvir o quanto o que fazemos faz a diferença na vida das pessoas e, ao longo da sua jornada, você perceberá que já estará fazendo muito bem aquilo que você veio fazer. Há uma expressão em inglês que diz *"fake it till you make it"*. Então comece fingindo até conseguir.

Reconhecer a sua história

Sintomas, dores emocionais e perdas podem estar vinculadas a repetições de padrões, o que podemos chamar de lealdade invisível ou amor invisível, o que, muitas vezes, serve para honrar nossos antepassados ou aqueles que vieram antes de nós. Para nos sentirmos pertencentes ao nosso clã familiar, ficamos presos às histórias inconscientes.

Quando há um evento traumático ou não tão positivo de algum de nossos ancestrais, podemos repetir, inconscientemente, a dor do destino daquele ente querido que nem mesmo conhecemos e, ao longo da nossa vida, temos atitudes, comportamentos ou, até mesmo, vivemos as doenças daquele com quem estamos em sintonia.

A partir do momento que identificamos o evento, podemos ressignificar e transformar a dor em força para que possamos, de fato, honrar a vida que veio de todos os que vieram antes de nós. Fortalecemos nossos laços de amor a eles e sentimos que a nossa vida vem de muito longe. E, muitas vezes, o significado da nossa existência somente se dá quando sentimos isso; não é por um simples acaso que viemos na família que nascemos e vivemos na família que vivemos.

Conclusão

Deixo aqui uma reflexão do Papa Francisco que diz: "Os rios não bebem sua própria água; as árvores não comem seus próprios frutos. O sol não brilha para si mesmo; e as flores não espalham sua fragrância para si. Viver para os outros é uma regra da natureza. A vida é boa quando você está feliz; mas a vida é muito melhor quando os outros estão felizes por sua causa."

Sou autodidata. Aprendo o que leio e faço o meu melhor para aplicar na minha vida e viver aquilo que faz sentido para mim. Uma das minhas maiores dores é que meus pais não puderam estudar e nem tiveram a oportunidade de aprender o que eu aprendi. Transformar essa dor me fez sentir o quanto eu busco ensinar.

Por muitas vezes, perguntei-me: para que eu fiz a minha pós-graduação em Licenciatura se nem tinha intenção de lecionar?

Nessa jornada, quando eu descobri o meu "porquê", passei a ensinar as pessoas o que aprendo, o que sei. Daí, o sentido de ter me pós-graduado em Licenciatura e o desejo de levar conteúdo de qualidade e valor a partir das experiências na família, nas profissões e na vida!

Referências

BACARDÍ, J. G. *Onde estão as moedas?* Saberes editora, 2011.

FRANKL, V. E. *Em busca de sentido*. Ed. Vozes, 2020.

HELLINGER, B. *A fonte não precisa perguntar pelo caminho*. Editora Atman, 2005.

HELLINGER, B. *A paz começa na alma*. Editora Atman, 2016.

HELLINGER, B. *O essencial é simples*. Editora Atman, 2014.

9

PRESENTES ESCONDIDOS EM MEIO AOS DESAFIOS

Este capítulo é um convite para refletir sobre a importância dos problemas como fonte de ressignificação para abertura de novos horizontes e valorização pessoal. Aqui você encontrará a construção de uma metodologia desenvolvida para que qualquer pessoa possa viver a tão sonhada felicidade, independentemente de todos os desafios que a vida lhe apresentar. Escutei de um amigo certo dia: "[...]Deus nos entrega um grande presente ao nascermos, a vida! E todas as vezes que Ele quer nos presentear, novamente recebemos um pacote pesado e difícil de carregar, que vem embrulhado em um papel chamado problema. Quando você finalmente consegue abrir o embrulho [...] a evolução acontece [....] então você realiza todos os presentes escondidos que essa superação lhe proporcionou".

GISELE GENGO

Gisele Gengo

Contatos
www.mentoring4you.com.br
gisele@mentoring4you.com.br
11 98484 9192

Empresária, *master coach* e facilitadora na formação de *coaches* pelo Portal Mentoring4you; fundadora e idealizadora do Portal Mentoring4you;
criadora da Metodologia Superação, primeira metodologia em psicologia positiva e *coaching* especializada para tratamento oncológico, com comprovação científica e parceria com o AC Camargo Câncer Center.
Formação em artes plásticas/desenho industrial (FAAP-1997);
MBA em Coaching pela SBCoaching®/FAPPES (2014);
especialização em Neurociência pela PUCRS;
especialista em Teoria Comportamental e Valores;
especialista em Análises de *assessment* DISC/Motivadores;
especialista em Axiologia;
especialista em *Assessments* de Inteligência Emocional;
especialista em Inteligência Emocional;
especialista em Humanização Hospitalar, idealizadora do projeto de *coaching* no Hospital GRAACC;
trainer da SBCoaching (Metodologia PPC – *Personal and Professional Coaching*);
empresária e CFO do setor de Transportes desde 1997;
fundadora/sócia-proprietária da Magile Transportes;
diretora de pessoas e propósito e membro do *board* na Craft Multimodal Ltda.

Costumo dizer que agregamos valor às nossas vidas à medida que vamos aprendendo a resolver problemas complexos. A vida me presenteou com tantas oportunidades de desenvolvimento que se fosse descrever daria um livro todo, por isso, neste capítulo, vou me concentrar em um dos momentos mais desafiadores que vivi, momento em que tudo o que escolhi estudar foi posto à prova.

Meu trabalho com oncologia teve início em 2015, ano em que minha carreira de *coach* já estava consolidada e, além de atuar como *executive coach* em várias multinacionais, eu era facilitadora na formação de novos *coaches* em escola referência no Brasil. Nessa época, eu me apaixonei pela psicologia positiva, pelo estudo da felicidade e a possibilidade de encontrar ferramentas para ser feliz independentemente do universo de variáveis que fogem do nosso controle e teimam em roubar nosso equilíbrio emocional.

O câncer é doença muito presente em minha família. Meus avós morreram de câncer e meu pai morreu de câncer, o que nunca passou por nossas cabeças é que tal doença pudesse assombrar uma criança até que, em 2015, meu sobrinho Vinícius, menino lindo, cheio de vida, foi diagnosticado aos 14 anos com um tipo muito raro de câncer nos ossos, chamado osteossarcoma. Gosto de pensar que o Vini foi um anjo que veio ao mundo para nos ensinar a arte do amor, da gratidão e a possibilidade de se realizar sonhos independentemente das mazelas que estamos vivendo.

Esse anjo tinha algumas paixões: cinema, jogos e chocolate, fato observado por uma das médicas de seu tratamento, a querida Dra. Ana Cristina Mendonça, que todos os dias, ao passar a visita, lhe presenteava com um chocolate e perguntava sobre filmes e jogos. No início de novembro, a doença do Vini havia se alastrado muito e, em uma de minhas muitas visitas ao hospital, ele mencionou estar se sentindo melhor e comentou sobre a pré-estreia do filme "Jogos Vorazes", que aconteceria dia 15 de novembro de 2015. Alegrei-me com seu ânimo e, ao sair do quarto, encontrei Dra. Ana Cristina, ela olhou nos meus olhos e disse com a voz embargada: "Gi, não vai dar tempo de assistir ao filme na pré-estreia, o Vini está entrando em falência de órgãos, agora eu liguei para uma amiga que trabalha na Paris Filmes de Hollywood, ela irá enviar o filme para que possamos levá-lo para assistir na Paris Filmes do Brasil, junto com os pais, a irmã e a equipe médica. E assim foi, saíram do hospital de ambulância, o piloto perguntou para o Vini, com emoção ou sem emoção, e ele respondeu com muita emoção. Meu irmão disse que quase morreu de medo, pois saíram da R. Sena Madureira e chegaram à Av. Pacaembu em 7 minutos. Lá, nosso anjo recebeu presentes da Paris Filmes, muitos ingressos vip para a pré-estreia e depois disso adormeceu. O Hospital GRAACC possibilitou que ele realizasse um último sonho em vida e deu à minha família uma recordação afetiva inesquecível. Foi então que me veio a reflexão: por que não ensinar a equipes de oncologia técnicas da psicologia positiva para que eles possam usar com pacientes e parentes de pacientes? Então, iniciei um lindo trabalho com as equipes multidisciplinares do Hospital GRAACC baseado na metodologia Semear desenvolvida por minha orientadora Flora Victória, fundadora da *SBCoaching*.

O que eu não esperava era que, em meados de 2017, em exames de rotina, eu seria diagnosticada com câncer de mama. Confesso que no momento da descoberta, psicologia positiva foi a última coisa que passou pela minha cabeça. Eu literalmente acreditei que meu sinal havia ficado vermelho, que meu tempo tinha dias contados. Mergulhei no transe maluco que envolve a cabeça e o coração de todos que recebem diagnóstico igual, até que, por conselho do meu irmão, marquei uma consulta no AC Camargo Cancer Center. Logo após o agendamento, fui surpreendida pela ligação de uma enfermeira, seu nome era Débora, ela se intitulou como navegadora e disse que me acompanharia e me daria suporte em todo o meu tratamento. Senti-me acolhida. Ao chegar no hospital, lá estava ela, minha navegadora, conduzindo meus passos, acendendo as luzes do meu coração, apagadas pelo medo. Ela me disse que eu passaria em consulta com uma tal Dra. Fabiana Makdissi, procurei pelo nome no Google, ela postava vídeos, gostei de escutá-la. Chamaram meu nome, me levantei apressada, dei de cara com uma mulher iluminada que segurou minha mão, sorriu e disse: "olá, meu amor, vamos cuidar de você." Essas palavras me caíram como um mantra que dizia: "Está tudo bem, você pode ser cuidada, você quer ser cuidada". O nosso subconsciente é engraçado: lembro que quando meu pai morreu, mesmo já sendo mulher feita e profissional experiente, a frase que me veio à cabeça foi: "Agora é com você!

Seu herói não está mais aqui". Desde então, assumi a postura de cuidadora da família, da empresa, dos filhos... De repente, alguém que mal conheço se oferece para cuidar de mim e me acende uma luz interior, não precisamos cuidar de tudo nessa vida, tudo bem não saber tudo, sempre tem alguém que pode te ajudar e ser complemento na sua jornada. É libertador se entregar à humildade de ser simplesmente humano. Saí de lá com muitas guias de exames, e a agenda médica passou a tomar conta da agenda da executiva. Queria correr com aquilo tudo, para mim, câncer era como milho de pipoca em panela quente, estourava por todo o corpo. Recordo-me do dia em que levei todos os exames pré-operatórios para a Dra. Fabiana. Era véspera do meu aniversário (06/09/2017), ela olhou para os exames, depois para mim e disse: "temos uma decisão a tomar, os exames mostram que existem outros dois nódulos muito parecidos com aquele que foi diagnosticado como câncer em sua biópsia, porém só teremos certeza com outra biópsia. Então, ou optamos pela retirada de toda a mama com uma mastectomia ou fazemos a biopsia e esperamos o resultado para ver se podemos fazer uma cirurgia mais conservadora. O que você prefere?" Perguntei a ela o que ela aconselharia caso uma filha dela passasse por situação semelhante. Ela, com toda generosidade e verdade do mundo, me respondeu: "meu amor, nem por uma filha eu poderia tomar essa decisão". Naquele momento, eu apenas pensei que minha panela estava esquentando e pedi para agendarmos a cirurgia, que foi marcada para o dia 21/09/2017, o dia do aniversário dos meus filhos. Tenho gêmeos, dois meninos lindos, Théo e Davi. Dra. Fabiana começou a explicar como seria o procedimento, falou da possibilidade de um tratamento completo com cirurgia, quimioterapia e radioterapia. Acho que parei de raciocinar depois da palavra quimioterapia. Aguentei firme até chegar ao carro, depois caí no choro. Um choro doído de quem tem vida e intimidade invadidas. No dia seguinte, era meu aniversário, eu completaria 42 dois anos, e a única coisa que eu queria era sumir. E foi exatamente o que fiz. Uma tia muito querida me convidou para ir para a praia. E para lá fomos eu, meu marido, meus filhos e minha mãe. O lugar era um paraíso, e eu, um verdadeiro zumbi. Passei 2 dias do feriado pensando na cirurgia e na queda dos meus cabelos. Até que meu filho Théo chamou a minha atenção, dizendo que eu não estava prestando a atenção em nada que diziam. Foi então que mais uma ficha caiu. Não posso morrer antes da hora. Ainda estou viva, estou em um lugar lindo, com meus filhos, e a vida é linda. Então fiz um acordo com Deus. Disse para ele: "Eu ainda tenho muito para fazer aqui, sou especialista em psicologia positiva, ajudo muita gente, então, por favor, me mantenha aqui embaixo, bem viva e eu prometo ajudar muitas pessoas."

Desse dia em diante, passei a pensar diferente, eu ensinava todos os dias aos meus clientes e alunos que podemos ser felizes independentemente dos desafios que a vida nos direciona, então, havia chegado a hora de usar tudo aquilo que eu ensinava na minha própria vida. E assim eu fiz.

Lembrei de uma fala recorrente de muitos dos meus alunos ao terminar um treinamento de profunda imersão em autoconhecimento. Eles diziam assim: "Gi, eu aprendi tanto aqui que gostaria de poder levar você para casa para que, em cada momento desafiador, eu pudesse ouvir seus ensinamentos e usar as ferramentas que você nos ensina". Então tive a ideia de transformar todo o meu conhecimento em um legado acessível a todos que quisessem aprender como realmente ressignificar seus desafios e superá-los. Eu queria digitalizar uma estrutura para gerar prosperidade emocional em grande escala e, para isso, eu precisava me unir a alguém que materializasse tudo aquilo que fervilhava em minha cabeça. Lembrei de um grande amigo e aluno, de vários de meus treinamentos, chamado Alex. Ele é especialista em gestão de projetos e tecnologia. Ele ficou encantado com a proposta. Nos tornamos sócios e em seis meses criamos o portal *Mentoring4you*, uma plataforma com mais de cem ferramentas de *coaching* e psicologia positiva. Desenvolvemos cinco metodologias de *coaching* embasadas em ferramentas com comprovação científica, com vídeo aulas gravadas por mim. *Coaching* de vida, *Coaching* Executivo, *Coaching* Empresarial, *Coaching* Positivo e a Metodologia Superação, desenvolvida para levar apoio emocional e psicológico a mulheres que passam pelo tratamento de câncer de mama – acredito que quando uma mulher floresce inúmeros jardins florescem ao seu entorno. Esse projeto tem como madrinha a médica que ressignificou meu tratamento com seu sorriso e que se encantou ao ser apresentada ao projeto, abrindo as portas do AC Camargo Câncer Center para que eu pudesse apresentar meu novo sonho para as equipes de psicologia, psiquiatria, para a diretoria de RH e ao departamento jurídico, comprovando, após um ano de muito trabalho, a seriedade aplicada a cada conceito do método SUPERAR, dividido em sete módulos:

S – Ser humano, sonhos e objetivos: trabalhamos quatro ferramentas de autoconhecimento com base no entendimento dos perfis comportamental motivacional e das forças de virtude, assim como a permissão para sonhar independentemente do momento de vida vivido.

U – União e engajamento: nesse módulo, são aplicadas mais quatro ferramentas com o objetivo de engajar a vida em propósito e valores, permitindo tomadas de decisões mais leves e assertivas.

P – Previsibilidade e planejamento: aqui estudamos, em quatro ferramentas, os conceitos da importância da utilização dos nossos recursos pessoais e materiais (tempo, emoções, físico e dinheiro) a nosso favor, de forma organizada e estruturada, para que possamos viver bem durante todo o tempo que tivermos direito.

E – Energia e emoções positivas: nas quatro ferramentas desse módulo, entendemos os conceitos básicos para movimentar energia a favor da nossa felicidade, com o entendimento das emoções no tempo (passado, presente e futuro).

R – Ressignificação emocional e cognitiva: nesse módulo estão as quatro ferramentas mais intensas e libertadoras. Aqui percebemos como nossas verdades de mundo são construídas, aprendemos a desafiá-las e encontramos novas formas de enxergar a vida, o que a torna mais colorida e repleta de novas opções e oportunidades.

A – Autonomia para solução de problemas: quando chegamos a essa etapa do processo, fica mais fácil entender o que de fato é problema em nossas vidas; aqui contamos com quatro ferramentas para desvendar a solução dos quatro tipos de problemas que existem na vida de forma leve e estruturada.

R – Relacionamentos: a última letrinha da metodologia é a cereja do nosso bolo, finalizamos com quatro ferramentas para que nossos relacionamentos possam florescer em sua essência de generosidade, amor e limites.

O projeto tem duração de sete meses com frequência semanal, no qual em cada encontro acontece uma palestra de 1h30 com troca de experiências ao final; depois disso cada uma das mulheres passa por sessões individuais de *coaching* com uma profissional voluntária, que passa por uma especialização na metodologia Superar por mentoria e estudo de casos comigo. Por esse projeto já passaram trinta e cinco mulheres e, durante o processo, medimos escalas da psicologia positiva e obtivemos os seguintes resultados:

- escala de satisfação com a vida: aumento de 20% na satisfação com a vida durante o tratamento de câncer, mesmo vivendo a tensão de um mundo em pandemia;
- escala de motivação: 100% de percepção de como ativar motivação intrínseca, ou seja, elas aprenderam a conciliar suas motivações ao dia a dia, independentemente da rotina transformada pelo tratamento;

- escala de realizações: aumento de 8%. Conseguir aumentar o sentimento de realização durante uma enfermidade é um presente gigantesco para todo o projeto;
- Escala de esperança: a esperança é uma força que só aparece nos momentos de muito desafio, e os estudo da ciência da esperança nos mostra que ela é construída com base em dois pilares: a conversa interna positiva e a capacidade de planejar e segmentar os fatos; os resultados foram:
    - conversa interna positiva: aumento de 22%;
    - capacidade de planejar: aumento de 11%;
    - esperança: aumento de 33%.

- escala de florescimento: aumento de 10% de ativar *flow*, que é a habilidade de nos sentirmos apaixonados pela vida a ponto de vivermos a sensação do encantamento;
- aumento de 25% de emoções positivas;
- diminuição de 20% de emoções negativas.

Esses resultados me aquecem o coração, pois fortalecem a minha certeza de que todos os dias são oportunidades para que possamos colher os presentes escondidos por Deus na trilha de desenvolvimento pessoal de cada ser humano nessa trajetória chamada vida. Assim como perceber que se permitir sonhar é um convite para que outras pessoas se juntem a você na construção das mais belas memórias afetivas. E são essas memórias que proporcionam, lá no finalzinho da sua vida, poder olhar para trás e vislumbrar uma vida que realmente valeu a pena ser vivida.

10

DO ANONIMATO AO SUCESSO, COM GISELLE SUARDI

Este capítulo fala sobre a trajetória da empreendedora, apresentadora, mentora de comunicação que transformou sua vida profissional por meio da arte de falar assertivamente. Aqui você vai encontrar os passos de vida pessoal e profissional que levaram a menina sonhadora a estar diante das câmeras de grandes emissoras e de palcos que ela nunca imaginou estar. Durante o texto, você vai conseguir se identificar com cenas da sua história que poderão icentivá-lo a construir melhores resultados a partir de agora.

GISELLE SUARDI

Giselle Suardi

Contatos
gi.suardi@hotmail.com
Instagram: @gisellesuardi
41 9988 43980

Empresária há mais de 10 anos, Diretora da GS Business. Formada em Educação Física com especialização em psicomotricidade e em Comunicação e Marketing. Membro do Conselho da Mulher Empresária (Associação Comercial do Paraná). É líder do Comitê de Comunicação do Grupo Mulheres do Brasil (núcleo Curitiba). Membro da ADVB – Associação dos dirigentes de vendas e marketing do Brasil (núcleo Paraná); e sócia-membro do Instituto ÊXITO. Atua como apresentadora de televisão em grandes emissoras do Brasil, desenvolve projetos voltados a comunicação e marketing para pessoas e empresas, é mentora na área de comunicação, mestre de cerimônias de renomadas instituições, como ONU, OAB, entre outras.

Começo falando sobre decisões e, desde o início, quero te fazer refletir, por meio da minha história, como você pode transformar a sua a partir da minha. Com certeza, você tem muitas histórias para dividir com outras pessoas, e tudo que vou contar para você aqui é uma forma de te provar que você pode ir além do que imagina. Por isso, quero começar falando sobre a menina falante que se tornou apresentadora de televisão: digo que sou uma apresentadora improvável.

Quando eu era criança, nos primeiros anos de idade, meus pais precisaram me levar no médico para ver o motivo do atraso na minha fala, eu era bem agitada, porém, não falava, e os médicos disseram que estava tudo normal com o meu crescimento. Minha mãe, então, ouviu a sugestão dos vizinhos que faziam simpatias para que a criança falasse, não sei se você conhece essa simpatia, mas acredito que conheça porque quando conto isso nas palestras, muitas pessoas se identificam e dizem que ou já fizeram ou alguém que elas conhecem já fez. Então chegou o dia da tal simpatia: colocar um pintinho na frente da boca da criança e esperar o pintinho "piar". Então minha mãe fez isso, só que nada aconteceu, passou um tempo e eu não falava nada; ela ia lá e repetia a simpatia, diz ela que fizeram umas três vezes a mesma coisa, depois disso eu comecei a falar e, palavras da minha mãe, "começou a falar e não parou mais". Isso, com certeza, indica que minhas características de comunicadora já são natas eu fui me aperfeiçoando ao longo do tempo. Os anos foram passando, eu fui apenas crescendo e sempre querendo liderar alguma coisa, por exemplo, nas conversas, eu era a que falava mais, eu era a que queria ser o centro das atenções, eu sempre queria chamar a atenção com alguma coisa, sempre muito agitada – características de desenvolvimento de pessoas influentes. Hoje eu sei que é isso porque estudei e estudo diariamente o comportamento humano, mas até saber disso, eu sempre levava bronca dos meus pais, que o tempo todo pediam para eu ficar um pouco mais quieta. A melhor parte da minha infância foi quando viajamos com o meu pai, e aqui posso dizer que tenho orgulho dessa história. Antes de dividi-la com vocês, quero falar que, quando contei para o meu pai que eu contava sobre isso em eventos e que tinha orgulho de contar, ele se emocionou porque achou que eu teria vergonha disso, mas foi por meio do meu pai que descobri o mundo. Meus pais sempre foram meus super heróis, as cenas das quais lembro emocionada eram sempre do meu pai indo viajar, e a hora da despedida era sempre muito difícil, porque tínhamos ideia do tempo que ele ficaria fora de casa, mas nunca o dia e a hora certa do retorno. Meu pai é caminhoneiro, meu avô já trabalhava com caminhão e, então, meu pai e seus irmãos seguiram os mesmos passos: para muitos uma profissão sem valor nenhum, mas para nós, desde pequenos olhando os esforços dele, ele era o que transportava o que mundo precisa; então quando éramos pequenos, eu e meus dois irmãos, junto com nossa mãe, viajávamos com ele nas nossas férias escolares, e a cada viagem um aprendizado. Eu me lembro que eu perguntava tudo para ele, passava quase a viagem inteira querendo saber das coisas, fazendo perguntas, sempre tendo curiosidade em cada canto que nós passávamos, muitas viagens inesquecíveis. Como, na maioria do tempo, era ele sozinho que viaja e nós ficávamos em casa, a parte que sempre foi e será emocionante era dos seus retornos para casa: era a maior alegria saber que ele estava voltando, saber que nosso porto seguro estava de volta. Lembro como se fosse hoje, quando o caminhão aparecia e nós quatro saíamos correndo para esperá-lo na calçada em frente de casa, parecia um herói chegando com a sua nave mágica.

Sabe os motivos de dividir isso com vocês aqui? Muitas vezes, as pessoas sentem vergonha do passado; muitas vezes, as pessoas escondem seu passado, mas é nele que estão seus maiores tesouros, tudo o que sou e vivo hoje foi porque lá atrás tive memórias que ficarão marcadas, e você deve ter muitas que precisam ser compartilhadas.

Os anos foram passando, e eu sempre olhando o que minha mãe fazia para ser uma rocha firme dentro de casa, para estar sempre forte para nos manter bem enquanto nosso pai viajava. Ela se dedicou ao nosso crescimento, ela se desdobrava para dar conta de tudo enquanto nosso pai estava fora trabalhando, e, logo que crescemos um pouco mais, ela começou a trabalhar fora de casa, sempre com olhar de empreendedora, embora na época (anos 1990) nem se falava esse nome. Lembro-me que uma vez ela começou a trabalhar em uma fábrica de chocolates como gerente e, às vezes, eu ia na loja; ficava encantada com tudo, me lembro até do cheiro do lugar, eu ficava imaginando como seria abrir uma empresa, tinha essa curiosidade. Das coisas que me lembro muito é que tinha uma igreja bem próxima do hotel, que eles tinham um restaurante, e minha mãe sempre ia lá comigo e meus irmãos; me lembro como se fosse hoje ela rezando emocionada pedindo a Deus direcionamento e proteção para nossa vida. Desde pequena eu aprendi sobre o poder da fé com os meus pais, de acreditar e confiar.

Agora, para que eu chegasse até a televisão, tive diferentes incentivos: um deles foi quando minha mãe decidiu me matricular em uma escola de modelos, isso me trouxe a base para interpretação; depois disso, quando eu estava no último ano do colégio, trabalhei dentro de uma biblioteca, o que trouxe mais decisões do que vivo hoje – descrevendo esse momento para que você reflita sobre você: tudo está ligado às escolhas que faz todos os dias. Você acredita que eu já organizei mais de 5.000 livros? Isso mesmo! Decidi contar um pouco para vocês sobre essas fases da minha vida porque são escolhas. Eu estava indo para o terceiro ano do segundo grau, estudava em uma escola pública, e meus pais conseguiram bolsa para eu estudar em um colégio particular reconhecido, mas eu tinha que fazer estágio para compensar a bolsa e poderia escolher entre apagar o quadro no final de cada aula ou trabalhar na biblioteca. Eu escolhi a biblioteca, era uma unidade nova, então meu papel era catalogar livros, colocar no sistema, etiquetar um por um e colocar nas prateleiras. Durante um ano fiz isso. Depois da biblioteca montada, eu tinha que mantê-la sempre organizada, e eu passava as tardes lá, olhando para os livros e pensando que era uma coisa muito distante escrever um livro. Hoje, depois de 20 anos, estou eu aqui escrevendo este meu primeiro capítulo, sendo a porta de entrada para uma linda fase que está chegando. Agora o que quero trazer de reflexão para você é: talvez muito do que você faz hoje está ligado ao seu passado, como já comentei anteriormente, e caso você não esteja se encontrando profissionalmente, olhe para trás e encontre na sua própria história os capítulos que faltam para sua evolução.

Esse capítulo da minha história que aconteceu lá atrás se renova com um novo significado: agora eu tenho a oportunidade que criei, de estar na biblioteca de qualquer lugar do mundo. E calma que ainda não cheguei até a história da televisão. Antes de contar sobre isso, preciso dividir aqui com você que eu já fui uma professora de natação e foi um grande aprendizado. Eu fiz faculdade de Educação Física, então escolhi dar aulas de natação, e de dentro da piscina vivi muitos ensinamentos: o primeiro deles é a disciplina. Para você atravessar uma piscina de 25 metros nadando, você precisa aprender do zero e ir treinando para conseguir atravessar; hoje posso dizer que uma das melhores experiências da minha vida foi lá dentro da água, quando descobri meu papel de ensinar e que trago até hoje. E não foi em qualquer trabalho, foi na academia de um campeão olímpico, o Gustavo Borges; lá aprendi sobre resiliência, sobre o quanto cada milésimo de segundo importa e como levar isso para a vida, lá tive a oportunidade de aprender a base de ser um campeão que trago até hoje como ensinamento, de nunca pensarmos em vencer olhando para o concorrente, mas vencer olhando para frente.

Os anos foram passando e eu fui descobrindo que gostava de falar para muitas pessoas, que eu tinha o perfil comportamental de comunicadora, e então eu apostei nisso, mas, calma, porque não foi rápido assim. Antes disso, eu deixei esse sonho guardado em uma caixinha por uns cinco anos porque foi quando meu filho Felipe nasceu e com ele a decisão de empreender. Nessa época, comecei com meu marido em uma área que eu não tinha nenhuma experiência, mas que traria nosso sustento, então começamos a crescer. Só que meu sonho estava lá guardado, a área que iniciei era voltada para a indústria, posso dizer que aprendi a ser resiliente, porque foram dias fazendo uma coisa que não era minha paixão, mas era por amor e com comprometimento, porque era o nosso momento de crescer e conquistar coisas com a oportunidade que Deus estava nos dando. Assim, fundamos a Calore Queimadores com um grande amigo italiano, que teve confiança em nós e nos ajudou a desenvolver o negócio. Tivemos muitas pedras no caminho, mas nunca desistimos; aprendemos com os erros e assim fomos crescendo. Eu fui me organizando para abrir aquela caixinha que deixei fechada por anos, quando consegui? Foi quando a empresa ficou estruturada e eu, aos poucos, voltei a me dedicar a escrever projetos e enviar para emissoras de televisão para que eu fosse convidada a falar dos temas ligados à saúde, e assim foi: comecei a falar em diversos meios de comunicação sobre incentivo à saúde, qualidade de vida e bem-estar e, então, quando me via nos bastidores da televisão, achava tudo aquilo o máximo, um mundo encantador, a cada emissora que eu ia, eu tinha a certeza de que era essa a minha missão, de falar cada vez mais. Fui criando projetos e comecei a ser chamada constantemente para falar sobre os temas que dominava e, aos poucos, ganhando mais espaço, até que me vi com um programa de televisão para chamar de meu. O nome do programa era "Mexa-se" em que a cada semana eu falava sobre um esporte diferente. Depois disso, eu comecei a ganhar mais visibilidade e conquistei patrocinadores, foi aí que mudei de emissora e assumi um programa diário, com uma responsabilidade grande de estar ao vivo em uma grande emissora, e abracei a oportunidade como se já tivesse nascido para aquele papel – só que nada é tão fácil e ali foi um grande aprendizado. Todos os dias eu aprendia a ser perseverante e a ter equilíbrio emocional para lidar com situações desconhecidas. Foi na televisão que aprendi sobre o "quem sabe faz ao vivo", foi ali na frente das câmeras que descobri o que me realizava profissionalmente, e foi também ali que descobri que minha voz poderia ajudar muitas mulheres pelo mundo inteiro. Tudo só foi possível porque eu acreditei em mim e no que eu poderia dar de melhor, e agora quero te trazer uma reflexão sobre como você pode acreditar mais em você para se ver como uma grande ou um grande comunicador, não necessariamente apresentando um programa de televisão, mas sendo sua melhor versão e, assim, comunicando o que você tem de melhor.

Eu descobri meu propósito de falar com as pessoas e não só de falar para elas. Falar com as pessoas torna a vida mais especial, porque nosso papel principal nessa vida é de ajudar os outros, e a minha forma de ajudar é mostrando para elas que sua voz é forte e que precisa ser divulgada, foi assim que me desliguei da televisão e segui meu coração. Falar com as pessoas todos os dias é o que faço até hoje, tudo o que aprendi durante os anos da minha vida eu trago para o que faço hoje, porque o que temos de melhor é o que podemos oferecer ao outro, e tudo o que aprendi eu transfiro através das mentorias, atendimentos e palestras, mas sempre que posso atuo na televisão, porque faz parte da minha paixão. Quando falamos de construir nosso legado, entendemos que deve ser com coisas boas e, por isso, sei que estou nesse caminho constantemente aprendendo, errando e acertando, e espero que você esteja neste movimento. Se não estiver, comece agora. Quando olho para trás, consigo entender o que me trouxe até esse momento, porque sei que esse também era um sonho, então, se eu não tivesse tomado a decisão de abrir a caixa dos sonhos novamente, não estaria aqui contando sobre o meu legado, por isso tenho a missão de continuar contribuindo com as pessoas e me desenvolvendo. Sendo assim, só te faço um pedido: apareça para crescer, as pessoas querem te ouvir e só depende da sua decisão de começar. Te desejo boa evolução e que, com a minha trajetória, eu deixe o legado de construir um mundo melhor por meio da comunicação.

11

MOMENTOS DIFÍCEIS SÃO DEGRAUS, ESCOLHA SUBIR!

Não importa o que fizeram com você. O que importa é o que você faz com aquilo que fizeram com você.
(JEAN PAUL SARTRE)

Passamos por desafios que não compreendemos. Às vezes, a dor vem de circunstâncias; outras, das nossas más escolhas. O fato é que sempre podemos aprender com ela. Aprendi a tirar o melhor dos piores momentos que vivi. A cada dia, chego mais perto de quem nasci para ser!

HELAINE RODRIGUES

Helaine Rodrigues

Contatos
helainerodriguesco.wixsite.com/website
helainerodriguescoach@gmail.com
Facebook: helainerodrigues / coachingepalestras
Instagram: helainerodrigues.oficial
LinkedIn: Helaine Rodrigues Coach e Palestrante
11 97472 2448

Mãe, palestrante, escritora, mentora para empreendedores, executiva, fundadora da Dreams Soluções & Lazer, uma empresa que vem se destacando por seu compromisso com a excelência! São mais de 15 anos de experiência no empreendedorismo. Por meio de sua história de superação e de formações em *Coaching* Pessoal, Empresarial, Educacional, Analista Comportamental, Liderança, Psicoterapia Breve e Programação Neurolinguística, tem como missão inspirar multidões a vencerem seus medos e frustrações e capacitar empreendedores a transformarem o seu negócio em um instrumento realizador de sonhos, ao invés de serem escravizados por ele. Em suas palestras e treinamentos, evidencia que a prática da fé e a busca pelo conhecimento com ações assertivas resultam na construção de uma vida extraordinária.

Minha mãe era do Paraná e meu pai, de Vitória da Conquista. Eles se conheceram em Cotia/SP e, por um descuido, no dia 11/06/1975, nasci. Após 12 anos, divorciaram-se.

Meu pai mudou-se para o Pará. Minha mãe, meu irmão e eu fomos morar com a minha avó e sete tios. Meu objetivo na vida: casar e ter minha família!

Aos 15 anos, namorei um rapaz da escola. Engravidei e, aos 16 anos, tive o meu primeiro filho. O relacionamento acabou! Tive muita dificuldade para me recuperar da dor da rejeição, da frustração e do amor não correspondido. Um sentimento de morte tomou conta da minha alma e parecia que nunca teria fim!

Neste tempo, algo maravilhoso aconteceu: passei a receber estudos bíblicos e tive um encontro com Jesus! Batizei-me e conheci a música cristã. Já tinha ouvido falar do amor de Deus e da morte de Jesus na cruz, mas sempre foi de uma maneira muito superficial. Eu desconhecia o verdadeiro significado e a importância de ter um relacionamento íntimo com Deus. Parei de escutar músicas que falavam de traição, abandono e amor não correspondido. Troquei por outras que falavam de alegria, paz, amor e esperança.

Comecei a trabalhar na Zona Leste. Aluguei um apartamento. No início, a minha mãe também foi e me ajudava com o meu filho, mas as coisas ficaram bem difíceis. O salário mal dava para comer.

Em uma das noites, chorei muito pela situação. Peguei um caderno e escrevi uma carta para Deus. Pedi para que Ele me enviasse um bom homem. Tudo o que eu mais queria era amar, ser amada e ter uma família. Um rapaz havia me pedido em namoro. Eu disse que iria pensar. Perguntei a Deus: seria esse o homem da minha vida? Sonhei que ele estava casando-se com outra pessoa. Na minha interpretação, ele era a pessoa certa e eu estava prestes a perdê-lo!

No dia seguinte, liguei e perguntei: "Oi, o pedido de namoro ainda está de pé?" Sorrindo, ele disse: "Sim!" Esse foi o início de uma linda história de amor!

Não significa que não tenhamos enfrentado desafios. Tivemos problemas e ajustes a serem feitos. Entretanto, tínhamos o mais importante: amor mútuo, respeito e andávamos na mesma direção. No dia 15 de dezembro de 1996, o meu sonho estava se realizando: selamos o nosso amor diante do altar. Foi um dos dias mais felizes da minha vida!

O salário de um auxiliar de escritório não era o bastante. Ele tinha mais de 10 anos de experiência como despachante. Embora não tivesse a credencial para exercer a função (só se consegue através de concurso público, realizado a cada quatro anos, e ele ainda não tinha conseguido), decidiu encontrar um sócio credenciado para abrirmos o nosso próprio escritório. Sabia que, com seu conhecimento e influência, teria sucesso!

Que pena, foi uma decepção atrás da outra! Tivemos vários sócios. A maioria deles tinha a credencial, mas não tinham a experiência. Meu marido servia de trampolim para alavancar outros. Aprendiam a rotina do escritório e, passado esse período, encerravam a sociedade. Um deles sugeriu que colocássemos o nome do meu marido no despachante. Em nossa ingenuidade, aceitamos. Não deu outra, o mesmo aconteceu. E desta última vez foi pior! No ano 2000, esse casal, que havia implorado por ajuda porque estavam passando por dificuldades financeiras, exigiu o fim da sociedade. Argumentaram que a receita do escritório era insuficiente para manter o seu padrão de vida. Nas cláusulas da recisão contratual, meu marido teve que abrir mão do direito de usar o seu próprio nome. Perdemos também a liberdade para abrir outro escritório no salão comercial dos pais dele porque o escritório era na mesma rua. Isso era considerado concorrência desleal. Como se essas pessoas entendessem algo sobre lealdade! Depois desta rasteira, tudo desabou sobre nós. Outro agravante era o nosso descontrole financeiro. Confesso que, eu principalmente, vivia com os cartões estourados. Gastava sem me preocupar com o amanhã. E se me perguntassem sobre pró-labore? Planejamento? Gastar menos? Ter uma reserva de emergência? Jamais! Nem sabia o que era isso! Nunca tivemos educação financeira. E a crise foi inevitável.

Recebemos um convite do meu pai para iniciarmos uma nova vida no Pará. Com certeza, isso foi uma fuga! Ficamos oito meses lá. Mas oportunidades de trabalho eram escassas.

Abrimos um escritório de preenchimento de formulários. Deu ruim. Depois, optamos por levar uma das delícias de São Paulo para a cidade, o pastel de feira. Lá não tinha o pastel como é feito aqui. Foi assim que nasceu a lanchonete e pastelaria *Quero Mais*! Enfim, nós acertamos. Foi um sucesso.

Rapidamente, a nossa pastelaria ficou conhecida na cidade, fomos muito elogiados. O sabor do pastel fez jus ao nome da lanchonete, quem provava dizia: quero mais!

Na verdade, deu certo, mas não deu. Houve um erro grotesco que muitos empresários cometem e destroem o seu negócio. Nós tínhamos um excelente produto, trabalhávamos com matéria prima de qualidade, atendimento excepcional. Apesar disso, não sabíamos precificar. Ao querer equiparar nossos preços com os salgados da região, não tínhamos lucro. Trabalhávamos à exaustão apenas para repor o estoque e pagar as despesas do negócio. Contudo, resolvemos voltar à São Paulo.

A nossa realidade não mudou com a nossa ausência. Meu marido arrumou um emprego temporário de digitador. Fazia horas extras para termos o básico. Em 2002, vendemos a nossa casa e fomos morar em uma casa que era herança da minha sogra. Com parte do dinheiro, pagamos algumas dívidas, compramos um carro, fizemos uma reserva e investimos em outro sonho gravar um CD, com músicas de minha autoria.

De uma hora para a outra, tudo começou a se encaixar! Ele arrendou um escritório do antigo patrão com um amigo de infância. Comecei a gravar. E, para fechar com chave de ouro, descobri que estava grávida! Essa notícia foi realmente inesperada. Porque o médico disse que ele só poderia ser pai se fizesse uma cirurgia. Optamos por não fazer e esperar a vontade de Deus. E ela foi de acordo com a nossa. Aleluia!

Em meio a tanta felicidade, imaginei que estava no céu! Mas, dentro de mim, havia um sentimento estranho, dizendo que algo ruim estava por vir. Eu achei que pudesse ser com meu bebê. Às vezes, o Sandro reclamava de dores de cabeça e azia. Mas, nos últimos meses, andava mais cansado. Só depois de muito tempo, confessou que, ao evacuar, saía sangue. Fomos ao médico e, por se tratar de um jovem de 30 anos, diziam ser hemorroidas. Os sintomas persistiram e, após colonoscopia, foi constatado que era um câncer em estágio avançado! Esperei por um milagre, me mantive firme. Ia ao hospital visitá-lo todos os dias. Foram três meses de vida após o diagnóstico. Operou, veio para casa e faleceu no dia 01/11/2002.

Agora, eu era viúva, aos 27 anos, com um filho de 11 anos e grávida de cinco meses! Fui atingida por uma avalanche de más notícias. Nosso carro foi roubado, minha sogra pediu a casa. Em 30 dias, fundiu o motor do outro carro. A casa que aluguei chovia dentro. A minha fé ficou abalada! Quando ia à igreja, só conseguia chorar. Aquele sonho do meu amado esposo segurando nosso filho em seus braços enquanto eu estava louvando no altar desabou! Mais uma vez, meus planos foram frustrados!

O meu bebê nasceu, Sandro Filho. Um lindo menino, com 3,900 kg!

Quase dois anos se passaram. Conheci uma pessoa em um site de relacionamento. Contei-lhe a minha triste história e, aparentemente, partilhávamos das mesmas ideias. Começamos a namorar. Ele me convidou para trabalhar em sua empresa. Na época, por conta da chegada do Poupatempo, temíamos que os serviços de despachante fossem extintos. Abri mão do meu escritório e aceitei o convite. Foi uma das piores decisões que tomei! A empresa dele estava falida. Além de não ter nenhum controle financeiro, ainda tinham vários funcionários. Os impostos e taxas não eram pagos há meses! Enquanto ele e o sócio esbanjavam de carro importado e comendo em restaurantes caros, fui descobrindo as mentiras, traições, manipulações e, sem perceber, me submetendo ao tratamento abusivo! Sem pró-labore, passando por humilhações, terminei o relacionamento e comecei a trabalhar em uma excelente empresa. Mas eu não tinha sossego!

Há tempos, meu pai pedia que eu o ajudasse na sua empresa. Larguei tudo e fui.

Estava claro que ele não era a pessoa certa para mim. Só que ele viajou quase 3 mil quilômetro! Foi atrás, fez várias promessas, voltamos casados, em 2007. Logo, tivemos o nosso primeiro filho. Começamos uma nova empresa de sistemas de aquecimento solar.

Assim como muitas mulheres, pensei que era a heroína que havia mudado a vida daquele homem. Quanta inocência! Não demorou para eu perceber o triste engano. Casamento não muda o caráter de ninguém. Por várias vezes, me imaginei jogada debaixo das rodas de um caminhão. São poucas as linhas para descrever toda dor e o desespero que eu passei por conta desse relacionamento.

Nunca fui agredida fisicamente. Mas, psicologicamente, estava destruída! A minha autoestima estava totalmente abalada. O medo de prosseguir sozinha me fez recuar várias vezes. Com isso, a minha vida havia se transformado em um ciclo vicioso do qual eu não conseguia me libertar. Meu coração estava repleto de medo, mágoa, ódio e culpava-o por toda a minha desgraça!

Queria muito que as coisas mudassem! Mas não tinha forças e não sabia como fazer. Foi quando descobri o *coaching* por um anúncio. Comecei a fazer uma série de cursos e formações de desenvolvimento pessoal. Li vários livros e assisti muitos vídeos. Percebi que estava reproduzindo a vida dos meus pais e sendo coadjuvante na minha história. Vivia um quadro de dependência emocional e financeira, além de terceirizar a responsabilidade pelo meu fracasso. Me perdi de quem eu era. Meus valores não estavam claros para mim. Eu havia resumido a minha vida em apenas dois pilares: familiar e espiritual. Durante muito tempo, eu direcionei todo o meu foco e energia para encaixar uma peça que não pertencia ao quebra-cabeças da minha vida. Por outro lado, também acreditava que Deus faria coisas que caberiam a mim fazer.

Confesso que foi bem difícil olhar para o caos da minha vida e dos meus filhos e reconhecer que tudo o que passamos era resultado das minhas escolhas. Já acordei sem saber o que dar para meus filhos comerem. Houve um tempo em que dependíamos da doação de cestas básicas para nos alimentarmos. Usava roupas e sapatos de doações. Acabei perdendo a guarda do meu filho caçula. Passamos por um processo de despejo. Meu filho mais velho estava desorientado e começou a passar as noites nas ruas, andando com más companhias. Nesse tempo, a única coisa que eu conseguia fazer para suportar era orar e louvar a Deus.

Ao assumir a minha responsabilidade, tive que parar de contar histórias tristes, das quais eu era vítima, ainda que as feridas fossem reais e assumir a responsabilidade pela minha felicidade e a realização dos meus sonhos!

Comecei a pensar em como poderia mudar o roteiro, transformando em uma linda história de superação e conquistas! Afinal, quando algo não está bom para mim, sou eu quem precisa mudar! O poder não está em mudar o outro, mas mudar a si mesmo. Talvez seja você que esteja precisando mudar. Outra consequência maravilhosa é livrar-se da mágoa e do ódio. As pessoas só fazem com você o que você permite. Você só vive o que tolera. Elas apenas são o que são, cabe a você decidir se essa é a peça certa. Não dê tanta atenção ao que te falam. Observe as atitudes! Não faça de pessoas o centro da sua vida. Elas erram! Decida quais são os tipos de falhas que você tolera. Por isso, a importância de conhecer os seus valores. Nem tudo é 100% ruim, sempre existe algum ganho. Cresci e aprendi muito mais com esse período de dor do que quando tudo estava bem. Frustração não mata. Momentos difíceis são degraus. Escolha subir. Existe um propósito para tudo!

Tem horas que você terá que tomar decisões que vão contrariar outras pessoas, mas isso faz parte. Aprenda a dizer "não" para os outros. Diga "sim" para você. Não se acostume com a dor. Exerça a dor da mudança, ela é temporária. Às vezes, será necessário abrir mão de algo que te trará algo melhor.

> *É nos momentos de decisão que o seu destino é traçado.*
> (ANTONY ROBBINS)

  Voltei a sonhar! O conhecimento liberta. Sentia muito medo. Não conseguia me enxergar do outro lado do rio. Mesmo assim, mergulhei. Por um momento, pensei que fosse me afogar. E, no meu íntimo, clamei ao Todo Poderoso que me ajudasse. "Mas, sentindo o vento forte, teve medo, e começando a ir para o fundo, clamou dizendo: 'Senhor, salva-me!'" (Mateus 14:30). Minha cabeça estava repleta de teorias que me ajudaram a tomar a decisão certa, mas foi a mão do Criador que manteve firme o meu caminhar.

  Confesso que tenho chorado muito. Mas, hoje, choro de gratidão e de alegria. Quero ajudar outras pessoas a viverem o extraordinário!

Referências

BÍBLIA, N. T. *Livro de Matheus*. In: BÍBLIA SAGRADA. São Paulo: Casa Publicadora Paulista, 2015, pp. 1118.

12

LEGADOS NÃO SÃO OPCIONAIS

Neste capítulo, o leitor vai encontrar um pouco do meu modo de pensar e ver o mundo. O que eu entendo por legado e o que, como líder, acredito ter deixado para aqueles com quem tive o privilégio de conviver e dividir aprendizados.

IRACY DA COSTA

Iracy da Costa

Contatos
www.iracydacosta.com.br
contato@iracydacosta.com.br
LinkedIn: www.linkedin.com/in/iracydacosta
Instagram: @iracydacostapalestrante
48 3246 5250 (Fadel Palestrantes)
48 98423 8487

Graduada em Serviço Social e Saúde; pós-graduada em Gestão Empresarial, Finanças e Marketing; especialista em Socioterapia, Gestão de Pessoas com ênfase em Liderança Organizacional, Gestão de Serviços Sociais para Empresas, Marketing de Serviços voltados à qualidade de vida e Gestão de Projetos Sociais. Profissional Personal Coaching, formada pela SBCOACHING; Pesquisadora e escritora, autora do livro *Geração 3000: um novo líder para um novo cérebro e uma nova sociedade*. Palestrante na área de liderança. Proprietária da LUMIÈRE Desenvolvimento Humano

Deixar ou não um legado não é uma opção

Todos nascemos com potencial para marcar a história de forma positiva, basta nos conscientizarmos de qual é a nossa missão durante esta curta permanência no plano terreno.

As nossas ações, o nosso modo de vida, vão deixando rastros por onde passamos. Marcando positiva ou negativamente, mesmo que de forma imperceptível, aquilo e aqueles com quem interagimos. Todas as nossas ações sempre irão influenciar outras vidas. A somatória dessas marcas é que constrói o que eu entendo hoje por legado.

Quando Italo Calvino cita Carlos Emilio Gadda e como ele vê o mundo – um "sistema de sistemas, em que cada sistema condiciona os demais e é condicionado por eles" –, para mim ele está afirmando a nossa inevitável condição de atores no mundo.

Esta afirmação de Gadda me remete também à fala do Cacique Seattle, da tribo Suquamish, na carta enviada ao presidente dos Estados Unidos em 1855, na qual ele afirma: "Todas as coisas estão relacionadas como o sangue que une uma família. Tudo está associado. O que fere a terra fere também os filhos da terra. O homem não tece a teia da vida: é antes um dos seus fios. O que quer que faça a essa teia, faz a si próprio".

Ambos, Gadda e o Cacique Seattle, falam da mesma coisa, ou seja, da intrincada relação com tudo e com todos.

A questão não é se alguém vai deixar um legado ou não. Mas qual legado vai deixar.

O que eu espero deixar como legado

A minha jornada de vida tem pouco mais de seis décadas e, ao longo deste tempo, tive a oportunidade de ter contato com muitas pessoas e muitas outras formas de vida. Deste tempo, mais de cinquenta por cento atuei como líder de grandes equipes. Foram mais de 30 anos convivendo com muitas pessoas com as mais diferentes formações, níveis de escolaridade e funções. Equipes compostas por pessoas que atuavam desde limpeza e manutenção a profissionais da área da saúde clínica e ocupacional, educação infantil, educação de jovens e adultos, educação continuada e educação especial, atividade física, lazer e esportes, consultoria em responsabilidade coorporativa, farmácia e alimentação coletiva, gerenciando essas equipes concomitantemente. Foi uma experiência intensa e de grande aprendizado.

Neste universo tão diversificado, com negócios tão diferentes, cada um com suas metas e métricas especificas de mensuração de resultados e, consequentemente, de formas de atuação, porém, todos voltados a um mesmo público, que exigia que a comunicação e interação entre equipes e áreas fosse clara e objetiva para que uma não interferisse no resultado da outra, mas pudessem se somar e se potencializar. Essa teia de que falava o Cacique Seattle ou esse sistema de sistemas em que cada um deles condiciona os demais e é condicionado por eles que Gadda tão bem descreve, era uma realidade que tive o privilégio de vivenciar.

Foi uma longa e instigante jornada como líder, foram muitos os aprendizados e trocas. Deixei marcas e fui marcada em cada experiência vivida e por todos com quem interagi. Sei que deixei muitas marcas positivas. Porém, no processo de liderança, sabemos que sempre há uma margem de erro nas decisões que tomamos. Que o líder que não é capaz de admitir que erra está mais sujeito ao erro. Que a consciência dos nossos erros e também a consciência de que cometemos outros que nem percebemos, nos coloca em estado de alerta, nos torna mais sensíveis e cuidadosos para seguir na direção da construção de um legado positivo.

Foi a consciência do meu estado humano, e não de heroína, como muitas vezes é cobrado do líder, que me deu maior tranquilidade para lidar com os desafios que tive de enfrentar no dia a dia em uma realidade tão diversificada e complexa. Descobri que um líder que não se permite errar gasta mais tempo administrando a culpa do que buscando novas alternativas para solucionar o que não deu certo.

Desenvolvi a capacidade de olhar o mundo de diferentes pontos, sem me prender em conceitos preestabelecidos. Aprendi a lidar com as probabilidades sem me tornar escrava delas e isso me deu liberdade para agir e fazer aquilo que pelo senso comum muitas vezes é visto como impossível, a começar pelo fato de que sou graduada em Serviço Social e Saúde, formação que não favorecia a ascensão a cargos de gestão e liderança no meio coorporativo. O profissional de Serviço Social era, e acredito que ainda é, tido como alguém com vocação para ajudar e pedir ajuda aos outros. No máximo, atuar na gestão de projetos assistenciais. Não eram profissionais vistos com potencial de liderança no mundo onde os resultados quantitativos, sejam eles físicos ou financeiros, são exigidos.

Acreditava-se que essa profissão só daria condições para exercer liderança em movimentos sociais reivindicatórios, à frente de sindicatos de classe, sempre com um olhar polarizado. Imagem construída por causa da forma como estes profissionais eram preparados nas Universidades, pelas ideologias ensinadas como base para a profissão.

Essas ideologias e conhecimentos foram importantes para que eu conseguisse ver o mundo por outros ângulos, mas nunca como verdades absolutas.

Procurei ao longo da minha carreira como líder demonstrar que não é o que nos ensinam, mas como usamos o que nos ensinam para lidar com os acontecimentos que muda os resultados das nossas ações. A força capaz de mover o mundo para a direção do bem está nos valores universais de respeito, fraternidade e amor, quando vividos de forma plena, que sustentam qualquer que seja a ideologia adotada ou mesmo as ações de quem não se identifica com nenhuma.

Acredito que uma das minhas marcas sempre foi a capacidade de articulação entre os diferentes saberes, buscando os pontos de conexão entre eles, fortalecendo o conjunto sem perder a especificidade de cada um. Confiança é fundamental para manter interligadas as diferenças e tornar possível a complementação e o funcionamento dos mais diferentes conjuntos.

Durante a minha jornada pessoal e profissional, tive a oportunidade de vivenciar muitos acontecimentos e conviver com uma diversidade incalculável de pessoas e profissões. Uma das questões que mais me intrigaram é por que a humanidade se tornou tão triste e, por que não dizer tão desesperançosa? Fator que torna a função do líder ainda mais desafiadora, sendo ele o responsável pela entrega dos resultados planejados pela organização e que o alcance desses resultados depende de pessoas que produzam com velocidade e qualidade. Porém, pessoas tristes e desiludidas com a vida não conseguem entregar o seu melhor.

Diante dessa realidade, passei a me dedicar a tentar entender esse fenômeno que vem em uma crescente assustadora, em que mais e mais pessoas têm adoecido, sendo diagnosticadas com depressão, síndromes do pânico e outras doenças associadas à saúde mental. Quadro que a própria Organização Mundial da Saúde (OMS) já classificou, há quase uma década, como sendo o mal do século.

Deparei-me com outro fenômeno que vem crescendo exponencialmente, que é o número de diagnósticos com as mais diferentes denominações, entre elas: Transtorno do Espectro Autista, Transtorno do Déficit de Atenção com Hiperatividade (TDAH), dislexia, entre outros, em crianças e adolescentes.

E o que se vê é a incapacidade de pais, professores, cuidadores e até mesmo de profissionais de saúde para lidar com essa realidade. Nesta lista de atores que se deparam com essa realidade incomum para todos nós e que nem sempre é lembrado está o líder que atua nas organizações, que recebe em suas equipes pessoas cada vez mais desmotivadas e confusas e com novas exigências e expectativas. Seres muito diferentes com estruturas neurofisiológicas e psicoemocionais incomuns para os padrões de até então, que começam a chegar ao mercado de trabalho, trazendo novas e diferentes exigências. Percebe-se claramente um esvaziamento da autoridade em todos os níveis de liderança, a começar pela liderança familiar, não sendo diferente no meio coorporativo.

A minha busca de entendimento dessa realidade me levou a identificar a quantidade de contradições que nos cercam, as quais consolidaram um conjunto de padrões de comportamento que não nos permitem ver e compreender com clareza o que nos cerca.

Vivemos em uma sociedade contraditória, que ora cobra sucesso, ora nos diz que é pecado ter ambição; que coloca o trabalho como redenção e castigo; que tem medo da morte, mas que vê no passar do tempo, o avanço dos anos por si só como degradante; que fala de paz e estimula a guerra com disputas constantes desde a mais tenra idade; que diz que somos iguais, mas nos diferencia a todo instante; na qual beleza ainda é sinônimo de juventude e magreza; que fala em inovação e rejeita o diferente, entre outras tantas contradições.

Tentar clarear essas contradições e ajudar as pessoas a enxergarem melhor quais as bases que sustentam as escolhas que fizeram e as crenças que construíram tem sido o meu trabalho, com o qual espero deixar um legado que ajude o mundo a ser um pouco mais feliz.

Ajudar as pessoas a entender que todas essas contradições, e as crenças que nascem a partir delas, é que criam ao longo do tempo uma carapaça que aprisiona e confunde até as mais brilhantes mentes. Acredito estar abrindo uma pequena fresta onde a luz possa entrar para iluminar essas contradições, fazendo com que, aos poucos, sejam vistas e evitadas para retomarmos o equilíbrio da vida.

Dentre os meus legados, deixo as minhas ideias registradas inicialmente em um livro para as mais diferentes lideranças como um convite à reflexão de que podemos ser diferentes e que diferença necessariamente não se constitui em anormalidade. Que para liderar será necessário entender de gente e aceitar a individualidade de cada um, buscando os pontos que nos unem e nos completam.

Acredito que todos temos direito à felicidade. Felicidade não como um estado constante de contentamento, mas de equilíbrio, que como líderes temos o dever de tentar ajudar os seres humanos com quem trabalhamos.

Segundo consta: Michelangelo costumava dizer que não esculpia, mas libertava os seres aprisionados no interior das rochas. E quando perguntaram a ele se foi difícil esculpir a estátua de Davi (uma das obras mais famosas do artista), ele respondeu: "Foi fácil, fiquei um bom tempo olhando o mármore até nele enxergar o Davi. Aí peguei o martelo e o cinzel e tirei tudo o que não era Davi!"

Valendo-me das palavras de Michelangelo: precisamos de mais libertadores de almas do que de comandantes de processos, capazes de ver a essência do ser humano e ajudar a retirar o que não é sua essência. O que equivale a "despir" as crenças há tanto sedimentadas que impedem o ser humano de viver plenamente, independentemente do espaço onde ele se encontra.

O artista é um ser capaz de transformar matéria bruta em obras de beleza e significados múltiplos, de usar o que está ao seu alcance para representar a beleza e para dar o seu recado ao mundo.

Ao olhar de um artista, tudo é matéria-prima com potencial de transformação. Mesmo em meio ao que geralmente não vemos beleza ou, até mesmo, só vemos o caos. Para um artista, ela, a *beleza*, apenas precisa ser mostrada, desvelada.

Espero ser lembrada mais pelo bem que fiz aos seres humanos do que pelos resultados materiais que conquistei. Que o meu legado seja mais positivo do que negativo, já que ele não é opcional.

Referências

CALVINO, Í. *Seis propostas para o próximo milênio*. São Paulo: Editora Schwarcz Ltda, 2007.

MINEXCO. *Mármore, a pedra preferida de Michelangelo*. Disponível em: <https://minexco.com.br/2017/10/17/marmore-a-pedra-preferida-de-michelangelo/>. Acesso em: 07 jun. de 2022.

NOVA ACRÓPOLE. *Nova Acrópole – organização internacional*, 2022. Disponível em: <https://www.acropole.org.br/>. Acesso em: 07 jun. de 2022.

PENSADOR. *Pensador: colecione e compartilhe frases, poemas, mensagens e textos*, 2022. Disponível em: <https://www.pensador.com/frase/OTM2ODEx/>. Acesso em: 07 jun. de 2022

SEATTLE, C. *A carta do cacique Seattle*. Disponível em: <http://vampira.ourinhos.unesp.br:8080/cediap/material/a_carta_do_cacique_seattle.pdf>. Acesso em: 07 jun. de 2022.

13

"É IMPOSSÍVEL"

Esta é a história de uma menina do interior (Jaque), que sempre sonhava em transformar o mundo; para ela, nada é impossível.

**JAQUELINE OLIVEIRA
MOREIRA KANASHIRO**

Jaqueline Oliveira Moreira Kanashiro

Contatos

www.pcdevoce.com.br
jaqueline@pcdevoce.com.br
Facebook/Instagram: @pcdevoce
@emporiopcdevoce / @mundopsicojaque
LinkedIn: Jaqueline O. Moreira(PCD)
11 98068 0400

Graduada em Psicologia pela Universidade José do Rosario Vellano. Formações em *Master Coach* – SLAC, Terapia Comportamental Cognitiva – CETCC e pós--graduação em Constelação Familiar – Centro de Mediadores. Trabalhei 15 anos nas áreas de RH em empresas nacionais e multinacionais e atendimento psicológico. Há 5 anos, me tornei empreendedora nas empresas: PCD&Você, Mundo Psico Jaque e Empório PCD&Você.

Tudo começou no ano de 1980 na cidade de Serrania, Minas Gerais. Os meus pais, Gabriel, um agricultor, e Amélia, uma dona de casa, tiveram três filhos (Jaqueline, Wagner e Ulisses).

Quando eu nasci, em fevereiro de 1980, meus pais descobriram que eu tinha uma deficiência física, luxação no quadril esquerdo, e o médico na época disse para eles procurarem um especialista em Belo Horizonte para iniciar o tratamento, pois no início não se sabia se eu iria conseguir andar.

Minha tia Cidinha acompanhou o início do processo no Hospital da Baleia em Belo Horizonte. Fiz a minha primeira cirurgia com 15 dias de vida e foi um sucesso.

Quando completei 3 anos, a minha mãe se separou do meu pai e abandou os três filhos com o meu avô, Lazaro, que por sua vez, nos dividiu entre nossos tios.

Nessa época, apesar de ser criança ainda, foi muito difícil a aceitação do abandono da minha mãe e eu sempre pensava que ela iria voltar para ficar conosco. O tempo passou e compreendi que eu tinha uma nova família. Comecei a chamar de mãe, Tereza, e de pai, Habib. Além disso, passei a ter 3 novos irmãos, pois eles tinham três filhos (Nádia, Wellington e Janaina)

A mãe Tereza e o pai Habib sempre me deram muito carinho, principalmente o pai Habib, que sempre ficava horas e horas assistindo tv e conversando comigo. Além disso, eu ficava também na loja de ração ajudando o pai Habib.

Uma das pessoas mais importantes da minha vida é a tia Dirce, que sempre cuidava de mim. Ela morava em Poços de Caldas e todos os finais de semana ia para Serrania. Eu ficava esperando-a chegar para poder ficar com ela. Ela nunca me colocou como uma pessoa com deficiência, sempre me apoiou e me desafiava bastante.

Tudo mudou quando eu tinha 6 anos: eu iria realizar a última cirurgia e ficaria perfeita. Na época, veio um médico da Holanda para fazer a cirurgia com o meu médico no Hospital da Baleia. Eles fizeram a técnica do Ilizarov, porém houve um erro médico e o sonho de ficar perfeita como todos tinha acabado. Fiquei 8 meses com aquele aparelho sentindo dor.

Passado um mês da retirada do aparelho, a minha perna começou a inchar e mãe Tereza disse: Cidinha, vamos levar a Jaque no Dr. Arisio aqui em Alfenas porque ele foi o primeiro médico que fez a cirurgia dela em BH. A tia Cidinha e mãe Tereza levaram-me ao Dr. Arisio; chegando lá, ele disse que precisava fazer uma cirurgia de urgência. Quando eles iniciaram a cirurgia, percebeu-se que tinha muita infecção e disseram que se me encaminhassem para Belo horizonte, eles iriam amputar a minha perna, por isso resolveram seguir com a cirurgia. Depois disso, fomos para BH para iniciar o processo de fisioterapia, contudo, o médico nos indicou seguir para São Paulo, onde os tratamentos estavam mais avançados na época.

A minha família me levou para São Paulo e quem começou a me acompanhar nos hospitais foi a tia Eli. Chegamos na Ortopedia do Hospital das Clínicas, lembro que estava lotado e eu fui a última a ser atendida. Os dois médicos olharam os exames, um olhou para o outro e depois me disseram: "Jaque, nós vamos tentar deixar sua perna reta e dura, mas nunca mais você vai dobrar o joelho, portanto, você terá que escolher se vai usar cadeira de roda ou muletas". Aquilo foi muito duro para mim, mas no mesmo instante eu respondi para eles: "eu não vou usar nem cadeira de rodas e nem muleta, eu vou andar". Para eles, isso era **impossível**, mas não para mim.

Depois de um mês, a psicóloga me liberou e lá fui me preparar para mais uma cirurgia. A primeira cirurgia durou 12 horas e corria o risco de não dar certo. Imaginem quando acordei e vi novamente aqueles ferros na minha perna. Começamos a fazer o alongamento toda semana, precisava ir ao médico para tirar o raio-X para ver como estava indo a recuperação e isso durou meses. Fiquei com esse aparelho 1 ano, tendo que passar por novas cirurgias até os meus 18 anos. Este período não foi fácil, eu não tinha aceitado a minha deficiência e muito menos por causa de um erro médico. Eu sempre estudava e lia bastante para tentar descobrir o que tinha acontecido na minha perna.

O meu sonho era fazer medicina, eu estudava bastante e, conversando com o meu ortopedista, ele disse: "Jaque, por que você quer fazer medicina?" e eu respondi: "Dr., quero ser uma médica como o senhor e o Dr. Baquistão, mas a principal razão é que descobrir o que o médico de BH fez de errado na minha perna, não quero que isso aconteça com outras pessoas". O Dr. Targa disse: "Jaque, faça mais terapia!" Daí eu respondi: "vou fazer psicologia e vou trabalhar com vocês, atendendo os seus pacientes".

Iniciei a faculdade de Psicologia no ano de 2000 na Universidade do José Rosário Vellano (Unifenas) em período integral, eu morava em Serrania e ia todos os dias para Alfenas.

A faculdade me transformou bastante, tive professores que marcaram a minha história acadêmica, tanto que fui convidada para ser monitora deles (Dolores Galindo, Eunice Guedes e Fernando Paulino). No início, o meu sonho era ser psicóloga social, subir os morros, fazer projetos sociais, transformar a vida dos jovens e adultos. Em uma das provas, eu precisava escrever um projeto de pesquisa e decidi montar um junto com o meu ortopedista para desenvolver pessoas com deficiência no mercado de trabalho e pensar em acessibilidade. Na época, Dolores, Fernando e Eunice queriam que o projeto fosse transferido para a PUC-SP, porque esse projeto seria uma inovação e eu era a única da turma que queria morar em São Paulo.

Conheci o meu ex-marido e nos casamos em setembro de 2005. No início, foi tudo muito bom, me mudei para SP, comecei a trabalhar com 25 anos, mas daí começou o meu grande desafio. Como era difícil ter saído da faculdade com muitos sonhos. Chegando em São Paulo, me deparei com muita decepção, os meus primeiros empregos pagavam muito pouco e eles me contrataram na época simplesmente porque as empresas precisavam preencher uma cota para pessoas com deficiência. Na prática, eles me deixavam sem fazer nada o dia todo e isso tudo foi me incomodando, o que fazia com que eu acabasse descontando na comida a minha insatisfação. Outro ponto importante é que, no início da carreira, eu trocava bastante de emprego, pois estava tentando encontrar um local que não visse a minha deficiência, mas as minhas competências, e ficava pensando para que serviu estudar tanto se as pessoas não respeitam o profissional com deficiência? Para piorar, nessa época, todos os meus colegas estavam com um salário bem superior ao meu.

Depois de três anos de casada, eu fiquei grávida. Foi planejada, nós queríamos o nosso primeiro filho, mas é lógico que tinha uma preocupação da criança nascer também com uma deficiência. A Alanis nasceu, em março de 2008, sem nenhuma deficiência. Nessa época, eu trabalhava em uma consultoria de RH em projetos para pessoas com deficiência, mas, depois que Alanis nasceu, tudo mudou na minha vida, eu já estava com uma certa obesidade, que afetava a minha locomoção por causa das dores.

Depois que voltei da licença maternidade, troquei de emprego algumas vezes até que fui trabalhar na empresa Deloitte. Lembro com muito carinho dessa época, foram muitos desafios para provar o meu valor. Conheci muitas pessoas com quem adorava trabalhar e umas das pessoas importantes na minha vida profissional foi a Rita Souza, gerente de recrutamento e seleção. Me espelhei no perfil dela, uma pessoa humilde e que sabe ouvir toda a sua equipe e, principalmente, cuidar de cada um, valorizando todo o seu potencial.

Nessa época, as pessoas falavam que a Alanis parecia filha da Deloitte porque eu passava mais tempo lá do que em casa. A vida não era fácil: trabalhar, ser esposa, mãe e dona de casa com a minha situação física. Realmente era um grande desafio, mas sempre gostei dessa loucura e sempre dava um jeito de fazer alguns atendimentos psicológicos também.

Infelizmente, o casamento já não era tão perfeito como no início, mas fui aguentando até mesmo porque sempre sonhei com a família "Doriana", aquela do comercial, sem problemas; e por ter passado por um processo de separação dos meus pais, não queria que isso se repetisse. Comecei a sentir muitas dores no meu quadril, procurei o meu ortopedista e ele disse: "Jaque, você sempre foi magra, mas engordou muito e precisa emagrecer, pois está colocando em risco todas as cirurgias que você já fez e pode ficar na cadeira de rodas ou usando muleta". Aquilo foi muito duro para mim, porém necessário. O Dr Targa disse: "eu quero você magra em um mês!" Ele usou o gatilho mental que sempre usava comigo: "buscar o impossível".

Lembro como se fosse hoje: cheguei na Deloitte chorando, pois como iria emagrecer tão rápido, daí me lembrei que uma das colaboradoras tinha feito a cirurgia bariátrica, então conversei com ela e me passou o telefone do cirurgião. Eu agendei uma consulta e em um mês eu fiz tudo que precisava, voltei no Dr. Talles Galvão e ele disse que poderia fazer a cirurgia.

Fiz a bariátrica, posso dizer que foi uma mudança de vida. De 96 kg, consegui emagrecer para 46 kg. Fiquei mega feliz, as minhas dores sumiram e pude até voltar a usar a minhas roupas.

Recebi uma proposta para trabalhar no Hospital Sírio Libanês no desenvolvimento do projeto de inclusão, e lá conheci outra pessoa mega importante na minha vida profissional, a Silvia Araújo. Juntas, desenvolvemos um super projeto de inclusão de pessoas com deficiência no hospital, sempre com apoio do Diretor de RH, Fabio Patrus.

Neste projeto, desenvolvemos oficina protegida com dez profissionais que têm deficiência intelectual, criamos junto com o "Abrace seu bairro" o curso de capacitação de pessoas com deficiência, conseguimos trazer os gestores mais próximos do projeto de inclusão e todos começaram a aceitar, assim conseguimos colocar um profissional com deficiência em todas as áreas. O nosso **legado** era mostrar a competência do profissional, e não a sua deficiência.

Eu nunca aceitei ouvir de uma pessoa com deficiência: eu não consigo! Todo trabalho é possível, desde que adaptado.

A minha virada de chave foi quando escultei de uma nova diretora de RH que disse: "Jaque, estamos muito bem na cota." Aquela frase me fez refletir: eu fiquei pensando que não era isso que queria para minha vida, não quero que as empresas pensem somente em cumprir as cotas, mas que elas possam desenvolver a pessoa com deficiência.

Foi quando resolvi montar a minha própria consultoria de pessoas com deficiência. Fechei o meu primeiro contrato em setembro de 2017. Nesse dia, eu fiquei tão feliz, ainda trabalhava no Sírio, mas pedi demissão e fui atrás do meu sonho.

No início, foi bem difícil todo esse processo, mas eu sabia muito bem o trabalho que precisava desenvolver e comecei a ter mais clientes.

Em 2019, acabei me separando, a situação estava cada vez pior, muitas brigas, e a Alanis presenciando tudo isso, parei, pensei e resolvemos nos divorciar. No início; foi muito complicada essa decisão porque sempre sonhei em uma família perfeita, mas não queria viver um relacionamento bonito apenas nas redes sociais; infelizmente, quando não dá certo, precisamos ser fortes para tomar algumas decisões. A Alanis ficou sob guarda (a cada 15 dias, Alanis fica com o pai). Hoje temos uma boa relação em que conversamos sobre tudo o que se refere à Alanis e, principalmente, sobre a educação dela e a respeito dos pais e dos avós.

Algum tempo depois de minha separação, conheci o Ricardo, começamos a namorar e nos tornamos sócios da empresa, mudamos o nome da empresa para PCD&Você, Ricardo contribuiu muito na organização administrativa da consultoria. Foi ele que me ajudou a reorganizar toda a parte financeira da empresa, afinal, eu atuava sozinha.

Além da consultoria, sempre trabalhei com atendimento psicológico para crianças, adolescentes e idosos. Em 2019, comecei a atender pacientes bariátricos no pré e no pós-operatório.

O que mais me afetou foi em 2020 quando iniciou a pandemia. É hora de me readaptar e, com o tempo, os projetos foram se convertendo para a forma on-line e os atendimentos psicológicos também.

Em 2020, abrimos também o Empório PCD&Você, um projeto para venda de produtos de Minas. Essa foi uma forma de trazer tudo o que há de bom de Minas para São Paulo e lembrar da minha infância e adolescência.

Nesse mesmo ano, perdi a tia Dirce, foi tudo muito rápido: ela descobriu um câncer e logo faleceu. Ela sempre me dizia: "filha, o dinheiro mais bem investido foi na sua faculdade, e me orgulho de ver a profissional e pessoa que se tornou. Faça pela Alanis tudo o que eu fiz por você e nunca deixe ela parar de estudar".

Em 2021, abri o "Mundo Psico Jaque" para atendimento psicológico com o intuito de ajudar as pessoas a se reconectarem com elas.

Em agosto de 2021, perdi a tia Eli. Essa foi uma guerreira que lutou durante um ano contra o câncer, ela que me acompanhou em todas as cirurgias da minha perna, ela que me ensinou a ser forte. Ela me ensinou que precisava ser forte para vencer esse obstáculo.

O meu legado é poder deixar um mundo mais inclusivo onde as pessoas não olhem para as pessoas com deficiência como um coitadinho, mas que as respeitem como qualquer outra pessoa que tem as suas competências, defeitos e pontos a melhorar.

Na vida, não somos perfeitos, estamos sempre aprendendo todos os dias e precisamos aceitar os nossos erros e seguir melhorando.

Agradeço a todos que contribuíram na minha vida!

14

NUNCA DEIXE DE SONHAR!

Seu sonho pode ser o maior combustível para suas ações. Se a palavra "sonho" não for familiar para você, substitua-a por objetivo, e saiba que seu desejo ardente em prol desse objetivo será seu maior motivador no dia a dia da sua missão. Nunca se esqueça de que existe um prêmio além do seu esforço. Basta agora que defina um prêmio tão incrível, que valha a pena todo esse esforço.

LEANDRO MIRANDA

Leandro Miranda

Contatos
leandro@dermacura.com.br
Redes Sociais: @LeandroMirandaPalestrante
71 98862 2001

Palestrante especialista em alta performance, pós-graduado em Administração de Empresas pela Fundação Getulio Vargas. Graduado em Licenciatura de História pela Universidade Cidade de São Paulo. Tecnólogo em Segurança Pública, Polícia Militar do Estado de São Paulo. Professor em cursos de pós-graduação. Sócio em três empresas e atual presidente na Associação dos Jovens Empreendedores da Bahia. Liderou equipes com centenas de pessoas no segmento de vendas diretas. Coordenou equipes de segurança, brigadas de emergência e supervisão de segurança portuária na terceira maior indústria química do mundo. Ex-militar na unidade de elite da maior instituição policial militar da América Latina.

Cursos complementares: *Coach* com formação internacional, Be Coach Portugal; Gerenciamento de Crises, Senasp – Ministério da Justiça; Curso de Especialista na Tropa de Choque – Polícia Militar do Estado de São Paulo.

Falar sobre legado se tornou popular para mim há pouco tempo, acredito que há uns 5 anos. Isso porque antes de ingressar na vida empreendedora, eu não pensava nada sobre isso. Acreditava que a vida era estudar, aprender uma profissão, constituir família, pagar os boletos, aposentar e morrer. E segui essa trajetória exatamente como aprendi até meus 26 anos, pois nessa idade foi quando nasceu minha primeira pessoa jurídica, meu primeiro negócio.

Eu me lembro perfeitamente quando essa questão de legado ficou clara para mim. Foi quando, durante uma palestra, o facilitador perguntou: "você sabe qual o nome do seu bisavô?", automaticamente eu falei "não", e observei que a maioria ali também não sabia. Foi quando ele disse: "não se julguem tanto, pois a culpa principal é do seu bisavô, pois ele veio a este mundo e não deixou nenhum legado relevante que o marcasse ao ponto de ser lembrado por você".

E faço essa mesma provocação a você, lembra do nome do seu bisavô? Mas o que quero mesmo falar é: o que você está construindo para ser lembrado pelas suas próximas gerações?

Eu gostaria de compartilhar uma pequena história real com você, de um menino sonhador, nascido e criado na periferia de São Paulo. Esse menino, que carinhosamente irei chamar de João, sempre estudou em escola pública, vem de uma família humilde, seus pais mal sabiam ler e escrever, porém sempre o incentivaram a estudar.

Mas o que João era mesmo em sua vida: um sonhador, e seus sonhos começaram ainda quando criança, como ser motorista de ônibus de viagem interestadual, depois de ser maquinista de trem, e já na adolescência, o de ser piloto de avião caça da força aérea brasileira, esse seu sonho grande.

Com 14 anos, ele começa a pesquisar o que era necessário para realizar esse seu sonho e descobre que necessita prestar concursos. Assim ele o faz, e óbvio que não passa em nenhum, pois, além de vir de escola pública da periferia, de longe, não era o melhor aluno, era um mediano, sempre na média, e se orgulhava de nunca ter repetido de ano, nem ficado de recuperação, mal sabia ele que estava sendo medíocre, e que para realizar seu sonho teria que se dedicar muito mais.

Porém, é chegado o momento do vestibular, e João busca um curso que esteja alinhado com seu sonho. Descobre um novo curso de ciências aeronáuticas, no qual, ao final, pode se especializar em piloto de avião privado. Ele se inscreve no vestibular, passa na prova, faz a matrícula e aguarda ansioso pelo início das aulas, olhando a grade de disciplinas que iria cursar.

O que ele não imaginava é que seria chamado pelo seu chefe para uma breve conversa, sim, João já estava trabalhando desde os 14 anos com artes gráficas, trabalho com o qual ele não se identificava nem um pouco. Nessa conversa com o chefe, ele é informado que terá que mudar de horário no trabalho, o que impactaria diretamente seu ingresso na faculdade. Ele tenta negociar com o chefe, porém sem sucesso.

Aí, no auge dos seus 17 anos de idade, ele se vê em um grande dilema: segue o sonho e ingressa na faculdade ou fica em um trabalho que não gosta? Parece óbvia a escolha, né? Porém, João segue no trabalho e cancela sua matrícula na faculdade, pois, caso contrário, ele não teria como pagar o curso e seus pais também não poderiam ajudá-lo.

Mas a vida segue, e é chegado o momento do alistamento militar. Obviamente, ele se alista na aeronáutica, se desloca naquela madrugada fria até a Base Aérea de São Paulo, pois ali era o mais próximo de seu sonho que ele poderia estar naquele momento. E assim se passa mais de um ano de processo, exames, entrevistas, e até medidas para fardamento. Tudo estava indo bem, ele super voluntário para servir, enquanto a maioria dos jovens de sua idade clamavam para serem dispensados. E então chegou o grande dia de receber a notícia final.

E João, enfim, após mais de um ano de espera, ali na porta da base aérea, depois de várias idas e vindas daquele local, chega a notícia de que seria DISPENSADO! Como assim? Pois é, justamente no ano dele, na vez dele, o ministério da defesa tinha cortado a verba, e João estava dispensado do serviço militar! Porém, no momento da frustração, da dificuldade, João toma uma decisão que mudaria completamente sua história.

Ele decide ressignificar seu sonho e se tornar o primeiro militar de sua família, custe o que custar. Para isso, decide prestar o próximo concurso que abrir da polícia militar do Estado de São Paulo. E assim ele o faz, se inscreve poucos dias depois, faz a prova escrita, passa, vem o teste físico, exames médicos, testes psicológicos, entrevistas, investigação social. Passado um ano de processo seletivo, é chegado o grande dia, o do resultado, e dessa vez a vida sorriu para ele: sim, João foi APROVADO e finalmente toma posse de seu cargo como policial militar.

Porém, como você já sabe, ele é um menino sonhador, mesmo demorando mais de cinco anos para alcançar seu primeiro grande objetivo da vida, ele toma outra decisão: enquanto ainda era um aluno militar, ele decide que fará parte da tropa de elite daquela instituição, ou seja, estar entre o 1% dos melhores da corporação. Quando ele comenta esse sonho aos colegas, logo vira motivo de chacota, eles dizem: "João, aqui você será mais um policial generalista".

Mas João não se abate com as críticas e trabalha dia após dia, dando seu melhor, conquistando elogios e nenhuma punição. Sendo que essa trajetória não foi fácil, ele muito jovem, várias portas se abrindo em sua vida, portas boas e ruins, sendo a maioria que o tirava de seu foco. Somente tomar a decisão não é o suficiente para que o objetivo seja alcançado, são necessárias renúncias diárias, é aí onde a maioria fracassa, desiste dos sonhos e dos objetivos, pois não estão dispostos a pagar o preço da conquista. Porém, João era um obstinado pelos seus objetivos, e passados mais três anos de muito esforço e dedicação, ele alcança o sucesso mais uma vez e consegue entrar na tropa de choque, reconhecida como a tropa de elite da maior instituição policial militar da América Latina.

O que podemos aprender com essa história até agora? Primeiro, que a resiliência deve fazer parte da nossa vida, talvez demore anos para alcançar seu objetivo, mas precisamos manter o foco na conquista, sempre lembrar do "prêmio além do esforço". Segundo, que nos momentos de grandes desafios, precisamos tomar decisões, e ficar parado lamentando o acontecido não nos tira do momento ruim. Terceiro, se as pessoas duvidarem de você, é sinal de que você pode estar no caminho certo. A maioria das pessoas não realiza grandes feitos em suas vidas e não acredita que você realizará, logo, confie no seu potencial e faça o que tem que ser feito.

Já que chegamos à tropa de elite, vamos falar de alta performance: um militar de elite tem uma performance superior ao resto da tropa. E o que eles fazem para estar lá? Bom, o que eu posso te garantir é que de forma intencional esses profissionais se esforçam muito mais para alcançar seus objetivos. Uma vez ouvi dizer que o esforço vence o talento quando o talento não se esforça. E eu acredito demais nessa frase, podemos ver isso no esporte com o grande exemplo do melhor jogador de futebol do mundo por cinco vezes, o português Cristiano Ronaldo, que mesmo no topo, continua sendo o que chega primeiro e sai por último dos treinos.

E para ser um integrante da tropa de elite, o candidato precisa se esforçar, dar sempre o melhor de si e superar suas crenças limitantes e, por vezes, superar também seus limites físicos e psicológicos. Porém, quando se almeja algo, quer verdadeiramente conquistar, precisa de um desejo ardente e fé inabalável de que é possível conseguir. E se pelo menos uma pessoa já realizou esse feito, é evidência clara de que é possível. Eu não sei com o que você trabalha, qual o seu sonho, quais suas ambições, suas metas e objetivos, mas se você quer estar na ELITE de seu segmento, lembre-se sempre de ter um desejo ardente e fé inabalável de que é possível você conseguir.

Eu preciso fazer uma revelação para vocês, não gosto muito de guardar segredos. Você se lembra do João, o protagonista dessa nossa história? Então, na realidade, o João sou eu, sim, isso mesmo, essa história é sobre um recorte da minha vida. E agora eu quero que você se lembre de um momento de conquista em sua vida, pode ser em qualquer idade. Aquele momento que você se lembra e se enche de orgulho do que você fez. Pense, isso, deixe o sorriso vir ao rosto. Viva essa sensação!

Feito? Então podemos continuar: quero que você utilize essa sensação como combustível para os momentos difíceis, quando você achar que não é capaz, traga à sua memória essa conquista. Pois os momentos ruins virão e quero que você esteja preparado. Mas minha vida não se acabou aí, pois nessa idade eu tinha 24 anos. Como hoje, no dia que estou escrevendo este livro, tenho 38, imagine aí que vivi mais algumas emoções.

Como você já sabe, eu sou muito sonhador, e com a influência do mundo acadêmico e minha vontade de crescer, chegou o momento de que estar no quartel era pouco, eu queria alçar voos maiores. E foi aí que conheci o mundo do empreendedorismo, fazendo pesquisas, estudando. Inclusive, na época, recorri a alguns cursos no Sebrae e, por eu estar em movimento, as coisas começaram a acontecer.

Um belo dia, um amigo me recomendou a leitura de um livro que foi um divisor de águas na minha vida. O livro era *Pai Rico, Pai Pobre*, de Robert Kiyosaky. Após a leitura, eu percebi que estava empenhando minhas forças de trabalho no lugar errado.

Se realmente eu quisesse realizar o sonho de ter liberdade financeira, liberdade geográfica, ajudar pessoas e, claro, deixar um legado, o melhor caminho seria o empreendedorismo, ser dono do meu próximo negócio. Mas como uma pessoa vinda da periferia, formada em História, policial militar concursado, que não tem nenhum parente ou amigo próximo que seja empresário, iria montar uma empresa? Eu te respondo: VONTADE. Tenha um desejo ardente de mudar a realidade de sua vida. Faça o que tem que ser feito diariamente, mesmo no dia ruim, mesmo no dia que parece que nada de bom vai acontecer, mova-se, nem que seja só um pouquinho, mas caminhar um passo em direção ao seu objetivo é melhor do que não caminhar nada.

E assim foi que, em uma conversa com um colega do quartel, eu falei que estava querendo empreender e, para minha surpresa, ele também. A partir desse dia, nossos plantões eram diferentes, principalmente os de 24h, enquanto os colegas dormiam ou assistiam à TV, eu e o então Cabo Antônio desenhávamos o projeto de nossa empresa. E, dias depois, estávamos em busca do ponto ideal para instalarmos nosso negócio.

Quando você está em movimento, as coisas acontecem, ou como dizem alguns, o universo conspira a seu favor. E conosco não foi diferente, achamos um terreno ideal para instalação do projeto, porém, o valor do aluguel era fora de nossa realidade. O ano era 2010, e o aluguel custava 5 mil reais, na época eu não recebia de salário nem a metade disso. Foi então que o inusitado aconteceu, conseguimos marcar uma reunião com o proprietário do terreno, um senhor muito simpático e muito rico, dono de várias propriedades na cidade de São Paulo. Eu me preparei para essa reunião e levei uma proposta, bem ousada a meu ver: seria progressiva, na qual começaríamos pagando 10% do valor do aluguel, ou seja, R$500,00, e só chegaríamos ao valor de 100% anos depois; em contrapartida, faríamos investimentos no local, o que valorizaria o ponto. Estes eram os meus únicos argumentos e então apresentei a proposta que, para minha surpresa, o proprietário aceitou! Eu me lembro perfeitamente de ficar sem palavras quando ele disse "sim", e apertar bem forte a mão dele, selando o negócio. E assim nasceu minha primeira pessoa jurídica, meu primeiro CNPJ, que com muito orgulho falo dele, pois ele existe até hoje.

Daí em diante, vieram outros negócios, outras aventuras, inúmeros desafios, várias conquistas e, claro, várias decepções. Inclusive uma quebra de um negócio, da qual adquiri uma dívida superior a 200 mil reais. Empreender não é fácil, a maioria das pessoas que empreende, fracassará. Mas é o melhor caminho para mudar sua realidade financeira, e isso eu aprendi há muitos anos, na leitura do livro *Pai Rico, Pai Pobre*. Caso queira fazer uma pesquisa rápida, como eu costumo perguntar em minhas palestras, você conhece alguém rico e que ficou rico somente trabalhando com carteira assinada? Provavelmente não, né!

Hoje em dia, depois de mais de uma década empreendendo, encontrei meu propósito, inspiro e lidero pessoas, estou sócio de três empresas e consigo enxergar um futuro muito próspero para minha família. Se eu puder te dar uma dica, seria: encontre uma atividade que você goste de fazer, mesmo que não ganhe nada em troca, que você tenha um talento diferenciado, e que o mercado tenha interesse em lhe pagar por isso. Se fizer sentido para você, comece, só comece, não espere o momento perfeito, pois ele nunca virá. Eu já te adianto que o melhor momento é agora! E nunca deixe de sonhar.

15

PARA QUE TODAS AS MULHERES POSSAM ESCOLHER SEU DESTINO

Depois de sua virada pessoal, passando de devedora a investidora, a executiva de finanças fundou o Instituto Sempre Valiosas, dedicado ao empoderamento financeiro para mulheres e empresas que se preocupam com a saúde mental de seus colaboradores. Você poderá entender mais desse legado nas páginas a seguir. Sua frase: "Nada empodera tanto uma mulher quanto o conhecimento e a independência financeira."

LISA DOSSI

Lisa Dossi

Contatos
www.institutosemprevaliosas.com.br
Lisa@institutosemprevaliosas.com.br
Instagram: @lisa.dossi_
　　　　　 @instituto.sempre.valiosas
Linkedin: www.linkedin.com/in/lisadossi
19 99553 5757

Mãe, re-casada, mentora financeira para mulheres. Atuou como executiva financeira na IBM, CPFL, SAGE, CELESTICA, VENTURUS, até a posição de diretora Financeira. Mesmo tendo uma carreira sólida, descobriu que ter renda é muito diferente de ter tranquilidade e liberdade financeira. Depois de sua virada pessoal, passando de devedora a investidora, fundou o Instituto Sempre Valiosas, dedicado ao empoderamento financeiro para mulheres e empresas que se preocupam com a saúde mental de seus colaboradores. Destaque para o projeto muito especial, dedicado inicialmente a mulheres de baixa renda da rede de Hotéis Accor Brasil, premiado mundialmente na rede em 2020. Atua também como mentora financeira. Elaborou o Método Dona do Lucro Todo, no qual ensina empreendedoras a terem visão de acionistas em seus negócios, e o Investidora de Elite, para que mulheres de diversas profissões se tornem protagonistas de suas vidas financeiras e investidoras. Você poderá entender mais desse legado nas páginas a seguir. Durante seu percurso, ela desenvolveu um mantra e compartilha aqui: "Nada empodera tanto uma mulher quanto o conhecimento e a independência financeira".

Entender e decidir abandonar uma carreira executiva no auge para viver e trabalhar pelo meu propósito só foi possível quando entendi que poderia viver para construir um legado, e não apenas passar por essa vida construindo patrimônio para mim e para minha família.

Essa trajetória foi longa, teve muitas idas e vindas, mas tudo foi necessário para que esse legado pudesse ser construído.

Para os millenials e zoomers, geração Y e Z, respectivamente, esse desafio certamente pode parecer muito simples, mas se vocês hoje têm quebra de barreiras para poder viver e trabalhar escolhendo suas roupas e gênero, saibam que isso nem sempre foi possível.

Eu faço parte da geração X, mas posso dizer que sou uma millennial nascida em tempos diferentes e, principalmente, em berço geográfico diferente.

Nasci em Araçatuba, meu pai, o sr. Dário, teve criação na pecuária, para dizer bonito, ou no sítio, para ser mais real. Formou-se em administração de empresas e contábeis, passou alguns anos como administrador de uma grande fazenda na cidade de Araçatuba e eu praticamente nasci por lá, vivi por três anos e ali eu já tive algumas evidências do que buscava. Por algumas vezes, me pegaram longe da nossa casa, entrando em curral onde o gado estava apartado, em um balanço de uma árvore com uma cobra dormindo praticamente em cima de mim, ou me divertindo no cocho de água das galinhas enquanto minha mãe terminava de se arrumar... para ter que me arrumar de novo depois.

Meu pai sempre foi apaixonado pela atividade rural e não demorou para ele seguir em suas próprias terras, começou devagar, mas, com afinco, foi construindo o legado dele. Minha mãe, uma mulher apaixonada pelo meu pai, pelos filhos e pela pedagogia, exatamente nessa ordem, formou-se professora, depois que eu nasci, uma atitude louvável para mulheres nos anos 1970. Sua paixão pela pedagogia a levou a uma capacitação admirável e a lecionar no melhor colégio da cidade. Assim, eu e meu irmão tínhamos bolsa de estudos, o que me possibilitou ter acesso às melhores escolas até meu ingresso na Universidade.

Tive uma infância muito tranquila, entretanto, estar em um colégio com colegas muito mais abastados financeiramente do que eu, me fez despertar um desejo de consumo que somente muito mais tarde eu pude perceber as reais consequências daquilo em minha vida.

Meus pais não sofriam disso, possuíam extrema consciência financeira, na simplicidade e precoce sabedoria deles, tinham foco na construção do patrimônio e, assim, o orçamento em casa sempre foi bem enxuto: nada faltava, mas gastos supérfluos não eram bem-vistos.

Cursei o Ensino Médio ainda em Araçatuba, na época em um colégio direcionado ao vestibular. Embora meu pai, como bom italiano, não priorizava a faculdade para sua filha mulher, fez o mais importante, deu a liberdade de escolha, permitiu-me cursar uma boa universidade e pagou meus estudos universitários.

Em meu coração, já batia um sentimento enorme de sair das asas dos pais amorosos e queridos, ter meu dinheiro, poder fazer minhas escolhas, e assim eu consegui passar no vestibular de Administração de empresas da PUCCAMP, sonhando em ser uma executiva de uma multinacional, afinal, eu já falava inglês, adorava ter o domínio dessa língua estrangeira e ostentava o mundo dos negócios.

Meu 1º ano de Universidade foi desafiador, a começar pela busca do imóvel para morar. Como disse, meus pais não me proibiram de sair de casa para estudar, mas também não morriam de amores pela ideia. Vim de ônibus de Araçatuba para Campinas, sozinha com uma colega que já estudava aqui e, em 1992 sem internet, sem Uber, rodei vários bairros de Campinas em três dias, visitando moradias. Lembro que fui embora de chinelinho de cama, pois era a única coisa que as bolhas dos meus pés permitiam, eu estava cansada e feliz, afinal, o passo da liberdade, do meu crescimento estava muito próximo.

Ao longo dos primeiros dois anos, pensei em voltar para casa muitas vezes, andar de ônibus lotado, longa distância, dividir quarto com mais três amigas – para quem não era da bagunça e das festas não foi uma experiência prazerosa –, e por isso mesmo já no 1º ano de faculdade, eu busquei trabalho. Poucas opções em uma cidade desconhecida para alguém sem experiência, ser vendedora no shopping era a opção, então lá fui eu.

Adivinhem o que fiz com meu 1º salário? Fui em uma loja pop do momento e comprei muitas roupas. Depois, novamente, roupas, bolsas e sapatos. Depois celular e outros itens de maior valor.

Fiquei um ano no shopping e já no 2º ano de faculdade pude encontrar oportunidade de estágios. Primeiro, em uma empresa alemã em Monte Mor, depois na Xerox, em Campinas e finalmente na IBM, que considero o início da minha carreira corporativa. Após um ano de estágio, fui efetivada na tão temida área financeira, era a única que tinha vaga, e eu decidi encarar. Os primeiros meses na área de planejamento financeiro estratégico foram assustadores, hoje vejo que foi um presente Divino, pois os antigos especialistas da casa estavam saindo em um plano de demissão voluntária e um mar de oportunidades se abriu, para quem tinha cara de pau, bom nível de inglês e fome de aprendizado. Tive oportunidade de já no início de carreira aprender muito sobre análise financeira de negócios, encarar viagens internacionais e estar no *board* de diretores e vice-presidentes, apresentando dados fundamentais para as decisões da empresa. Eu, jovem, mulher, nos anos 90 em reuniões de direcionamento de Diretores e VPs.

Se hoje mulheres encontram dificuldade no mundo corporativo, imagina naquele tempo?

Mas eu tive um fator muito importante para minha proteção: a ignorância para o machismo. Eu nunca percebi qualquer movimento, por isso não me incomodava. Sabe aquela frase: "o veneno só faz mal se você deixá-lo entrar"?

Hoje percebo que sofri sim machismo, inclusive tive boicote de promoções, mas a minha ignorância me protegia enquanto meu foco e determinação me permitiram prosseguir e desbravar caminhos.

Conclui a graduação com 21 anos, casei-me com 23, engravidei e tive o Guilherme aos 25, me divorciei aos 26 anos.

Imaginem: Lisa, aos 26 anos, com um filho de 1 ano e 2 meses, sozinha, longe da família, em um trabalho que demandava muito e a frustração de um casamento falido.... sofrimento? Não, orgulho!

Foram quase 8 anos de relacionamento, mas minha imaturidade não permitia perceber o quanto éramos diferentes, com o nascimento do Gui, isso ficou escancarado. Optei pelo divórcio contra todos os conselhos que recebia por decidir que meu filho não cresceria em um lar de brigas. Éramos excelentes pais, mas péssimos cônjuges. Sem dúvidas, um facilitador dessa decisão foi minha independência financeira, eu tinha total condições de bancar financeiramente minha vida e os cuidados com o meu filho, Gui.

Pelo menos eu achava que tinha, trabalhava muito, crescia na carreira, gastava muito e, assim, os meses passavam.

Os primeiros anos após o divórcio foram difíceis como é para todo mundo, mas houve uma consciência muito importante entre mim e o pai do Guilherme, nunca deixamos de ser pais. Hoje somos bons amigos, Guilherme cresceu com pais separados e nunca os viu brigarem.

Houve outros casamentos, outros divórcios, pois sempre havia uma dificuldade de conciliar minha independência financeira com a relação homem-mulher, eles não estavam prontos, e eu também não. Depois da minha virada de vida e de muito estudo de autoconhecimento, eu encontrei o marido para viver o casamento que tanto sonhei.

Mas bem antes dessa virada, a carreira ia muito bem, obrigada! Eu não tinha minha família por perto para apoiar com as necessidades do Guilherme, mas tinha o pai dele, e condições financeiras para pagar os serviços necessários. Entretanto, a agenda corporativa de um cargo de liderança, demandas e reuniões infindáveis me deixava cada vez mais distante da minha própria organização financeira. Eu tinha muito talento para fazer dinheiro, e tinha ainda mais para gastar.

Foram muitos e muitos anos assim, dinheiro entrava, dinheiro saia, eu até arriscava a investir, sem nenhum planejamento, ganhava juros de mercado nos investimentos e perdia juros de banco no cheque especial... isso sim me deixava envergonhada.

O padrão de vida sempre foi crescente, mesmo com os boletos e carnês, porém, quando o Guilherme já estava com quase 16 anos, na virada do ano de 2015 para 2016, algo diferente aconteceu: eu percebi que mais um ano eu teria dívidas na declaração do meu Imposto de Renda e aquilo me deixou extremamente frustrada, eu já estava com mais de 40 anos, e sem uma reserva de caixa... apenas alguns bens e muitos boletos. O que eu estava ensinando para meu filho? Ser uma pessoa extremamente trabalhadora, que conseguiu crescer em sua carreira, que ficou ausente em períodos importantes para poder trabalhar e suprir o melhor para si e para seu filho e que, por não olhar para sua vida financeira, vivia estressada, preocupada com insônia de tantas dívidas que tinha?

Antes de melhorar, piora

Eu decidi dar a minha virada de vida, mesmo sem saber que ali começava o meu legado. Dei o primeiro passo, que foi listar de fato o valor que eu devia... e não era pouco, sete vezes o valor do meu salário. Doeu, assustou, era quase inacreditável. Como mudar aquela situação? Não sabia como, mas estava muito determinada, não desisti, reduzi meu padrão de vida, busquei renda extra, mesmo em uma posição de alta liderança na empresa, eu vendia produtos de catálogo, formei equipe de revendedoras, fazia demonstrações e dava treinamentos nas noites e nos finais de semana. Claro que recebi muitas caras de espanto, risadinhas, mas meu objetivo era claro: mudar aquela situação! Eu sabia que o sacrifício seria temporário, mas não imaginava que seria tão rápido. No final daquele mesmo ano, eu estava com as dívidas quitadas, consegui um emprego melhor, bônus e outras coisas que eu nem esperava, consegui inclusive comprar, à vista, um carro melhor do que eu tinha antes.

Quando você dá o primeiro passo, o universo conspira e coisas inesperadas acontecem.

Isso chamou a atenção das pessoas que comigo conviviam, eu fui convidada a dar palestras para mulheres, assim, confirmando o quanto a independência financeira é um dilema para mulheres. As mulheres têm muita capacidade, são muito valiosas, comprometidas, mas, por insegurança e desconhecimento financeiro, não conseguem ter uma vida financeira tranquila, ter uma condição financeira que as possibilite ser donas de suas escolhas.

Estudei muito sobre finanças pessoais e descobri o óbvio: ter uma organização financeira que te permita investir não é luxo nem escolha, é mandatório para quem não quer ter uma vida aprisionada. Mulheres devem aprender a construir patrimônio, assim como aprendem tantas outras coisas com maestria.

Descobri a imensidão de mulheres talentosas, mas vulneráveis por não terem preparo financeiro em suas vidas pessoais, eu mesma seria um, caso não tivesse feito essa virada, afinal, se tem algo certo, é que uma aposentadoria de INSS não é suficiente, aliás, esse é o melhor significado da palavra INSS: Isso Nunca Será Suficiente.

E, assim, com o objetivo de empoderar mulheres em suas finanças, mais do que apenas educar financeiramente, eu fundei o Instituto Sempre Valiosas, cada vez mais apaixonada por essa causa. Lembrei que mesmo meus pais me amando muito e me dando toda permissão na vida, eles não me criaram para ser financeiramente independente, percebi que o machismo não só existe como também é, por vezes, adotado pelas próprias mulheres ao escolherem não cuidar dos investimentos do dinheiro que elas produzem.

Percebi que mulheres sofrem de um mal comum, não importa a classe social que estejam: a falta da soberania financeira. Na relação com o dinheiro, elas precisam aprender a serem líderes. O Instituto foi fundado em 2018 e, nessa jornada, já temos mais de mil mulheres transformadas, parceria com grandes empresas e até prêmio internacional pelo programa de empoderamento financeiro.

Cases maravilhosos de mulheres que transformaram suas vidas e transformaram a vida de suas famílias, afinal, ninguém questiona a capacidade feminina de influenciar pessoas.

Em 2021, eu deixei a cadeira de CFO para viver exclusivamente para meu propósito, tornar o Instituto um centro de apoio a todas as questões do empoderamento financeiro para mulheres, seja educacional, comportamental, jurídico e social.

Por meio da parceria com empresas, de consultorias ou de grupos de apoio que participo, como o W-CFO Brazil, hoje trabalho exclusivamente para tornar mulheres soberanas na sua relação com o dinheiro.

Tenho muito orgulho em dizer que tive apoio e incentivo do meu filho, que viveu os ganhos dessa transformação e virou grande apoiador da causa, e do meu marido, influenciado pela minha paixão em transformar mulheres trabalhadoras em mulheres investidoras. Que elas possam passar por essa vida fazendo muito mais do que pagar boletos. Que elas lembrem todos os dias que sonhos não devem ser engavetados, devem ser estimados e realizados.

16

METAMORFOSE AMBULANTE

Qual legado nos foi deixado? E qual é o legado que nós podemos deixar? Quais são nossos desafios?

LUIS FAIOCK

Luis Faiock

Contatos
luisfaiock@csfin.com.br
Instagram: @luisfaiock
Facebook: luisfaiock
LinkedIn: Luis Faiock

Luis Faiock é empresário, gestor de recursos financeiros, *business coach* e mentor. Possui as seguintes certificações: Tecnologia em Gestão Comercial pela FGV (Fundação Getulio Vargas); Investidor Essencial pela Empiricus; Montagem de Carteira Eficiente de Ações, Opções e *Long and Short* pela BLK Sistemas Financeiros; *Startups*, Empreendedorismo e Inovação pela Scalabl Academy; *Business Coaching* Clássico pela Coach S/A; *Mentoring* (Tripla Certificação) pelo GMG (Global Mentoring Group).
Mais informações em: https://www.csfin.com.br/luisfaiock

Olá, sou Luis Henrique. Filho da Liane e do Henrique Benjamin. Luis Henrique Faiock de Andrade Menezes.

Meu avô materno, Ervino Faiock, casado com a Dona Edith Anna, era conhecido como Seu Faiock. Proprietário da Farmácia Confiança, no bairro do Capão Redondo.

Eu, estranhamente, adorava assistir a ele de perto, aplicando injeções com suas seringas de vidro. O sangue voltando ao corpo na companhia do líquido medicamentoso.

Há poucos meses, ainda me abordaram no Facebook, perguntando se eu era parente do Seu Faiock (que faleceu em 1999). Era Fabiana Gonçalves Moreira. Demonstrava muito carinho por ele, dizendo que ainda se lembrava do seu rosto.

Eu o vejo como um empreendedor, um desbravador de uma região que, à época, tinha poucos recursos. Chegou lá, do Rio Grande do Sul, nos anos 1960. E acabou se tornando uma referência em saúde para muitas pessoas dali. Eles, meus avós, eram adventistas. E se instalaram nas proximidades do, então, Instituto Adventista de Ensino, fundado em 1915. Esse instituto, que hoje tem outro nome, fica sediado no que era uma fazenda até ter grande parte do seu terreno desapropriada para a construção da Cohab Adventista.

Ainda nos anos 1980, na minha infância, quando ia para Santo Amaro (cerca de 15 km do centro da cidade de São Paulo), minha avó dizia que ia para a cidade.

A minha infância, eu vivi com três irmãos. Sou o mais velho. Mais ou menos a cada dois anos eu ganhava um novo. Foram Paulo Roberto, João Ricardo e Marco Aurélio. Quando eu tinha 19 anos, nasceu a minha quarta irmã, a Ana Carolina, que, aos vinte anos, se tornou mãe do Pedro Henrique.

Em 2018, eu me tornei pai, aos 42 anos. De trigêmeas: Maria Clara, Maria Laura e Maria Luísa.

Mas, voltando à infância, quando eu tinha cerca de quatro anos de idade, minha mãe, esperando pelo terceiro filho, optou por morar mais perto da mãe dela, a minha avó Edith.

A vó Ivette, paterna, morava em Salvador, cidade natal do meu pai. Moisés, meu avô paterno, eu não cheguei a conhecer. Faleceu antes de eu nascer.

Dos 7 aos 15 anos, eu estudei na Escola Adventista do Capão Redondo. Depois, no ensino médio, fui para o Instituto Adventista de Ensino.

Foi na Escola Adventista, com cerca de 13 anos, que eu me tornei o melhor amigo do Marcelo Simonato. Não nos víamos desde 1992 e nos reencontramos em 2021, quando, entre diversas lembranças que elencamos, ele, que é coordenador deste livro, me convidou para participar do projeto.

Eu realmente acredito que já naquela época tínhamos características que foram responsáveis pela nossa aproximação. Características de personalidade. Éramos uma espécie de opostos na mesma sintonia. Talvez como um emissor e um receptor de rádio que, na mesma frequência, se complementam. Eu era mais comportado e ele, mais debochado. Acho que, hoje em dia, trocamos os papéis.

E fico contente por sermos metamorfoses ambulantes. De mudarmos com o tempo. Espero que mantenhamos essa flexibilidade e que possamos passar por esse ciclo, de comportado a debochado, e vice-versa, ainda outras vezes.

Isso porque eu creio que o desafio humano seja o do movimento, da pulsação. Expandir e contrair. Apegar-se com afinco a um objetivo, mas também se desapegar quando chegar a hora. Porque, não nos enganemos, a hora de necessidade do desapego vai chegar. Concordo que devamos impor certa resistência, mas também devemos buscar saber quando deixar ir.

Algo que ajuda a saber a hora de mudar é o desapego periódico de si mesmo. Acredito que seja aquilo que muitos chamam de empatia. Uma certa empatia com nossos opositores (aqueles que não nos entregam aquilo que queremos, digamos). Coloque-se no lugar deles e busque perceber se seus argumentos (dos opositores) contra você são razoáveis. Se começar a percebê-los como razoáveis, provavelmente seja a hora de desacelerar.

Seus relacionamentos estão tendendo mais para a racionalidade ou mais para a emocionalidade? Bert Hellinger nos diz: "O que está em vida é inacabado. Os mortos são completos". Avançamos demais em determinada rota e acabamos tendo de voltar um pouco.

Entre meus primos mais velhos, havia um são-paulino e um palmeirense. Ambos os lados tinham prós e contras, mas eu acabei optando pelo São Paulo.

Há alguns anos, encomendei a camisa 8 com o nome do Muricy, que, além de técnico consagrado, foi jogador do tricolor paulista (Salve! Amado clube brasileiro!). É uma camisa do segundo uniforme que guardo comigo com carinho.

Às vezes, depois de aceito e identificado com determinado grupo, chegamos a sentir certa repulsa por quem não pertence a esse mesmo grupo. Mas a tendência é, com o passar do tempo, desenvolvermos a capacidade de ampliar esses círculos, tornando os grupos cada vez mais diversos.

Acredito que esse seja o convite que a vida nos faz constantemente. De darmos um passo além e nos tornarmos maiores. E a nossa cota nisso é de coragem e desapego.

Coragem para o novo. Desapego do velho.

Nós, por exemplo, recebemos dos nossos pais um conceito de mundo. Muitos chamam isso de crenças limitantes e as acusam de ter impedido as pessoas de alçarem voos maiores. Mas eu, infelizmente, vejo poucos agradecendo às "crenças limitantes" pelos tombos que deixaram de tomar.

Como vinha falando, tudo na vida são ciclos. Há tempo de plantar e há tempo de colher. Há tempo de se limitar, se retrair, e há tempo de se expandir. Tempo de ser humilde e tempo de ser exaltado pelos outros.

Talvez nossas crenças estejam "datadas" e precisem ser revisadas. E pode ser que nossos "opositores" estejam nos sinalizando isso. Graças a Deus pelos opositores?

Repito: a vida é movimento. O desapego é necessário. Mas, paradoxalmente, o desapego, em perspectiva, não significa que estamos perdendo. Talvez seja aqui que entre a fé. Porque, com o movimento, o que vai, volta. E volta maior. Digamos que, enquanto houver grupos para serem integrados, há desapego para ser trabalhado. E esses grupos acrescentarão uns aos outros.

"Não te aflijas", disse Rumi, "tudo o que você perder, voltará para você de alguma forma". Mas seria necessária sua cota de desapego e coragem. Seria necessária a fé, para não se afligir e persistir.

Você já parou para pensar que um objeto roubado é vendido por uma fração do que ele vale? Poderíamos afirmar que não é pelo seu valor que ele é roubado.

Perceba, por favor, que eu não estou buscando justificar o roubo. Mas acredito que seja, sim, uma questão de se ver apartado de quem está sendo roubado. Mesmo o dano sendo muito maior do que o ganho, opta-se por provocá-lo.

O que poderia ser feito para abarcar esse infrator? E o que ele poderia fazer para ser abarcado?

Todos precisaremos de desapego e coragem para esse crescimento como um todo.

Por vezes nos perceberemos acomodados na posição de vítima, porque os mocinhos são bem quistos.

Mas temos todos de assumir papéis de "bandidos" (e depois trocar os papéis). Precisamos, vez ou outra, assumir o papel de "sem coração". Negar o que um filho pede, por exemplo, sabendo que ele também precisa de certa "abstinência", de certo movimento, certo ir e vir. O impulso criador dentro da criança busca sempre por mais. Mas esse mais, por vezes inconsequente, deve conviver também com o todo. Mais para si pode significar menos para o todo. E aquele que entregar mais para o todo, o receberá de volta, com acréscimos.

É fato notório que a humanidade tem evoluído a passos largos. Muita coisa ainda não está como gostaríamos que estivesse, mas temos de manter em mente que a vida dos nossos antepassados foi mais difícil. O que também acredito ser inquestionável.

E a vida dos nossos descendentes será mais fácil do que a nossa.

Eu sei que muitas preocupações com o futuro surgem ao pensarmos em nossos descendentes, mas acredito ser mais produtivo sermos mais condescendentes com nós mesmos. Com fé, acreditarmos que existe uma inteligência por trás de todas as coisas.

Deepak Chopra, em seu documentário *As sete leis espirituais do sucesso*, diz que lutar contra o momento é lutar contra todo o universo, pois foi necessário todo o universo para criar esse momento. Mais produtivo, então, seria focar em trabalhar com o que o universo nos entregou. E não foi pouco. Foi um grande legado.

E qual é o legado que nós podemos deixar?

Eu considero o legado composto por três categorias:

- Ensinamentos recebidos (advindos de erros e criações dos outros);
- Ensinamentos adquiridos (advindos de erros e criações próprios);
- Patrimônio (ativos, passivos e usufruto).

Um livro é um ativo (e um legado), na medida em que seu conhecimento pode multiplicar em várias vezes o valor que foi pago por ele. Um livro que evite que você cometa erros que outras pessoas já cometeram antes de você, por exemplo. Que lhe poupe esforço e dinheiro. Que lhe impulsione para frente.

Estradas, parques, praças e tecnologias disponíveis seriam usufruto e também um legado.

Processos administrativos, ciência jurídica, entre outras ciências, são ensinamentos recebidos e também são um legado.

Tudo disso que puder ser aprimorado através da criação será o nosso próprio legado. Além dos erros que cometermos e transformarmos em ensinamentos.

Já tenho falado aqui de ensinamentos que eu adquiri através de um erro que eu cometi. E esse erro ou ilusão foi acreditar que eu poderia viver apenas cumprindo o meu papel (fixo). Que a hora de necessidade de desapego, de reinvenção, não chegaria. Que eu poderia viver minha vida tranquilamente, sem conflito e sem oposição. Mas eu me enganei. E hoje já não me condeno tanto por isso porque agora sei que se eu persistir e não me afligir (muito), tudo retornará para mim de alguma forma. Que o vetor da humanidade aponta para o progresso. Que muitas vezes eu precisarei remar, mas outras vezes eu precisarei confiar que a correnteza da inteligência maior que nos conduz me levará para um lugar melhor. Precisarei parar de remar e acreditar. Me deixar levar. E eu sei que a mim parecerá que estou perdendo. Mas que outro dia renascerá e ali meu desapego e coragem estarão estampados e devidamente recompensados.

Este é o ensinamento adquirido (baseado em minhas experiências e também em ensinamentos recebidos) que eu gostaria de deixar para você. Porque legado é trabalhar o que se recebeu e passá-lo adiante.

Referências

HELLINGER, B. *A fonte não precisa perguntar pelo caminho*. Belo Horizonte: Atman, 2019, 312p.

Vencer em um mundo altamente competitivo, conectado e no qual tudo se transforma rapidamente não é uma tarefa simples. Virou um jogo de xadrez. Requer estratégia, bastante dedicação, foco, muitas vezes resiliência e, acima de tudo, muita persistência. Nessa minha participação, levarei o leitor a uma reflexão, contando um pouco mais de como faço no meu dia a dia, transformando adversidades em oportunidades, me mantendo no topo da pirâmide; atuando de forma limpa, justa e honesta, independentemente dos fatores externos de mercado e do cenário econômico e político que enfrentamos no país.

MARCELO MUNHOES

Marcelo Munhoes

Contatos
www.leadtax.com.br
marcelo.munhoes@leadtax.com.br
Linkedin: www.linkedin.com/in/mmunhoes

Cientista da computação, com MBA em gestão de Empresas. Conselheiro do Sport Club Corinthians Paulista e pai do Matheus. Empresário, atua profissionalmente com tecnologia há mais de 25 anos, transformando verdadeiramente empresas com alta complexidade, na automação de seus processos, aumentando a produtividade e reduzindo custos, levando o cliente ao topo em performance. Tem como propósito o desenvolvimento profissional de seus colaboradores por meio do trabalho comprometido, meritocrático, justo, leal e honesto.

Melhorar e aprimorar a melhor versão de mim mesmo é uma tarefa que tem que ser realizada diariamente e requer persistência. Fazer o meu melhor não é condicionar as minhas ações a algo ou alguém. É ter atitude em tomar a frente e fazer por altruísmo – não esperando algo em troca do próximo. É dar o exemplo.

Meu objetivo neste capítulo é levar o leitor a uma reflexão, buscando continuamente o nosso melhor, nos superando a cada dia, até que tenhamos condições de fazer melhor ainda. Todos nós somos dotados de uma extraordinária capacidade intelectual que, muitas vezes, por várias causas ficam em um estado de adormecimento. Podemos e devemos despertá-las, saindo da estagnação.

Temos sonhos, ambições e desejos para a construção de um legado em nosso meio, que traga benefício à nossa família, aos amigos e a quem mais precisar. O maior legado que podemos deixar para as pessoas não está ligado a bens materiais. O legado mais valioso que podemos deixar são nossos valores éticos, a nossa conduta e os bons exemplos aplicados na prática que demos para nossa família, nossos amigos, em nossa empresa e com nossos clientes. O que fica não são nossas intenções, mas nossas atitudes e realizações. Não adianta eu ser luz se eu não ilumino. É preciso arregaçar as mangas e colocar na prática.

Agradeço a meus avós, meu pai, minha mãe, meu irmão e minha irmã, porque o legado que deixarei para o meu amado filho, Matheus, só será possível graças ao alicerce de valores, caráter e princípios que tive a oportunidade de receber de todos durante a minha vida.

Destacar-se-ão empresas que melhor cuidarem de seus clientes e colaboradores.

Converso com diversas pessoas que me dizem ter como um grande sonho de vida, empreender. Sou adepto de que precisamos realizar nossos sonhos para que não sejamos contratados para realizar os de alguém. Mas essa tarefa requer disciplina, foco, escolhas, muita resiliência e, acima de tudo, persistência e amor no que está fazendo. Perguntas precisam ser feitas para si mesmo, tais como: "O que seu negócio terá de diferencial do que já existe, que trará mais benefícios e maior satisfação ao seu cliente?"

Um ponto crucial em sua trajetória empreendedora, que poderá determinar seu sucesso ou fracasso, é: "Qual é a capacidade que você tem em suportar pancadas diariamente e permanecer de pé?" O teor dessa frase, claro, foi colocado de maneira provocativa. Mas não deixa de ser verdade. Por quanto tempo você está disposto a suportar críticas, fechar o mês no prejuízo, receber respostas negativas e viver fora da zona de conforto? Muitos ficam pelo caminho porque é dolorido, é brutal, e não há uma garantia dos resultados. Sua ambição (vontade) te ajudará no controle da gestão dessa emoção.

O sucesso é a consequência de um trabalho focado e realizado com qualidade, somado ao tempo necessário para sua maturação. Como diz a cantora Simone: "Como será amanhã... responda quem puder... o que irá me acontecer, o meu destino será como Deus quiser..."

Não há lugar marcado no futuro. O mundo está aberto. Gigantes desaparecerão e surgirão novos gigantes. Destacar-se-á quem tem o melhor time, valoriza seus funcionários. Quem melhor atender seu cliente, com mais capricho, atenção, foco e rapidez. Sobreviverá quem tiver energia para agir e sensibilidade para entender sobre as rápidas transformações do mundo, adaptando-se na mesma velocidade que um camaleão muda de cor.

Você está fazendo o possível ou o seu melhor?

Nosso crescimento pessoal ou profissional em nossa vida acontece de forma gradativa. Faço o meu melhor na condição que eu tenho hoje até que eu não tenha mais condições para fazer melhor ainda. Quem faz apenas o possível passa a viver em uma zona de conforto e, consequentemente, na mediocridade. Ser medíocre é ser mediano. Não é o pior, mas também está longe de ser melhor. Eu particularmente me incomodo quando, em qualquer área da minha vida, me deparo que estou em uma posição mediana e sou visto como uma pessoa "mais ou menos" naquilo. É um sentimento de algo morno (nem quente, nem frio). Não há um lado definido.

Na Bíblia, é claro o posicionamento de Deus repelindo os mornos.

> Conheço as suas obras, sei que você não é frio nem quente. Melhor seria que você fosse frio ou quente! Assim, porque você é morno, não é frio nem quente, estou a ponto de vomitá-lo da minha boca.
> (APOCALIPSE 3:15-16).

É preciso se posicionar, ter a humildade para aceitar e estar claro para si em que lado está. Quando me deparo que estou no "meio da lista", automaticamente aceito que estou entre os piores e elaboro uma estratégia para onde eu quero chegar.

Cristiano Ronaldo, Ayrton Senna e Michael Jordan, na minha opinião, são os maiores atletas que tive a oportunidade de ver atuando em vida. Eu gosto de acompanhá-los, lendo livros com suas biografias, assistindo a reportagens e, principalmente, revendo suas atuações. É onde me inspiram e me lembram que nada é impossível.

Os três atletas foram campeões absolutos. Além de vencedores, eles têm algumas características em comum que são fundamentais para que eles chegassem ao topo e lá permanecessem por anos. Citarei abaixo algumas.

Disciplina

São perceptíveis a dedicação, o esforço empregado e o capricho. O capricho é a capacidade de enxergar detalhes. Tudo isso em uma incansável busca pela excelência de superar seus próprios limites.

Ayrton Senna foi, na minha opinião, o maior piloto de todos os tempos. Ao contrário do que muitos pensam, no início da carreira, Ayrton Senna não era um exímio piloto em condições de chuva. Foi justamente por causa da dificuldade em corridas, ainda no kart em pista molhada, que o piloto resolveu aprimorar repetidamente a pilotagem no traçado úmido. Quando as primeiras gotas de chuva começavam a cair, Senna preparava o seu kart e partia rumo ao Kartódromo de Interlagos para treinar, treinar e treinar. Ele conseguiu entender os limites dele como piloto, o do carro em termos de regulagem e o da pista quanto à aderência. Poucos anos depois, já nas categorias mais importantes do automobilismo, tornou-se conhecido como "o rei das chuvas".

Foco

É o investimento do tempo em pesquisas, estudo e na capacitação para construir diferenciais. Fazer o "algo a mais".

Resiliência

Michael Jordan, campeão da NBA por seis vezes, eleito cinco vezes o MVP (melhor jogador) da temporada e foi o maior pontuador em dez temporadas também. Ele possui recordes tão absolutos que alguns chamam de "inquebráveis".

Em uma vez, quando perguntado a ele quais conselhos ele poderia dar para chegar ao seu sucesso, ele respondeu:

> Errei mais de 9.000 cestas e perdi quase 300 jogos. Em 26 diferentes finais de partidas, fui encarregado de arremessar a bola que venceria o jogo e falhei. Eu tenho uma história repleta de falhas e fracassos em minha vida. É por isso que eu sou o vencedor que eu sou.

Amor no que faz

Quando você ama o que faz, você passa a criar um movimento positivo, desbloqueando dentro de si, áreas antes bloqueadas. Você vai se deparar com uma força antes não sentida, que é surpreendente até para você mesmo. É como se fosse algo sobrenatural, que te moverá aos seus objetivos, te empoderando.

Eu sou o melhor. O mundo sou eu.

Cristiano Ronaldo, que atualmente é o maior atleta do mundo em atividade e um dos maiores da história, cita muito em entrevistas sua maneira de pensar em relação à cocriação.

Quando perguntado, ele responde, com segurança e em bom tom: "Eu sou o melhor. O mundo sou eu." O primeiro passo é você acreditar que é o melhor no que faz. Se você pensar diferente disso, você não tem ambição. Você até pode não ser o melhor, mas na sua cabeça você é. E esse é o combustível que te impulsionará em seu caminho a concretizar o que já acredita.

Não importa sua profissão. Você tem que acreditar que é o melhor no que faz.

Todos os exemplos dados por esses atletas, podemos usá-los como inspiração e aplicarmos em nossas vidas. Nossa realidade está em nossas mãos. Assuma o protagonismo. Não aceite ser o coadjuvante de sua própria vida.

Zona de conforto ou topo da pirâmide? Onde você se encaixa?

Certa vez, eu trabalhava em um departamento de vendas em uma empresa. Naquela época, atravessávamos por uma forte crise econômica e política no país. Em uma dessas reuniões de resultados, meu superior me questionou sobre o que poderíamos fazer para vendermos mais: eu bater minha meta de vendas para aquele ano (que eu estava longe de atingi-la) e sobrevivermos a esse momento.

Eu respondi: — "Se eu estou com baixa performance e abaixo da meta, a razão não é a crise. O problema sou eu".

Meu superior me indagou: — "Tá, então onde você acha que está errando e o que está faltando para você atingir seus objetivos?"

Eu respondi: — "Não sei. Mas a partir de hoje, dormirei uma hora mais tarde e acordarei uma hora mais cedo para entender. Te responderei em breve".

E iniciei imediatamente o que havia prometido. Além de toda dedicação e comprometimento que eu já tinha, investi um tempo extra, aumentando minha disciplina, força e foco no meu trabalho.

Passei a estudar mais, aumentei meus conhecimentos com o objetivo de dominar o assunto que trabalhava. Pesquisei detalhadamente o que os concorrentes estavam fazendo de diferente, seus pontos positivos e negativos. Identifiquei ajustes que precisávamos realizar internamente na empresa e enxerguei diferenciais que precisávamos e poderíamos ter.

Passei a não me preocupar naquele momento com a venda em si. Priorizei entender profundamente as expectativas de meu cliente. O que ele buscava, precisava, esperava de minha empresa e de minhas ofertas. Perguntava-me diversas vezes ao dia: "Como eu potencializarei os ganhos de meu cliente com as minhas soluções?"

A venda é uma consequência – de uma demonstração do benefício que um produto oferece. Um produto tem preço, mas benefício tem valor. Quando você oferece algo que entrega benefícios ou atenda a uma dor daquilo que nas visões do vendedor e do comprador sejam relevantes, naturalmente o negócio acontecerá.

Depois de alguns meses, meu superior todo contente vivenciou a minha resposta na prática. Contratos fechados e clientes satisfeitos. Superei a minha meta e passei a ser o número 1 em vendas da empresa. Consequentemente, pouco tempo depois, me tornei também o número 1 do ecossistema.

Perceba que o fator externo (crise) continuava o mesmo. Aliás, sendo pragmático, sabemos que é uma realidade viva e histórica no Brasil. Convivemos com crises políticas e econômicas no país desde sempre. Essa realidade dificilmente mudará, e precisamos lidar com isso. Mas o mais importante em todo esse processo foi que eu mudei. No momento em que eu chamei a responsabilidade para mim, saí da zona de conforto e me posicionei, decidi que eu não aceitava fazer parte no time dos medíocres, que entregam o "possível", são medianos, mornos, vivem e passam suas vidas no vitimismo. Ali, naquele momento, reconheci e aceitei para mim mesmo que eu estava fazendo parte do time dos profissionais com baixa performance. Esse autorreconhecimento me serviu de combustível para me resgatar da posição que eu estava, e me levar ao patamar que eu almejava, porque eu não aceitava permanecer mais no patamar que eu estava.

Se o meu negócio não vai bem ou sinto que estou em declínio, a razão não é a "crise". A verdade é: "Eu não estou sendo o melhor no que eu faço".

Veja, ouvimos com certa frequência afirmações do tipo: "o mercado está ruim. Caiu 30% em relação ao ano anterior". A boa notícia é que 70% ainda está ativo e compra de alguém. Quando o mercado "encolhe", toda a diferença competitiva entre a minha empresa e meu concorrente passa a ser mais evidente.

Enquanto algumas empresas sucumbem às turbulências, crises e mudanças no mercado, outras já utilizam as adversidades para se oxigenarem e investir energia em sua reinvenção – entrando em um novo nicho de mercado, criando um novo produto mais moderno e inovador, inventando um novo modelo de negócio etc.

Respeito todos os desafios, dificuldades e especificidades dos negócios de cada um. Não estou aqui para entrar no mérito de se é fácil ou difícil gerir seu negócio, se o mercado é favorável ou não, onde estão as oportunidades, e se há alguma particularidade ou não. Meu ponto de vista é apenas a questão comportamental.

Para finalizar, gostaria de citar um pensamento de Mario Sergio Cortella:

> E no dia que eu me for – mas eu não queria ir –, só tem um jeito de ficar... Ficando nas outras pessoas... E você só fica, quando: você é um filho excelente, um irmão excelente, um pai excelente, um amigo excelente, um marido excelente, um profissional excelente... E ser excelente não significa ser o melhor – se você for, ótimo –, mas é você recusar a mediocridade e ser o teu melhor.

Homenagem

Meu filhinho de quatro patas me deixou de herança seu grande legado, que certamente ficará. Ensinou-me a ser uma pessoa melhor. Deu aula do que significa lealdade, simplicidade, humildade, respeito e amor incondicional.

Agora está alegrando os céus, junto de Deus.

Joca (2012-2022).

18

A IMPORTÂNCIA DE DEIXAR UM LEGADO

Quando atingimos determinado estágio de maturidade em nossa existência e carreira, naturalmente começamos a refletir mais sobre algumas questões da vida, percebendo que talvez algumas das atividades que realizamos são mera "vaidade das vaidades", enquanto outras poucas são, de fato, o nosso propósito e missão de vida. Passamos a nos preocupar com o tal "legado" e é sobre isso que iremos refletir neste capítulo.

MARCELO SIMONATO

Marcelo Simonato

Contatos
www.marcelosimonato.com
contato@marcelosimonato.com
Facebook /Instagram: @MarceloSimonato.oficial
LinkedIn: linkedin.com/marcelo-simonato
YouTube: www.youtube.com/marcelo-simonato
11 98581 4144

Marcelo Simonato é graduado em Administração de Empresas pela Universidade Paulista, possui dois MBAs, sendo um em Finanças Empresariais pela Fundação Getulio Vargas (FGV) e outro em Gestão Empresarial pela Lassale University, na Philadelphia (EUA). É executivo com mais de 25 anos de experiência profissional, atuando em grandes empresas nacionais e multinacionais. É escritor e palestrante, atuando com treinamentos e palestras em todo território nacional nas áreas de Liderança e Desenvolvimento Profissional.

Em algum momento de sua jornada, você já se pegou pensando sobre questões voltadas a sua existência, sua carreira ou o porquê faz o que faz? Perguntas como: por que você nasceu? Por que está aqui? Por que existe? O que deixará para os seus filhos e para as próximas gerações?

Quais contribuições você agregará para a sociedade e o que fará para deixar a sua marca quando não estiver mais aqui, ou na posição que ocupa, são algumas das dúvidas que podem ter surgido ou ainda surgirão em sua jornada.

Legado é a resposta! E, ao contrário do que muitos pensam, legado não é um valor entregue somente após a nossa morte, o legado é também um valor que pode ser transferido e compartilhado diariamente enquanto estamos vivos. Para desenvolvermos o legado, não precisamos ter "partido dessa para a melhor". Aliás, por causa dessa ideia distorcida é que costumamos deixar esse assunto para depois.

Foi pensando nisso que decidi começar uma carreira paralela à que eu vinha trilhando desde os meus 14 anos.

Aos 37 anos, eu finalmente atingi o cargo que eu tanto almejava dentro da carreira financeira e havia me tornado um CFO, contudo, ao chegar nesse cargo, percebi que o sucesso não estava no topo, mas em toda a jornada. Por isso, deixe-me contar um pouco dessa história.

Sou descendente de espanhóis (Barreiros) por parte de mãe e de italianos (Simonato) por parte de pai.

Meu avô materno, Leandro Barreiros, nasceu na Espanha e veio para o Brasil ainda criança. Cresceu em Minas Gerais, casou-se com minha avó, Maria Lina, e tiveram dez filhos, sendo uma delas a minha mãe, dona Leila.

Já do lado de meu pai, foi meu bisavô, Agostinho, que nasceu na Itália e veio para o Brasil ainda criança, tendo se instalado no Espírito Santo, crescido e se casado com Paulina Balzan, com quem teve nove filhos, sendo um desses meu avô, Alpheu. Este, por sua vez, casou-se com Regina Facini e tiveram dez filhos, sendo um deles meu pai, seu Jorge ou Jorjão, como costumam chamá-lo.

O encontro de meus pais

Parece história de novela, mas aconteceu de verdade. Ambos deixaram suas cidades natais ainda muito jovens para tentar a sorte na grande São Paulo, isso no inicio da década de 1970. Minha mãe trabalhava como vendedora na antiga Casas Buri (loja de eletrodomésticos e móveis) e meu pai era ajudante geral na antiga Monark (fabrica de bicicletas).

Eles costumavam tomar o mesmo ônibus para ir embora do trabalho diariamente e, entre muitas trocas de olhares, foi necessário que minha tia, Regina, fizesse a ponte entre os dois. Olha aí o poder do *networking* já funcionando em 1972.

O namoro não demorou muito para acontecer e o noivado e o casamento seguiram o mesmo fluxo.

Em 1977, já casados há quase 4 anos, eis que este que vos escreve vem ao mundo. De uma coisa eu tenho certeza, não estou aqui por acaso e nem você que lê este capítulo nesse exato momento!

Não viemos a este mundo para apenas "comer, beber ou procriar" e terminarmos a vida apenas sobrevivendo, sem ter deixado um legado, memórias e marcas que possam transformar outras vidas. Existe uma missão a ser cumprida e você precisa encontrar a sua.

Gosto muito de uma frase bíblica que diz: "Davi serviu aos propósitos de Deus em sua geração" e isso sempre me fez me perguntar: Será que estou servindo aos propósitos de Deus em minha geração? Ou seja, agora?

Quando falamos em identificar nossa missão de vida, não me refiro apenas em encontrar qual é o seu *Ikigai* (termo japonês que descreve a razão pela qual alguém levanta da cama todos os dias, ou seja, sua motivação para viver), mas se trata de compreender "a verdadeira razão de viver".

Mas, voltando à história dos meus pais e do meu nascimento...

Pensem em uma família de classe média baixa, sem nenhuma formação, sem muito dinheiro, mas com muito desejo de crescer na vida, estes foram meus pais. Aos 14 anos, vendo que não seria possível crescer profissionalmente sem estudos e que meus pais não teriam condições de bancar tudo, decidi começar a trabalhar. Meu primeiro emprego foi como *office-boy* na Fuji Film máquinas fotográficas. Eu trabalhava de dia e estudava à noite.

Foi um período muito difícil e cansativo, porque eu andava o dia inteiro e ainda tinha que ir para a escola à noite sem ter dinheiro para me alimentar, ou seja, eu ficava da hora do almoço até por volta das 23:00 sem comer nada, com sono e fome.

Esse período foi complicado, mas não seria o mais difícil de minha vida. Aos 17 anos, passei no vestibular e fui cursar Administração e Comércio Exterior, bem na época em que o ex-Presidente Fernando Collor de Melo havia aberto o mercado brasileiro para as importações e exportações.

Já no meu 2º ano de faculdade, consegui um emprego em uma Trading e ingressei na carreira de comércio exterior, o que para mim foi uma grande vitória, contudo, o que eu não sabia era o que estava por vir: minha namorada engravidou.

Imaginem vocês, um rapaz de 18 anos recebendo a noticia de que a namorada estava gravida! Vocês podem dizer que isso é normal, existem vários casos, mas o que se passou comigo na sequência foi algo que provavelmente seja um caso em um milhão.

Infelizmente, naquela mesma época, o relacionamento dos meus pais, que já estava desgastado, chegou ao fim. Imaginem um "menino" de 18 anos tendo que apoiar a mãe e um irmão mais novo e, ainda por cima, assumir uma nova família com a namorada grávida. Pois é, não foi nada fácil...

Quando você acha que tudo está péssimo e nada pode piorar, eis que chega o dia em que tenho que conversar com o pai de minha namorada e imaginem, ele era um pastor. Lembro que eu tive insônia, dor de barriga, taquicardia e tudo mais.

Para minha surpresa a conversa com meu sogro foi sensacional, ele foi muito respeitoso, sereno e atencioso. Lembro da seguinte frase: "Você não é obrigado a se casar com a minha filha, só faça isso se vocês realmente se amarem. E foi o que fizemos".

Meus pais nos ajudaram a dar entrada em um pequeno apartamento e, assim, começou a nossa vida a dois que, neste ano, 28 de fevereiro de 2022, completou 26 anos de casamento.

Encurtando essa longa história, digo a vocês que casar com a Lídia, minha melhor amiga, companheira e parceira de vida, foi uma das melhores coisas que fiz na vida, pois, graças a toda aquela situação, eu tive que acelerar o meu processo de amadurecimento, seja pessoal ou profissional, e creio que tenha sido por isso que, aos 37 anos, conquistei minha primeira posição como Diretor Financeiro em uma grande empresa, mas não foi apenas isso, graças a esse casamento precoce, pude ser pai e tenho dois filhos maravilhosos, Laís com 25 anos, dentista e recém casada com Lucas, meu genro querido, e o Thiago, de 21 anos, universitário, que trabalha comigo na área de inteligência imobiliária e que é meu grande parceiro nos esportes.

Legado trata-se de tudo o que construímos durante a vida e transmitimos aos outros, que continua atual e ativo, mesmo quando já não estivermos mais neste mundo ou atuantes em determinados cargos. São situações, ações, entendimentos e sabedorias que vão continuar vivos e falando por nós, de geração em geração.

Agora, a pergunta é: e você, qual legado tem construído? De que forma a sua existência tem contribuído para a formação das próximas gerações?

Eu, por exemplo, quando cheguei ao que para mim seria o topo de minha carreira aos 37 anos, fiquei muito feliz, orgulhoso de mim mesmo, comemorei, vibrei, mas tudo isso durou apenas 15 minutos, porque na sequência me veio a seguinte pergunta: "Tá, mas e agora? O que eu vou fazer o resto da minha vida? Qual o meu propósito de vida? Será que estou cumprindo o meu chamado, o meu "ide"?

Comparo esse momento com o que acontece com um alpinista que deseja escalar o monte Everest. Imagine você que ninguém acorda em um belo domingo, olha para o céu e decide subir uma das maiores montanhas do mundo naquele dia. É preciso preparação: técnica, física, mental, financeira e todas as condições devem estar favoráveis para que alguém possa cumprir essa missão ou desafio.

Pois bem, imaginemos que alguém tenha passado por todos os estágios e etapas necessárias, tenha se capacitado, talvez feito outras escaladas menores e finalmente consegue subir ao topo do mundo. O que acontece quando ele chega lá em cima? O alpinista olha para aquela imensidão, tudo branquinho e ele vibra, comemora, chora, pega a bandeira do seu país, faz uma selfie e daí, passado uns 15 minutos, ele precisa descer lá de cima rapidamente para não morrer congelado ou com a falta de oxigênio ou mesmo por risco de uma avalanche.

Descobri que a jornada é tão importante quanto o ponto final e que, na verdade, enquanto estivermos vivos, devemos seguir caminhando, um passo de cada vez, como diz aquela famosa frase em inglês: *Keep walking and carry on* (tenha calma e continue andando).

Passei alguns meses me questionando sobre qual seria meu novo projeto de vida, o que eu faria dali por diante, e foi em uma conversa informal com um querido amigo, Augusto, que veio a ideia de lecionar.

Lembro como se fosse hoje, Augusto me disse: por que você não compartilha tudo o que você sabe ministrando aulas? Não vai ganhar muito dinheiro, mas estará ajudando muita gente, especialmente as novas gerações. Confesso que eu nunca tinha pensado a respeito disso e aquela ideia a princípio não me atraiu, porém foi como uma sementinha plantada em meu coração.

Algum tempo depois, estava eu com minha esposa em um encontro de casais da Igreja Presbiteriana do Brasil em Águas de Lindóia, assistindo a uma palestra, quando ela vira para mim e diz: "Sabe que eu vejo você fazendo isso aí!"

Um véu se abriu e meus olhos puderam ver, era isso! Eureca!

No final daquele evento, fui procurar o preletor que também é escritor e palestrante internacional, Mário Simões, e perguntei a ele como eu poderia me tornar um palestrante. Ali começou uma bela amizade que dura até hoje.

Em um curto espaço de tempo, escrevi meu primeiro livro, fui para os Estados Unidos estudar liderança e voltei já sendo convidado a participar de muitos congressos e convenções. Desde então, já escrevi cinco livros, dois solo e três em coautoria, sendo este que você está lendo o sexto, além de já ter ministrado treinamentos e palestras em todo o Brasil, alguns países da américa latina e da Europa.

Imaginem vocês que quando encontramos o nosso propósito, não se trata de trabalho ou algo cansativo, porque simplesmente flui. É o tal estado de *flow* no qual as coisas simplesmente acontecem.

Hoje sou uma das maiores referências em liderança humanizada na prática do Brasil, sigo trabalhando como Executivo em uma multinacional, escrevendo artigos para diversas colunas e também escrevendo pelo menos um livro por ano, além dos treinamentos e palestras. Sinto que estou deixando meu legado e ajudando o próximo.

Talvez chegou a hora de você pensar sobre qual legado você deixará para as pessoas. Qual legado você está desenvolvendo mesmo em vida?

O legado é a maior herança que podemos deixar para as pessoas, afinal, podem nos tirar todas as coisas, menos nosso conhecimento e experiências, até porque quanto mais você compartilha, mais ele aumenta em você.

Logo, quanto mais transmitimos expertises, conhecimento e habilidades, mais desenvolvemos o nosso legado e capacitamos outras pessoas para dar continuidade a determinada visão, método ou filosofia.

No legado, não existem competições, egoísmos ou retenções, pelo contrário, existem liberações, compartilhamento de conhecimentos, que, por vezes, levamos décadas para obter, mas que podem ser entregues em questão de minutos, por meio de sessões de consultoria, palestras, treinamentos, reuniões, cursos e livros como este.

Compartilhar todo o nosso conhecimento para quem de alguma maneira se mostra disponível a absorver, adotar a visão, a missão e os valores que carregamos, quer seja uma única pessoa ou os nossos filhos, familiares, amigos e equipes inteiras, ajuda a fazer deste mundo um lugar melhor e mais humano.

Se você ainda tem dúvidas do que é um legado, pense nele como uma herança. Mas lembre-se, legado não significa bens materiais, é muito mais do que isso, é impalpável, porém, muito valioso. É sobre "dividir para aumentar".

Quando você transfere uma vida inteira de conhecimento para um filho, colaborador ou equipe e capacita novos líderes ou sucessores, você está compartilhando a melhor parte de você, a sua essência. Eis a sua herança: tudo o que leu, aprendeu, viu, sentiu, experimentou, curtiu, chorou, sofreu, construiu e entregou a outras pessoas (que poderão fazer um trabalho igual ou melhor do que você fez com toda essa bagagem). Isso resume o que é legado.

Você deixa um legado quando dialoga com os seus filhos, treina o seu time, ministra uma mensagem, oferece palestras, quando escreve um livro, quando grava um vídeo, quando realiza um trabalho social ou voluntário, ao compartilhar novas ideias, tomando decisões, tendo iniciativas em projetos relevantes, desistindo de uma sociedade, terminando um relacionamento abusivo, ressignificando a sua vida, perdoando, abraçando (e até mesmo deixando de abraçar alguém), contribuindo com a sociedade, praticando a sua espiritualidade, cuidando da sua saúde, servindo aos outros. Todas as suas ações formam o legado que deixará como exemplo para outras pessoas. Em vista disso, reflita sobre todas as suas condutas e como tem levado a sua vida.

Ao final de tudo, seja de um ciclo que termina em determinada empresa, em um relacionamento ou com a nossa partida deste mundo, ficaremos felizes em deixar um legado que alguém dará continuidade, pois ser lembrado e seguido é ter construído um legado.

Referência

BIBLIA, N. T. *Livro de Atos*.

# 19

LIDANDO COM AS ILUSÕES POR MEIO DO AUTOCONHECIMENTO

A vida é exatamente o processo pelo qual nascemos, crescemos, nos reproduzimos e morremos. Na verdade, por meio dela designa-se a trajetória percorrida pelos seres vivos. Mesmo sendo tão curta, podemos dizer que essa descrição, à luz da ciência da vida, é uma sequência de eventos até bastante otimista e generosa, haja vista que nem todos os seres vivos logram completar todas as etapas mencionadas. Pensar assim parece reduzir a muito pouco a vida humana em sua infinita complexidade, em seu valor inestimável e em seu significado imensurável, mas isso nos ajuda a repensar algumas questões essenciais como aquelas sobre como e por que estamos aqui.

MÁRCIA TEJO

Márcia Tejo

Contatos
www.wayback.com.br
marcia@wayback.com.br

Graduada em Administração de Empresas, Gestão de Recursos Humanos e Gestão de Pessoas pelas Universidades São Judas Tadeu e Anhembi Morumbi. Sólida experiência no mercado de prestação de serviços, constituída por meio da vivência de quase 39 anos de carreira em grandes empresas. Sua atuação se destaca com relevância no desenvolvimento de talentos humanos e melhorias organizacionais. Especial destaque em processos de *coach* com ênfase em motivação/autoestima, carreira e relacionamentos. Como *Member Apprentice Worldwide*, tem o objetivo de ajudar e apoiar jovens talentos em fase de ascensão profissional em nível mundial. Fundadora e vice-presidente da Way Back – Gestão de Negócios e Relacionamentos, empresa com 30 anos de atuação no segmento de crédito e cobrança nacional e internacional dentro do conceito de BPO (*Business Process Outsourcing*). Sua Missão é ajudar pessoas a desenvolver habilidades até então desconhecidas por elas e expandir crescimento pessoal e profissional por meio de um olhar mais leve e positivo.

Missão de vida e legado

Descrever a complexidade e o sentido da vida é algo muito difícil. Nós somos únicos e inigualáveis nas nossas características, particularidades, definições e no que cada um carrega dentro de si.

Por mais que a condição humana nos seja comum, só cada um sabe da importância de certas coisas em sua vida, o quanto percorremos e ainda temos a percorrer, os riscos que devem ser encarados, os sonhos que devem ser vividos, qual é o seu propósito e a essência do legado de cada um.

É importante lembrar com transparência, honestidade e, muitas vezes, até crueldade que o tempo é feroz e cada instante deve ser aproveitado no alcance da nossa missão de vida e na construção do nosso legado.

O interessante é não perder de vista os ciclos em que nascemos, crescemos, nos reproduzimos e morremos e procurar qualificar cada uma dessas etapas.

Descobrir nosso propósito e poder persegui-lo, definir uma missão de vida e aquilo que de fato queremos que seja nosso legado não é tão simples, aliás, não é nada fácil. Isso pode ser algo tão difícil que inúmeras pessoas passam uma vida inteira tentando descobri-lo ou, quando descobrem, não sabem como implementá-lo ou sentem que é tarde demais para ir em busca desse plano.

Essa perspectiva, parece bastante desanimadora, mas é na verdade uma convocação, um chamado claro para que não percamos um segundo sequer na descoberta da nossa marca registrada, de como queremos contribuir para melhorias no mundo e para as próximas gerações, contribuição esta da qual fazemos parte da mesma forma que gostaríamos de ser lembrados.

Encontrar nossa missão de vida é mais do que uma empreitada em que exercitamos o nosso lado do bem. Ir ao encontro da nossa missão não é somente um ato de amor altruísta, que nos faz pensar para muito além de olhar para o nosso próprio umbigo. É também uma mudança que nos assegura uma vida até mesmo mais leve e prazerosa por mais árdua que seja a sua missão. Isso porque quando nos conectamos com um propósito maior, deixamos de lado as atividades que roubam nossa energia e dispersam nossa força.

É como se passássemos a executar algo que nos dá prazer, e não mais uma incumbência que apenas é realizada por motivo de necessidade ou obrigação.

A partir dessa descoberta, despertamos uma força antes dormente e que você nem imaginava possuir. Passam a ser comuns também os episódios em que a vida parece nos apertar para que tudo se ajeite lá na frente e possamos seguir em frente com leveza. Afinal, é isso que acontece, uma vez que sua real vocação é chamada a realizar-se.

A construção de um legado implica em viver sua missão, exercitar seus talentos e realizar coisas que tão poucos conseguiriam reproduzir e, ainda assim, dando a total impressão de que o fariam de forma simples e fácil.

Quero deixar registrado que desenvolver suas habilidades, expor seu talento, descobrir e vivenciar sua missão de vida e construir seu legado é algo que você fará com naturalidade, sem a dolorosa impressão de que um esforço em vão já está sendo feito. Quando você segue por esse caminho, não há energia desperdiçada ou empenho que não resulte em colheita.

Desperte a sua missão de vida!

O despertar para uma missão de vida tem uma função de dar sentido para ações que muitas vezes estiveram a um palmo de distância dos nossos olhos, porém, que demoramos a entender.

Sempre temos a impressão de que gastamos um tempo precioso com atividades que, se dispensadas, resultariam em inúmeras horas a mais de lazer, prazer, tempo de qualidade com aqueles que mais amamos ou até mesmo em mais produtividade em nossos afazeres, eliminando as perdas com coisas pequenas e sem importância.

O encontro com a missão no caminho das nossas vidas dá sentido maior à nossa existência e aumenta o poder de transformar tudo aquilo que realizamos em algo mais proveitoso e que gere frutos. É nesse ponto, então, que eu cito o autoconhecimento como algo importantíssimo na nossa vida.

É como se eliminássemos de uma vez por todas o retrabalho, a necessidade de fazer de novo e o gasto desnecessário de energia, otimizando nossos segundos para o que há de melhor, vivendo a vida em sua plenitude e colocando nossa existência nos trilhos certeiros de uma missão de vida recém-descoberta. Isso equivale a alcançar o máximo de humanização de que somos capazes, já que nos desvencilhamos de ilusões e de atividades que exercemos sem muita reflexão, como robôs inconscientes. É um verdadeiro ato de libertação.

Deixamos, assim, de dar murros em ponta de faca, ou de andar em círculos que a vida nos traz e que não agregam em nada e só nos fazem andar de lado, ao invés de assumir o que somos, porque somos e que fomos feitos para andar para frente e não ficar estagnados, como dizem os otimistas. Fomos feitos para voar.

Ilusão e autoconhecimento

Foi dessa maneira, baseado na minha experiência de vida, que relato alguns fatos que efetivamente aconteceram comigo e que me fizeram estudar um pouco mais sobre ilusões e autoconhecimento.

Ao longo dos anos, um dia percebi que havia uma inquietude dentro de mim, algo como um aperto no coração e uma sensação de falsa felicidade. Era como se eu tivesse tudo e não tivesse nada.

Tornei-me empresária muito cedo, tive grandes oportunidades, sempre corri atrás dos meus objetivos e não conseguia entender o porquê daquela inquietude, daquele buraco no peito. Foi então que, procurando me conhecer melhor e entender o que estava de fato acontecendo, é que encontrei algumas respostas para o que eu sentia e, nesse caminho, descobri o quanto as ilusões nos prendem e nos impedem muitas vezes de sermos plenamente felizes.

Desde criança eu recorria às ilusões para construir meus projetos de vida, para definir meus sonhos e determinar minhas metas. De certa forma, a ilusão é a força que me impulsionava a alcançar os meus objetivos, até porque através dela que eu decidia o que gostaria de ser, aonde eu almejava chegar e quem eu queria que me acompanhasse na minha jornada.

Exatamente pelo fato de começar minha carreira muito jovem, e por que não dizer imatura, eu acreditava que o mundo era perfeito, que todas as pessoas trabalhavam por um propósito comum, que pensavam da mesma forma e, acredite leitor, passei uma vida acreditando piamente nisso, mas ao decorrer da vida, fui entendendo que as coisas não são bem assim.

Tudo isso é realmente lindo, não obstante o fato de você cair e ter que se levantar sozinho, chorar e rir das suas dores, se superar e ver que tudo aquilo que parecia ser o mundo ideal era muitas vezes uma doce ilusão.

Outra coisa que quero enfatizar é que, por meio do autoconhecimento, eu descobri que as coisas que vivenciamos na infância e na adolescência impactam, e muito, nossa vida adulta e, muitas vezes, os modelos tendem a se repetir e se perpetuar por gerações.

E foi então que nessa busca pelo autoconhecimento e para desvendar aquela sensação de inquietude que eu tinha, que descobri uma série de outras habilidades e aptidões que eu nem sequer imaginava ter. Por meio do autoconhecimento aprendemos a equilibrar nossas emoções e podemos despertar para outra série de fatores.

Eu, por exemplo, aprendi a desenvolver e a explorar melhor meu lado pessoal e espiritual. Esse conjunto proporciona a conexão entre corpo-mente-alma e você se percebe em transformação, de modo que, por incrível que pareça, você começa a se questionar e muitas vezes encontrar sentido para coisas que te levem a um entendimento melhor sobre o real motivo da sua existência, o seu **propósito**.

Falando ainda sobre autoconhecimento, considero que este é de suma importância na vida de todos e que deveria ser construído e cultivado desde a nossa infância/adolescência, melhor dizendo, deveria constar na grade do nosso currículo educacional, uma vez que influi diretamente na nossa visão e missão de vida, por meio do desenvolvimento de inteligência emocional e que impacta e influencia em toda uma vida.

Conhecer-se verdadeiramente na sua essência significa saber quais são suas maiores habilidades, capacidades, qualidades, defeitos, limitações, desejos, valores e propósitos, isso é o que permite que você enxergue com maior clareza quais pontos você precisa e quer desenvolver em si mesmo para evoluir como ser humano.

O processo do autoconhecimento é longo, árduo e exige muito exercício e reflexão (eu diria que é uma verdadeira investigação sobre si mesmo).

Por isso, é fundamental ter a mente aberta e compreender que, durante o processo, podem existir imprevistos e constatações nem sempre agradáveis, mas que saber lidar com essas frustrações te levará a um desenvolvimento constante em todas as áreas da sua vida.

Muitas vezes, o processo de autoconhecimento implica em mudança. Mudança de valores, hábitos e opiniões. Por isso, é preciso estar aberto e receptivo às mudanças e à desconstrução de padrões até então existentes. O ser humano é mutável e, com novos aprendizados, é natural a necessidade de aprimorar ideias e conceitos antigos.

Também preciso dizer que, uma vez que nossas vidas estão em constante transição, o exercício do autoconhecimento deve ser praticado diariamente para alcançar a quebra de barreiras, desbravar medos e modificar alguns hábitos.

Em suma, uma pessoa que se conhece bem está infinitamente mais próxima de entender qual marca quer deixar no mundo e quais passos e atitudes lhe proporcionará plenitude e felicidade.

Autoconhecimento pessoal e profissional

No âmbito pessoal, nos ajuda no crescimento enquanto indivíduo, proporciona mais autonomia sobre as próprias escolhas, melhorando a qualidade de vida e bem-estar. Além disso, como já vimos, o autoconhecimento permite que a pessoa tenha mais consciência de suas metas, desejos e objetivos, potencializando coragem para enfrentar mudanças e imprevistos com maior leveza.

Já o autoconhecimento no âmbito profissional leva o indivíduo a perceber que ele é o principal responsável pelo seu sucesso, por meio do aprimoramento de certas habilidades que proporcionem maior segurança na tomada de decisões e otimizem seus resultados.

Quando começamos a nos autoconhecer, começamos a nos questionar sobre todas as fases da nossa vida. Começamos a tentar entender melhor nossas emoções e nossos sentimentos com referência às situações que vivenciamos no passado e que estamos vivendo no momento presente.

Aprender a saber se impor e não ter medo de dizer "não" para situações que vão contra os seus valores, por exemplo, é imprescindível, bem como constantemente se questionar sobre quais seus pontos fortes e fracos, hábitos que impactam no seu crescimento, quais são os seus sonhos, no que você deve focar para ser feliz, como você age em determinadas situações, quais são os maiores desafios da sua vida e como gostaria de ser lembrado pelos outros.

Depois que procurei me autoconhecer, consegui ver com nitidez que a sociedade, as crenças limitantes, os preconceitos, as imposições e a ancestralidade aliados às ilusões acabam por ter um impacto enorme em nossa vida pessoal e profissional. Por meio disso, descobri uma paixão por habilidades que jamais imaginei desenvolver. Estou escrevendo meu sexto livro e diariamente espalhando mensagens positivas pelas redes sociais em diversos idiomas, no sentido de transmitir a confiança e a coragem que me motivaram. Hoje, ainda estudando sobre esse tema, estou mais segura e me sinto mais fortalecida, defendendo minhas ideias e os impactos que essa busca tem feito na minha vida, ajudar as pessoas que estão nessa busca e melhorar a cada dia como empresária, mãe, amiga, voluntária e sobretudo como ser humano.

O propósito é aquilo que motiva, move e inspira, e o legado é parte do propósito, já que é a marca que você deseja deixar no mundo. E como o que eu pretendo deixar como legado são as lições que aprendi com minha vivência, um dos meus propósitos é tocar e motivar os demais a se descobrirem, deixando aqui minhas provocações positivas:

E você, já descobriu seu propósito? Se não, o que você está fazendo para descobri-lo?

De tudo o que expus neste capítulo, se eu pudesse destacar o essencial e mais importante na minha opinião, seria:

Permita-se se autodescobrir e aja de acordo com aquilo que você acredita.

Não se limite, equilibre e controle suas emoções. Defina claramente seus objetivos e siga sua jornada, trilhando caminhos maravilhosos.

Não permita que nada seja maior do que a sua vontade de realizar, conquistar e transformar o seu desejo.

Não tenha medo de recomeçar. Crie oportunidades e defenda com responsabilidade, respeito e sabedoria sua verdade, rumo à conquista do seu propósito de vida, autorrealização e bem-estar.

Acredite em você!

Você só alcança seus objetivos e metas, tanto pessoais quanto profissionais, quando seu foco nasce dentro da sua determinação de percorrer os caminhos para chegar lá!

Vale muito a pena!

20

EU NÃO SONHO, EU PROJETO O FUTURO

A capacidade de sonhar, de poder viajar no imaginário e elaborar cenários e realidades que talvez nunca se materializem, mas que podem nos fazer bem, é uma qualidade que nos humaniza. Ao mesmo tempo, sonhar pode, pejorativamente, ser uma qualidade daquele que perde a conexão com a realidade, que vive no mundo da lua. Por que transformar sonhos em projetos é um caminho para construir legado?

MARCIANO CUNHA

Marciano Cunha

Contatos
www.marcianocunha.com.br
marciano@marcianocunha.com.br
Instagram: @marcianocunha77
41 99806 7726

Doutor em Educação, pesquisador na área de Gestão Estratégica de Pessoas, professor em cursos de pós-graduação *lato sensu* e na graduação da Escola de Negócios da PUC-PR. Fundador da Acreditte – Desenvolvimento Humano e Organizacional e da Octagoon Liderança & Performance, especializadas na área de gestão de pessoas com ênfase em gestão de carreiras e desenvolvimento de times e lideranças. Autor e coordenador de programas de educação executiva e liderança, *in-company*, para empresas multinacionais, organizações públicas e de economia mista. Palestrante e mediador de *talk shows*, em nível nacional, para públicos corporativos, universitários, empreendedores e lideranças. Facilitador para desenvolvimento de grupos e organizações em processo de mudança e gerenciamento de conflitos. Mentor do programa "Juventude Positiva: minha história, meus sonhos, meu sucesso", que atendeu jovens da rede pública de ensino do Estado do Paraná. Entusiasta das questões que envolvem o desenvolvimento humano integral, assume posição provocativa e propositiva porque acredita que reflexão sem "aTUAção" não garante evolução.

Quando comecei a escrever este texto para contar um pouco sobre meu legado, de imediato veio à lembrança uma frase, aparentemente "mal educada", por mim proferida, retrucando uma provocação da professora doutora que me entrevistava na seleção do meu primeiro mestrado: "eu não sonho, eu projeto o futuro!" A referida professora questionava se não era sonhar muito alto deixar o Nordeste, minha terra natal, para ser um forasteiro acadêmico no Sul brasileiro.

Confesso que se fosse hoje a provocação, no auge dos meus 45 anos, talvez essa não seria minha primeira opção de resposta. À época, este impetuoso tom "cabra da peste", próprio de jovem nordestino franzino e idealista, que aos 23 anos pleiteava uma vaga no mestrado em Administração, materializou minha atitude frente aos desafios da vida: coragem.

O ano era 2000, o mês, dezembro, o verão aproximava-se, e o mundo não havia acabado nem sofrido *reset*, conforme temíamos pelas incertezas decorrentes do *bug* do milênio.

Transcorridas pouco mais de duas décadas da tal entrevista, tenho consciência da força, do poder e da intenção daquelas palavras, afinal, cá estou. Existia um grande impulso, cujo pretexto foi a construção de uma carreira acadêmica. Eu tinha um propósito que era nutrido desde tenra idade, mas que ainda não era tão consciente e explícito como o é hoje. Desde então, a minha vida seguiu o curso que precisava seguir. Investido daquela coragem e "atrevimento" juvenil, com apenas uma mala e nela meia dúzia de roupas, um álbum com fotos da minha família, meu currículo e todas as comprovações: muitos certificados de participação em congressos, simpósios, seminários, parti para desbravar o mundo e conquistar quem sou e o que tenho. Ah, na mala também havia um livreto de capa azul que boa parte de nós conhece e que aos poucos torna-se obsoleto: a carteira de trabalho.

Lancei-me ao oceano azul, ou seria ao "mar ciano" de possibilidades abertas subjacente à aprovação do mestrado? Evoco o grande general romano

Pompeu, ainda no século I a.C., que, para encorajar receosos marinheiros, entoava a conhecida frase, aperfeiçoada por poetas e intelectuais: "navegar é preciso, viver não é preciso". Parece paradoxal a provocação de Pompeu e, quando olho apreciativamente para minha biografia, reconheço a precisão e a falta dela. E, também apreciativamente, reconheço que o binômio sonhos e planos guardam a mesma aparente paradoxalidade.

Para mim, os sonhos nutrem e os planos guiam. Os sonhos precisam ser protegidos, guardados em um lugar sagrado: a nossa alma, porque nos revitalizam, energizam e nos possibilitam acreditar que dias melhores sempre virão, e o que tiver de ser, será. Eles, os sonhos, sempre se renovam. É preciso sonhar de olhos fechados e também de olhos abertos. Aqueles que sonhamos de olhos abertos são os planos, era isso que eu me referia quando, com segurança e firmeza na fala, "truquei" a professora doutora na entrevista.

Por falar em sonhos, para uma boa noite de sono da qual decorrerão bons sonhos, a gente precisa se preparar. Da mesma forma, para uma vida com consciência, propósito e poder de realização, é preciso se preparar; e eu diria ainda mais: estar preparado. Quando o General Pompeu fala que viver não é preciso, ele nos convida a refletir sobre a imprevisibilidade e imprecisão da vida e, ao mesmo tempo, gosto de pensar que a precisão da navegação vem dos instrumentos e das cartas náuticas que alguém pioneiramente trilhou e para nós deixou.

Da Paraíba para o Paraná, do norte para o sul, da segurança da casa dos pais para um mundo desconhecido. Foram muitas mudanças radicais que ocorreram quando decidi "projetar o futuro". Projetar é uma palavra cuja etimologia tem a ver com lançar-se à frente, movimentar, mudar. Um projeto é uma ponte que liga o presente ao futuro, projetar é, portanto, construir pontes entre tempos e espaços. Por meio de projetos, podemos dar forma àquilo que existe na intenção e na imaginação e neles, nos projetos, não podemos perder de vista as interações e interrelações. O que poderíamos dar o nome de *networking*.

Hoje, sou um profissional da área de Gestão de pessoas com atuação em dois campos relativamente paradoxais: a Universidade, na qualidade de professor, e o mundo corporativo, na qualidade de consultor. Considero que nesta jornada fui forjando o homem que sou, procurando conscientizar-me de que existir e não apenas viver é o mesmo que N.A.V.E.G.A.R. Quero, a partir deste ponto, deixar explícitas as sete qualidades ou competências que me fizeram, mesmo antes daquela entrevista, construir o homem que sou.

A palavra NAVEGAR, para mim, é um acrônimo no qual cada letra representa a inicial de um atributo que me permite transformar sonhos em projetos: **N**aturalidade, **A**rrojo, **V**elocidade, **E**nergia, **G**arra, **A**mbição e **R**egeneração. É muito importante que você observe que é uma palavra com sete letras na qual me inspirei para trazer sete qualidades. Eu, particularmente, tenho uma atração pelo número sete, inclusive nasci no ano duplamente sete (77) do século passado. Mas, além disso, considero que são sete qualidades a serem vividas nos sete dias da semana, não apenas nos dias úteis. Este é um mantra para mim: viver coerentemente todos os dias da minha vida aquilo em que acredito e professo.

O tempo passou e, sete anos após aquela entrevista, já cursando o doutoramento, recebi o convite para ser professor na PUC-PR, onde estou há 14 anos, e lembro-me de que, em uma dessas conversas informais de cafezinho na sala de professores logo que fui contratado, um colega meu que havia sido meu professor no mestrado relembrou minha conduta e firmeza na entrevista de seleção, dizendo que aquela assertividade tinha sido o "ponto de inflexão" e decisivo para minha aprovação.

Por que insisto em trazer neste texto tal situação? Simplesmente porque, neste mundo muito pasteurizado de relações e intenções líquidas, como descreve Zygmunt Bauman em seu livro *Modernidade líquida*, acredito que está no NAVEGAR os fundamentos para a construção de um legado. A seguir, quero oferecer a você minha compreensão para cada uma das qualidades constitutivas do N.A.V.E.G.A.R.

Naturalidade – procure orientar suas escolhas de vida por aquilo que está alinhado à sua visão de mundo, sua história e trajetória. Encontre sua singularidade. Todos nós somos *sui generis*[1], por isso, invista um tempo no seu autoconhecimento para, a partir disso, avançar para a autoconsciência que te proporcionará autonomia. Conhecer o próprio *Ethos* é o caminho para existir com naturalidade em um mundo com tanta artificialidade.

Arrojo – esta é uma atitude muito conhecida pelos meus conterrâneos, o povo nordestino. Quando alguém é destemido, dizemos que é uma pessoa arrojada. Possuir arrojo é ter a capacidade de "bancar suas escolhas" e reconhecer que para cada escolha há uma renúncia.

---

1 Expressão em latim que significa "do seu próprio gênero. É muito utilizada quando queremos dizer que não tem semelhança com nenhum outro. É peculiar, único, original e singular.

Velocidade – aprendemos da física o conceito de velocidade que está intimamente relacionado ao movimento. Não basta ter velocidade, é preciso saber ajustá-la e reconhecer inclusive a hora de saber parar, desacelerar e acelerar novamente, sempre com uma certeza: viver é empregar ritmo e também respeitar ritmos. Não saia por aí atropelando quem quer que seja nem tampouco fique estagnado. Tenha sensibilidade para pôr-se em movimento, inclusive mental.

Energia – outro importante conceito da física que, quando em movimento, gera calor. O calor aquece e também queima, mas ele é vital para os sistemas vivos. Na física, também falamos de energia cinética e energia potencial. A gente constrói legado quando consegue fazer algumas coisas estabelecidas permanecerem acontecendo, girando a roda e, ao mesmo tempo, contagiando o entorno, porque tem reserva energética que em momento oportuno é liberada para gerar novos movimentos.

Garra – aqui pelo sul, a meninada fala "garrei" quando quer dizer que segurou algo ou alguém com intensidade e vontade. A garra também lembra felinos que têm força e vigor na pegada bem como sutileza e elegância. Possuir garra é um exercício de vitalidade e, assim como a garra felina, deixa marcas!

Ambição – muito mais do que desejo por poder, dinheiro e carreira, a ambição é um atributo relacionado ao anseio de alcançar determinado objetivo maior. Está relacionado à capacidade transformadora e resolutiva. Ter ambição é possuir iniciativa e "acabativa", não sossegar até que consiga alcançar o intento.

Regeneração – tem a ver com autopoiese, a capacidade de se auto transformar de maneira cíclica a partir de si mesmo. Pela regeneração, conseguimos nos refazer constantemente em um processo de reorganização interna, é uma força criadora que vem de dentro e nos permite melhorarmos e renovarmos.

O homem que sou carrega nas camadas mais interiores da minha alma aquele corajoso jovem. Porque somos assim, acumulamos nossos repertórios de vida como peles que vão se sobrepondo e nos deixando mais resistentes, protegidos e serenos. Cabe a cada um de nós olhar com generosidade e respeito para o que viveu, ressignificando, incorporando e, principalmente, orgulhando-se da própria história de vida. Se hoje sou o que sou foi porque, mais do que sonhos, consegui transformar meus anseios em projetos.

Para que você possa NAVEGAR com segurança no mar agitado da vida, é importante que possua um L.A.R., também um acrônimo, a partir do qual escrevi uma reflexão em uma rede social algum tempo atrás, após chegar de um exaustivo e produtivo dia de trabalho, que quero deixar em tom de reflexão final:

"Como é bom ter um LAR...

Após intensas horas laborais, sendo as quatro últimas em sala de aula, tranquei a porta do apartamento e, imediatamente, veio à tona o alívio: como é bom ter um L.A.R. (Lugar Abençoado para me Refazer)...

Apreciando o lugar no qual sou Rei, me veio uma série de reflexões que me instigaram a escrever e que já vinha pensando no percurso da Universidade à minha casa...

É muito triste saber que existe uma quantidade de irmãos que não tem um lugar físico para abrigar-se da chuva, do frio, do calor, de animais peçonhentos bem como da selvageria de outros humanos que, por vezes, como a história recente mostra, violentam e matam desalentados covardemente por prazer de exterminar o diferente!

No entanto, considero que a pior pobreza, às vezes, pode habitar os mais abastados: viver inquieta e desoladamente, e não conseguir construir dentro de si um LAR!

Penso que é urgente construirmos dentro de nós mesmos um Lugar Abençoado para nos Refazermos de nós mesmos e, secundariamente, dos outros.

Nossos dias estão esgotantes e desumanos... Corremos, às vezes, sem sabermos para onde ou para aquilo que não é substantivo para a existência humana. Corremos, por que não dizer, de nós mesmos! O movimento precisa ser para dentro! Correr para nos reencontrarmos e, com isso, de maneira lúcida, refazermos/renovarmos o propósito.

O lugar sagrado está dentro... por isso precisamos nos recolher mais e silenciarmos! Agradeço a Deus poder adentrar minha casa física e encontrar as condições necessárias para com luz e discernimento refletir sobre o que fiz e me REFAZER para no dia seguinte ser um homem melhor do que fui hoje!

Que possamos avançar na compreensão da vida "do e no" trabalho e percebermos que cada um é um LAR que merece respeito por ser SAGRADO... Ao mesmo tempo, que eu aceite o tempo do outro! Cada um tem suas razões para existir. Fico por aqui porque meu corpo físico precisa se refazer para sustentar minhas reinvenções diárias! Pense nisso."

Curitiba, 02/02/2016

Cá estou, em pleno e escaldante verão de 2022, escrevendo para você, esperançando que as palavras por mim usadas para contar-lhe um pedacinho da minha história sejam inspiração para a boa perseguição do seu legado. Que o calor sentido por mim durante esta escrita seja transmitido, metafisicamente, como força propulsora e acolhedora de um ninho para você se inspirar e escrever sobre o seu legado também.

Referências

BAUMAN, Z. *Modernidade líquida*. Rio de Janeiro: Editora Zahar, 2001.

21

UM DIA MUITO IMPORTANTE

Um dia muito importante remete o leitor ao registro de um tipo de nascimento – conforme Mark Twain (1835-1910). Decorrente da interação com obras literárias, o leitor terá menção àquelas que influenciaram de modo especial minha vida. Foram mentorias que geraram mudanças positivas, maturidade e recebem o título de legado imaterial. Por vezes, somos testados até o limite em situações de ética e caráter, bem como planos, persistência e resiliência. É nesse campo que surge um legado existencial.

MARCO ANDRÉ O. SALES

Marco André O. Sales

Contato
prmarcoandreos@gmail.com

Marco André Oliveira Sales é casado com Loudime Caldas Oliveira Sales e pai de Daniel Caldas Oliveira Sales e Miguel Caldas Oliveira Sales. É pastor da Igreja Presbiteriana do Brasil e, desde 2000, serve efetivamente na Igreja Presbiteriana do Jardim Aeroporto (Itu/SP). Lecionou Filosofia e Sociologia em escolas e faculdade das redes estadual e privada de ensino em Itu. É formado em Teologia pelo Seminário Presbiteriano Rev. José Manoel da Conceição (1996); graduação em Teologia pela Universidade Presbiteriana Mackenzie (2007); mestrado em Teologia e Filosofia pelo Centro Presbiteriano de Pós-graduação Andrew Jumper (2007); licenciatura em Filosofia pelo Centro Universitário de Araras/SP (2010); especialização em Língua Portuguesa e Literatura (2012); e mestrado em Ciências da Religião (2010) pela Universidade Presbiteriana Mackenzie.

Por definição, legado é algo de valor que alguém deixa de benefício a outros em testamento, um bem que uma geração transmite à posteridade – conforme verbetes do *Novo Dicionário Aurélio da Língua portuguesa* (1986) e do *Minidicionário Ruth Rocha* (2001). Legado pode ser classificado por bens materiais (concretos) ou imateriais (abstratos) a serem deixados para o próximo. A partir disso, o eixo deste capítulo toma como referência o conceito de legado no sentido da segunda classificação, a saber, os bens e valores imateriais – as competências, habilidades, boas práticas, valores, experiências e crenças – deixados para benefício de outros. Não se trata aqui de receita para seu eventual sucesso no futuro, mas um testamento narrativo propedêutico de encontros e descobertas que foram muito importantes para o escritor e podem servir como indicativo para o leitor.

Como introdução, lembro de uma frase do escritor americano Samuel Langhorne Clemens (1835-1910) – mais conhecido pelo pseudônimo de Mark Twain. É atribuído a Mark Twain o seguinte pensamento: "Os dias mais importantes da sua vida são: o dia em que você nasceu, e o dia em que você descobre o porquê". Para Twain, há dois momentos significativos de natalidade na vida de uma pessoa: o primeiro é o nascimento biológico; o outro refere-se ao nascimento existencial. Tomando como moldura o segundo entendimento de natalidade existencial em Twain, o presente capítulo é intitulado como "um dia muito importante".

Em perspectiva, o leitor perceberá dois objetivos: primeiro, o relato de encontros específicos e muito importantes para mim, em que foram descobertos os "porquês" do meu nascimento e como fui concebido neles; e segundo, de alguma forma, o leitor terá a possibilidade de se identificar e refletir em sua jornada pessoal de busca pelo sentido e descoberta dos importantes dias para si mesmo com aquilo que será colocado como legado imaterial. Se a sua identificação e pertença com meu relato ocorrer, em alguma medida, as certidões de nascimento aqui terão o devido efeito. É o que se espera. Visto dessa forma, minha história se coloca também ao lado dos demais relatos contidos nesta obra com outros autores.

Conforme visto nas histórias em *Meu Legado.com*, muitos fatores podem contribuir à título de gestação para uma natalidade existencial. Mas, de modo particular, na descoberta pessoal quanto ao "porquê" do meu nascimento sublinha-se o fato de que tive o contato específico com algumas mentorias literárias. A hipótese, então, é verificar e atestar que alguns livros podem proporcionar o nascimento existencial da vida de alguém. Embora não se minimize aqueles meus importantes dias que foram vividos com queridos familiares, professores, em instituições de ensino, realização de cursos ou trabalhos, viagens, boa interação com amigos e experiências.

Com apenas 11 anos, a primeira obra literária foi trazida em mãos por aquela que estava presente, segundo Twain, no dia do primeiro nascimento, Linês Felinto de Oliveira, minha mãe. Em 1982, ela colocou na cabeceira da minha cama a obra *Régulo em Cartago, o moço de caráter: um modo de vida acima da média* – escrito pelo húngaro e sacerdote católico Dom Tihamér Tóth (1889-1939). Em linhas gerais, *O Moço de Caráter* é uma obra literária que à época incentivava jovens a viverem o presente com responsabilidade, honra, dever e altruísmo nos atos que praticavam.

O livro tem início com a impactante história do romano Régulo. Sua história de caráter abre as primeiras páginas e diz a que serve o texto. Ele era um prisioneiro de guerra em Cartago que foi enviado à sua terra natal em Roma com a missão de promover a paz. Mas, antes de partir, empenhou sua palavra de retorto ao cárcere cartaginense, caso não houvesse a efetiva paz com Roma. Ao contrário do objetivo da missão, Régulo chegou a Roma e incentivou as autoridades e os soldados a manterem a luta contra Cartago. Resolvidos a continuar em guerra, o romano Régulo foi incentivado a ficar em sua terra natal. Por sua vez, a reposta dele foi impactante e um legado para as futuras gerações: "Quereis então a qualquer custo que eu falte à honra? Bem sei que as torturas e a morte me aguardam à minha volta em Cartago. Mas, tudo isso não é nada em comparação com a vergonha oriunda de uma ação desleal e com as feridas que a alma recebe do pecado. É verdade que ficarei prisioneiro dos cartaginenses, mas ao menos conservarei, em toda a sua pureza, meu caráter de romano. Jurei voltar e cumprirei meu dever até o fim. Confiai o resto aos desuses". Terminou preso um homem de caráter.

À época, não sabia o motivo, mas aquela história de Régulo cativou, impactou e semeou um valor na minha vida. Para mim, foi marcante o encontro literário com a história do moço de caráter com desfecho tão dramático. Ficou definido em mim como um texto formativo e inspirador de consciência. Pode ser dito que ocorreu, então, um duplo legado existencial: primeiro, aquele que vem da história do próprio Régulo e também o que se segue retratado neste capítulo. Aquele texto alicerçou uma parte do "porquê" diferente de meu nascimento existencial: inspirado pelo romano seria um modo diferente de olhar, ser e agir na sociedade, com lealdade, honra pessoal e solidariedade para uma vida de caráter, de palavra empenhada. Régulo nos mostra que a vida não funciona tão somente na base do utilitarismo, pragmatismo e hedonismo.

Nos trinta anos seguintes, entre 1982 e 2012, aconteceram muitas mudanças e outras leituras foram realizadas. Tive diversas situações de encontros e desencontros, perdas e ganhos, partidas e chegadas, próprias do fio da vida que foram vividas, a saber: decisões e escolhas, lutas e lutos, mudanças de moradia para outros estados e unidades da federação, mudança de estado civil, chegada da paternidade, busca por colocações profissionais e tantas outras. Houve também a realização de cursos, formaturas e as devidas diplomações, conforme as notas biográficas. Estava totalmente inconsciente de que hoje poderia olhar para trás e saber que um legado estava em processo de formação e que poderia ser escrito, embora já estivesse ciente de que o ser e o agir nas diversas batalhas da vida passavam pela conduta e compromissos do romano Régulo, em Cartago.

Depois da obra *O moço de caráter*, houve outras significativas para formação de meus dias muito importantes. Foram três textos que vieram em mãos, ao final daqueles trinta anos. Para contextualizar, o contato com eles aconteceu por conta da realização de um curso na área de literatura e língua portuguesa. Pode-se dizer também que a saudade da terra natal foi um "pezinho" decisivo na retomada da literatura regional. Dentre tantas obras, estavam ao alcance dos olhos e das mãos as seguintes obras: *Vidas secas*, de Graciliano Ramos (1892-1953); *Grande sertão: veredas*, de João Guimarães Rosa (1908-1967); e *Morte e vida Severina*, de João Cabral de Melo Neto (1920-1999). Não tenho aqui qualquer pretensão de analisar a magnitude desses textos em pouquíssimo espaço. Nem há tanta qualificação para captar a profundidade desses grandes autores e obras. Na verdade, há uma boa quantidade de especialistas que analisam com propriedade os respectivos autores e obras.

Só que, mesmo sendo um leitor leigo, quando olhei para aqueles textos, o que me impressionou foi a representação imaginária e descritiva que os três autores fazem sobre o fio da vida. A meu ver, todos [personagens] dizem que nós somos retirantes e jagunços fugindo da morte para a vida por veredas próprias. A partir de cenários regionais e concretos do interior de Alagoas, Minas e Pernambuco, ambos contam histórias de pessoas e famílias que representam, em muitos sentidos, a narrativa coletiva de todos. Não são apenas histórias isoladas em contextos históricos regionais e sociais específicos, mas eles contam nossa história em contexto urbano. Com similaridades e coincidências, elas captam os sentimentos e questões de muitas personagens alocadas nas cidades grandes em todos os tempos. Cada um que na concretude da vida busca o "porquê" [sentido] do seu nascimento no asfalto e no metrô. Algo de valor que é dito por um no sertão que se torna o dito de todos.

A respeito dessa representação da vida, a partir do personagem Fabiano, em *Vidas Secas* (2015), G. Ramos afirma: "Chegou-se à beira do rio. [...] O vaqueiro, o pai do vaqueiro, o avô e outros antepassados mais antigos haviam-se acostumado a percorrer veredas, afastando o mato com as mãos. E, os filhos já começavam a reproduzir o gesto hereditário" (pp.17-18); sobre o diálogo de Riobaldo com o compadre, meu Quelemém, em *Grande sertão: veredas* (2001), Rosa diz: "Às vezes não aceito nem a explicação do Compadre meu Quelemém; que acho que alguma coisa falta. [...] Todo o caminho da gente é resvaloso. Mas, também, cair não prejudica demais – a gente levanta, a gente sobe, a gente volta! Deus resvala? Mire e veja. Tenho medo? Não. Estou dando batalha" (pp. 328-329); e, por sua vez, o Seu José, mestre carpina, fala para o Severino, em *Morte e vida Severina* (2007): "Não há melhor resposta que o espetáculo da vida: vê-la desfiar seu fio, que também se chama vida, ver a fábrica que ela mesma, teimosamente se fabrica, vê-la brotar como há pouco em nova vida explodida; mesmo quando é assim pequena a explosão, como a ocorrida; mesmo quando é uma explosão como há de pouco, franzina; mesmo quando é a explosão de uma vida Severina" (pp.132-133). Muita luta, persistência e resiliência é a relação entre os personagens na terra e na vida.

Para cada personagem, então, em época e cenário próprios, a vida é retratada como uma longa caminhada de perseverança e reflexão sobre a realidade. Entre sobressaltos e reveses, eles se agarraram em algo maior e insistiram em andar e pensar sobre o transcorrer da vida. Mesmo que sejam todos retirantes e jagunços fugindo da morte para a vida, a consciência do ser e do agir, na continuidade e persistência, materializa um dia muito importante.

Uma vez atestado o valor distintivo que os livros citados acima proporcionaram em meu nascimento existencial, não posso concluir o registro de meus dias importantes sem realçar o lugar singular do livro dos livros: a Bíblia

Sagrada. Minha mãe trouxe também consigo e outras pessoas a Bíblia. Em linhas gerais, a Bíblia é o livro-texto de formação de toda uma cultura e sociedade Ocidental, baseada na tradição judaica e cristã. De modo particular, a Bíblia é também o livro-texto que inspira, ilustra e fala ao coração de pessoas sobre o propósito e o valor da vida plena. Desde a minha infância, o livro dos livros estava presente em casa e soprava uma mensagem de vivência familiar em direção à vida plena (eterna) em suas palavras. Ao longo dos anos, os dias muito importantes foram aqueles encontros e reencontros que tive com essa Palavra e o personagem principal apontado nela: a pessoa e obra do Salvador e Senhor Jesus Cristo. Disse Jesus: "Eu vim para que vocês tenham vida e a tenham em abundância" (João 10.10), então, "Venham a mim, vocês que estão cansados de religião" (Mateus 11.28).

Em um parágrafo, digo que o efeito positivo decorrente dos encontros e tutores literários citados, que tornaram de fato meus dias muitos importantes, foram decisivos também para que pudesse atuar nos respectivos campos que trabalho até hoje. Há 25 anos, tenho um trabalho dinâmico e integral no campo eclesiástico, em comunidades religiosas. Bem como, durante 15 anos, trabalho ocasionalmente no campo da Educação e Projetos de vida com alunos e professores, em escolas e faculdade das Redes pública e privada de ensino. Nesses contextos, a mentoria de Régulo, Fabiano, Riobaldo, Severino e, principalmente, a grande história de amor e vida em Cristo Jesus, servem como testemunho, inspiração e fonte para fomentar processos de vida positivos para dias importantes e significativos de outras pessoas.

Para concluir, minha gratidão pessoal é oferecida ao irmão e amigo Marcelo Simonato. Ele proporcionou a oportunidade de relembrar essa breve jornada de crescimento pessoal através de encontros literários. Além da oportunidade de escrever, convidou-me para publicar em obra. Ele foi um hábil facilitador e incentivador da escrita desses dias tão importantes, denominados de *Meu legado.com*. Antes da intervenção dele como organizador de tantas histórias, não sabia que, aos 50 anos, eu já tinha também um legado para chamar de meu. Desse modo, sinto-me à vontade para reafirmar que um dia muito importante deverá ser aquele em que você também encontrará alguém para ajudar a compartilhar o "porquê" nasceu.

22

VOCÊ É O RESULTADO DE SUAS ESCOLHAS!

Por quantos obstáculos nesta vida você já precisou passar? Quantas vezes já pensou em desistir?
Neste capítulo, você conhecerá a história de um menino, de um adolescente, de um homem, que tinha tudo para dar errado, mas que um dia tomou a decisão de fazer a escolha certa. Após entender que somente suas ações poderiam fazer a diferença em sua vida, ele simplesmente AGIU!
Você está prestes a conhecer os princípios que mudaram o rumo de uma vida e que poderão mudar o seu destino também.

MAURO MORAES

Mauro Moraes

Contatos
contato@mauromoraespalestrante.com.br
Instagram: @mauromoraesconsultor
11 98152 3620

Palestrante comportamental especialista em Desenvolvimento Pessoal e Liderança. Bacharel em Esporte pela USP, pós-graduado em Administração e Marketing Esportivo pela Gama Filho, técnico em Gestão Empresarial pelo Senac e treinador de líderes pela Portal Fox. Há mais de 26 anos em cargos de liderança em clubes esportivos. CEO da Palestrantes do Brasil, da Universidade do Líder e da Sociedade Exclusiva. *Head trainer* da Universidade da Mente Milionária. Criador do Programa de Aprendizagem Contínua Kaizen. Livros Publicados: *Segredos de alto impacto*, *O poder do óbvio*, *Liderando juntos* e *Mapa da liderança*.

> *Você não passa um único dia sem causar impacto no mundo, a sua atitude faz a diferença e você decide que tipo de diferença quer fazer!*
> JANE GOODALL

Prepare-se, você está prestes a conhecer a história de alguém que tinha tudo para dar errado!

Leia as próximas páginas com o coração e a mente abertos para compreender que você pode dar a volta por cima, independentemente dos percalços que esteja passando.

Mas, além de aprender os princípios compartilhados que o levarão a queimar a ponte e mudar o rumo de sua vida, faça mais, coloque em prática em sua vida, faça acontecer, faça valer a pena a única vida que tem. Costumo dizer sempre: "Somente suas ações poderão melhorar seus resultados".

Cena 1: o bebê que tinha tudo para não dar certo!

Ele nasceu em 02 de julho de 1973, após 3 abortos espontâneos sofridos pela mãe e depois de dez anos de sua irmã mais nova (raspa da panela, como dizia sua mãe). Filho de um aeroviário e uma dona de casa, veio descobrir anos mais tarde que nasceu com uma deficiência no pé direito (pé chato) que o impediu de realizar seu primeiro grande sonho: ser jogador de futebol.

No início de sua adolescência, ao praticar esportes, logo o pé começava a doer, o que o forçava a parar imediatamente. Aos 15 anos, foi submetido a uma cirurgia que o deixou com uma cicatriz de 13 pontos, sem ter resolvido a questão.

As sequelas permaneceram, sabia que, ao ficar por muito tempo em pé, pegar peso ou praticar atividades físicas, ao final do dia, teria que tomar remédio (para amenizar as dores) e fazer repouso forçado.

Encontre nas adversidades o melhor caminho para seguir em frente!
MAURO MORAES

Cena 2: o menino que tinha tudo para não dar certo!

Era início da década de 1980, com seus 8 para 9 anos, ele estava iniciando a aula de Educação Moral e Cívica, em que a professora iria chamar um a um para ir à frente da sala e cantar o Hino Nacional Brasileiro.

Dizer que estava nervoso era pouco, e quando ela chamou Marcelo, que era o aluno antes dele, seu coração disparou de tal forma que parecia que iria explodir, permaneceu quase que em um estado de atenção até que ela disse seu nome.

Levantou-se da cadeira lentamente e, olhando para baixo, dirigiu-se à frente, virou para a classe lotada, mais de quarenta alunos, o nervosismo era tanto que as pernas começaram a tremer, suas mãos suavam como se tivesse acabado de lavá-las, as palavras sumiram e ele não conseguia nem iniciar. A professora até tentou ajudar, dizendo "Ouviram do Ipiranga…", mas quando se deu conta, estava no banheiro, chorando, com as calças molhadas, já que com aquela tensão toda, urinou na frente de todos seus colegas.

Encare suas limitações de frente, ninguém fará isso por você!
MAURO MORAES

Cena 3: o adolescente que tinha tudo para não dar certo!

Nesta época, a timidez daquele menino era tanta que, ao pensar em pegar o telefone (não existia WhatsApp), pensando em ligar para convidar um amigo para sair ou conversar, o pensamento de poder atrapalhar o que ele estaria fazendo não o permitia realizar a ligação.

Mas talvez o maior exemplo de timidez que vivenciou foi quando, em 1989, aos 16 anos, estava sozinho com uma garota que paquerava, ambos olhando um para o outro, ambos muito introspectivos, e as poucas perguntas que conseguia fazer, ela respondia de forma monossilábica (sim ou não); conclusão, após alguns minutos de uma comunicação que não existiu, foram se juntar aos amigos, não acontecendo nenhuma conversa, muito menos um beijo.

Enfim, sua timidez estava prejudicando diversas áreas: vida pessoal (sem muitos amigos), vida amorosa (paqueras) e poderia atrapalhar sua vida profissional.

Os relacionamentos são a base de todo sucesso em qualquer área de sua vida!
MAURO MORAES

Cena 4: o adulto que tinha tudo para não dar certo!

Em plena quinta-feira, 11h30 da manhã, aquele homem estava no banco, esperando ser atendido pelo gerente, pois precisava urgentemente aprovar um empréstimo para pagar as parcelas vencidas de outro empréstimo que fez anos antes para pagar dívidas.

Anos depois, em outra ocasião, estava assinando um empréstimo, deixando sua casa (que já estava quitada) como garantia, pois precisava do dinheiro para pagar três cartões de crédito estourados, quatro grandes empréstimos e cobrir três contas correntes que estavam no cheque especial.

Imagine você ter que pagar parcelas de diversos empréstimos, além dos juros – esta era sua situação (em determinado mês, só de juros dos empréstimos, precisou pagar R$ 1.200,00).

Doce ilusão sua que juntar tudo em uma só conta iria resolver a questão. Passados outros anos, a melhor solução foi vender a casa e recomeçar. Com o valor da venda, pagou todas as dívidas e deu entrada em um apartamento, iniciando um financiamento de 35 anos.

A esperança é que, desta vez, tivesse aprendido com os erros, mas, acredite, em seis meses o desequilíbrio financeiro já assolava sua vida novamente.

O problema era a falta de conhecimento sobre como lidar com dinheiro. Falta de consciência de que temos crenças limitantes aprendidas na infância que precisamos ressignificar.

Trabalhar 44 horas semanais e não ter dinheiro suficiente para o mínimo deixava-o frustrado.

Não conseguia se concentrar nas atividades profissionais, pois a preocupação era constante, como iria pagar as contas básicas de casa, financiamento, escola da filha, alimentação?

Trabalhe suas limitações para potencializar seus pontos fortes!
MAURO MORAES

Você é o resultado das suas decisões!

Com este cenário, este homem tinha tudo para não dar certo; problema físico, tímido, com dificuldade de se relacionar e endividado. Mas quis o destino que já aos 44 anos, ao ser convidado a participar de um treinamento de inteligência emocional, dias 7 a 9 de abril de 2017, aceitou e hoje ele pode dizer que foi a decisão mais acertada de sua vida.

Em três dias de muita informação e exercícios de reflexão, obteve a consciência de que tinha um potencial inexplorado e que só dependia dele correr atrás de seus sonhos.

Criou a consciência de que seus resultados eram fruto de suas escolhas, e a partir daquele momento, tomou a decisão de mudar o rumo de sua vida, queimou a ponte, virou a página e começou a escrever uma nova história...

A essa altura, não tenho dúvidas que você já sabe que estou contando a história da minha vida!

Passei da timidez para ser um palestrante comportamental, ajudando as pessoas a saírem da zona de conforto e despertarem todo seu potencial. Passei da dificuldade de me relacionar para ter um *networking* que ajuda as pessoas a se conectarem. Passei de um superendividado para hoje ter três contas de investimento, uma para cada tipo de sonho (curto, médio e longo prazo).

E como foi isso? Nas próximas linhas, compartilho seis princípios que foram a base dessa transformação e que, se você está insatisfeito com a vida que tem levado e deseja também dar a volta por cima, tenho certeza que, ao aplicar estes princípios, poderá alcançar todos os seus sonhos.

Sua vida começa no final da zona de conforto!
MAURO MORAES

Você é o resultado de sua consciência!

Pare por um instante e pense se você conhece alguém em seu círculo de amizades que costuma colocar a culpa nos outros pelos seus próprios resultados.

Que se coloca como vítima. O primeiro princípio que aprendi e que quero compartilhar é que você, e só você, é responsável pela vida que tem levado e, por consequência, só você pode mudar o seu destino.

A partir de hoje, defina objetivos claros, crie um plano de ação, mas tenha a atitude de fazer acontecer, fazer a diferença em sua vida.

Tudo que lhe acontece representa apenas 10%, os outros 90% serão representados pela forma como você reagirá aos 10% iniciais, portanto, pare de reclamar e coloque-se como o verdadeiro protagonista da sua vida!

Eu tomei a decisão de mudar e comecei a buscar conhecimento...

Você é o resultado daquilo que conhece!

O conhecimento que te trouxe até aqui não garante o sucesso de amanhã.

Saí daquele treinamento decidido que iria mudar o destino da minha vida. A partir do dia 10 de abril de 2017, comecei a ler cinco livros por mês, minha ânsia por informação era tão grande que comecei a ler de 2 a 3 horas por dia, troquei o tempo que perdia na televisão, redes sociais e horas a mais na cama (antes acordava 8h, hoje 5h30) pela leitura de livros que contribuíram para que eu pudesse criar a base de meu sucesso.

Tem uma frase do Paulo Vieira que diz "O que você não tem é pelo que você ainda não sabe, pois se soubesse, já teria".

Quero fazer você refletir: com a leitura deste capítulo, você não pode mais dar a desculpa de que você não sabia, pois, agora que você sabe, o que fará com estas informações?

Ignorar e continuar vivendo dentro de uma zona de conforto ou tomará a decisão de colocar em prática e transformar a sua vida, alcançando seus maiores sonhos?

Eu tomei a decisão de mudar e o caminho foram as amizades...

Você é o resultado das suas conexões!

Quem caminha sozinho pode até chegar mais rápido, mas aquele que vai acompanhado, com certeza vai mais longe!
CLARICE LISPECTOR

Com a consciência de que o meu sucesso dependia apenas de mim e agora com as informações certas, comecei a realizar conexões que, aos poucos, foram me abrindo portas que eu nunca imaginei.

Saí daquele menino que tinha medo de ligar para os outros para ser CEO da Palestrantes do Brasil, conectando-me com profissionais de todas as áreas e regiões do país. No final de 2021, fui convidado a fazer parte da Sociedade Exclusiva, que hoje conecta profissionais de diversas áreas, com um objetivo único: *networking*.

Alcancei esse sucesso, colocando em prática três estratégias:

- **Faça mais do que o exigido:** sempre em minhas palestras e treinamentos, entrego mais do que o esperado pelos participantes, superando as expectativas e aumentando a satisfação.
- **Ajude os outros a atingirem o sucesso** e conecte pessoas, elas se lembrarão de você.
- **Pense sempre na realção ganha x ganha**, faça parcerias com profissionais que te completem.

Eu tomei a decisão de mudar e precisei fazer escolhas...

Você é o resultado das suas prioridades!

Um princípio que precisei melhorar para conseguir realizar todas as ações que me fizeram alcançar o sucesso foi ser *expert* em planejamento. Tenha um objetivo claro, crie um plano de ação e se organize para realizá-lo; compartilho algumas estratégias práticas e simples para você gerenciar melhor o seu tempo e aproveitar melhor cada minuto de seu dia.

- **Reserve um dia da semana para organizar a sua agenda semanal**, neste momento você irá definir e distribuir as suas prioridades, não se esquecendo de nenhuma área de sua vida: profissional, relacionamentos, momentos de diversão e o tripé fundamental – corpo, mente e espírito.
- **Inicie seu dia com uma lista de tarefas** e foque nas atividades mais importantes (se possível, realize-a logo pela manhã); falo nas minhas palestras que sempre que acordo, visualizo os meus três realizáveis do dia, as atividades que trarão os maiores resultados.
- **Tenha o controle sobre as redes sociais**, em outras palavras, defina os horários do dia em que irá atualizar ou olhar as redes sociais, não deixando que ela se torne um ladrão do seu tempo.

Eu tomei a decisão de mudar e precisei aprender a poupar...

Você é o resultado das suas transformações!

Como já mencionei anteriormente, precisei buscar conhecimento para definitivamente arrumar minha vida financeira. E foi por meio dos livros, mas principalmente da atitude de colocar em prática as informações aprendidas, que me fez passar de um super endividado para um investidor.

Criei a minha própria metodologia, apliquei em minha vida e hoje ajudo as pessoas a também alcançarem o equilíbrio em todas as áreas da vida com o Programa de Aprendizagem Contínua Kaizen. Compartilho três passos básicos para você iniciar sua jornada em busca do sucesso financeiro:

- **Simplicidade**: viva uma vida abaixo de seus ganhos, ou seja, gaste menos do que você ganha – sei que parece óbvio, mas por ser tão claro, as pessoas esquecem; faça um controle semanal, tendo a consciência de quanto é sua receita e suas despesas mensais.
- **Busque ter uma renda extra** para criar sua reserva financeira, pense em suas habilidades e transforme-as em uma forma de renda que te ajudará a ter uma vida financeira abundante.
- **Envolva sua família nas decisões sobre o orçamento doméstico**, pois serão eles que colocarão em prática. Aumente o engajamento, ouvindo suas ideias.

Eu tomei a decisão de mudar e sou grato por isso...

Você é o resultado de sua fé!

Agradeça todos os dias pelas coisas boas que lhe acontecem.

Seja grato pelo que você tem, e não ingrato por tudo que gostaria de ter.

Todos os dias, antes de dormir, pegue papel e caneta e anote três coisas boas que te aconteceram naquele dia, completando com o porquê você é grato por aquilo. Em poucas semanas, seu nível de gratidão aumentará e, por consequência, seu nível de felicidade.

Você é o resultado de suas atitudes!

Meu legado é ajudar você a criar consciência de que a mudança que você espera no mundo se inicia em você!

Meu legado é ser exemplo vivo de que você pode fazer a diferença na sua vida, pois você é o resultado de suas escolhas.

E você? Qual é o seu legado?

Escolha continuar sua jornada de transformação, escrevendo as páginas de sua vida e deixando um legado para as próximas gerações!

23

MEU LEGADO DE AMOR, FÉ E PERSISTÊNCIA

Há quatro necessidades básicas na vida de qualquer pessoa: viver, amar, aprender e deixar um legado. Contarei, nas próximas páginas, um pouco do que já vivi e o que me fez me tornar a pessoa que tento ser a cada dia da minha vida. Posso pensar que em muitos momentos tive vontade de desistir, de parar de tentar e de só viver o que minha história me levava a viver, mas resisti e estou aqui para contar a vocês.

NATANI GOMES FEIJÃO

Natani Gomes Feijão

Contatos
nanafeijao@gmail.com
Instagram: @natanifeijao / @amaeexecutiva
LinkedIn : www.linkedin.com/in/natanifeijao
11 94801 6109

Natani Gomes Feijão (39), executiva da área de Compras e *Facilities* com mais de 20 anos de experiência, tentando ser mãe do Alexandre e filha do meio de uma família de seis filhos. Formada em Letras pela UNISA e em Relações Internacionais pela UNIBERO, possui MBA em Gestão de Compras, pelo INBRASC – Live University, com sólida experiência em Compras, *Compliance* e *Facilities*, com foco em Gestão de Equipes e Negociação. Fala fluentemente espanhol, inglês e é apaixonada pela língua francesa. Já fez trabalhos voluntários de contação de histórias para crianças e idosos. Em 2020, foi mentora do Programa Púlsar, na Fundação Everis (agora NTT Foundation); espera continuar esse trabalho lindo de troca de experiências e evolução com jovens mulheres. Atualmente, trabalha em uma multinacional japonesa como *Head* de *Procurement & Facilities* com atuação local e internacional e uma equipe diversa e inclusiva. Apaixonada pela vida de mãe e trabalhadora, sempre guiada pelo amor, fé em Deus e nos Orixás.

Aos 39 anos, penso na trajetória que me trouxe até aqui, pensar em como as dificuldades me fizeram mais forte e os valores me ajudaram a superar e seguir sempre em frente. Não tive uma vida fácil, passei por adversidades, se assim posso chamar. Logo cedo, quando na véspera de meu aniversário de cinco anos, minha mãe nos deixou e fomos morar com meu pai e sua nova esposa, eu era muito nova para entender tudo aquilo e isso me abalou, ela era a minha parceira, em quem eu mais acreditava no mundo. Desde então, nunca mais a vi. Para minhas irmãs e eu, aquela decisão da minha mãe iria nos afetar pelo resto da vida.

Criada por um cearense trabalhador, ele fez o impossível para ser um bom pai. Mesmo severo, exigente comigo, sempre ensinou que o "alheio não compensa", ou seja, o que era dos outros não nos pertencia e nunca deveríamos roubar ou tentar tirar alguma vantagem sobre outra pessoa. Posso dizer que ele nunca roubou um pão para nos alimentar, mesmo que nunca tivéssemos luxo, nunca nos faltou nada, nem alimento, educação, bons princípios, bons modos e um teto para morar. Com ele, aprendi a honestidade.

Sendo segunda filha, eu "meio" que sempre tive de sobreviver, parafraseando meus pais, nunca dei trabalho, afinal, nem tive tempo para isso. Aos 12 anos, tive que ajudar meu pai "vendendo almoços para comprar a janta", literalmente, fui ajudá-lo na cozinha, com uma responsabilidade enorme, algum tempo depois tive que aprender a cozinhar para fazer o almoço do restaurante. Eu sempre fui tímida na adolescência, mas trabalhar com ele me ajudou a desenvolver uma habilidade que eu não tinha, a comunicação. Nessa época que tive meu primeiro contato com outras pessoas e me soltei, foi uma época boa, mas eu precisava de mais. As dificuldades tentavam me atrasar, eu era uma pessoa calada, introvertida, sempre buscando por aprovação em tudo o que fazia, mas nada era suficiente. Ser criada dessa forma fez com que minha confiança ficasse abalada. Por muitas vezes duvidei de mim mesma, tinha momentos em que eu só queria sair correndo daquela vida vazia e medíocre, pois se meu pai não confiava em mim, quem iria confiar?

No dia do meu aniversário de 14 anos, tirei a carteira de trabalho, era minha carta de alforria, minha meta era trabalhar fora. Por sorte, minha irmã mais velha me ajudou nisso. No centro, lembro até hoje do primeiro dia de trabalho, um salário de 80 URVs mensais em uma reveladora de fotos. Aprendi, ao receber meu primeiro salário, a valorizar cada parte do meu esforço. Um tempo depois, a loja faliu, era a modernidade chegando com câmeras digitais, em seguida, encontrei um emprego em uma empresa de manuseio, que envelopava mala direta de uma empresa de cosméticos. Com pouco tempo, ascendi a uma posição melhor na produção e meu esforço foi recompensado ao ser chamada para trabalhar dentro dessa empresa de cosméticos.

Passaram-se três anos daquela época até eu poder pensar em entrar na faculdade de Letras: trabalhava de dia e estudava à noite, mas nem sequer podia pagar a inscrição do vestibular. Nessa mesma época, uma de minhas irmãs estava enfrentando uma dificuldade com drogas, esse vício quase destruiu nossa nova família, meu pai havia se casado novamente – hoje, orgulhosamente, chamo sua esposa de mãe. Dona Fatima, com ela aprendi um valor que carrego sempre no meu coração, com ela aprendi a ser guerreira, a nunca desistir e a ser mulher. Apesar das dificuldades enfrentadas como família, permanecíamos unidos, cresci como profissional e ser humano. Mesmo com pouca idade, sempre tive comigo que resolver o problema era visar resultados de longo prazo, era a melhor forma de resolver o problema quando ele surgia. Aprendi a nunca deixar um erro ou uma dificuldade me abater, a transformar a dificuldade em degrau e sempre dar meu melhor. Um dia, recebi uma correção de uma gerente que carrego até hoje, ela dizia: "Se eu te corrijo, é porque você merece ser corrigida". Com essa lição, aprendi o poder do *feedback* e do *feedforward*.

Nessa época foi quando um anjo me abençoou e foi responsável pela ajuda que me levou à Faculdade de Letras. Na época, foram os cinquenta reais mais bem gastos, um salto gigante, agora eu era universitária, a única ainda naquela família. Eu tinha 17 anos quando entrei na universidade, vi que meu esforço estava sendo traduzido em conhecimento, ser parte de algo, me completava.

Nos anos de 2003 a 2005, tenho um apagão em minhas memórias, acredito que proposital. Estava em um momento mecânico, estava em modo *stand-by*, como se estivesse me preparando para uma nova fase da minha vida. Dessa época, a única coisa que lembro muito bem: fui chamada de "Diaba negra" por uma chefe, ela não estava sendo muito honesta na empresa e eu descobri.

Aquela cena passa até hoje como um filme na minha cabeça, todas as vezes que me deparo com desonestidades, injustiças e preconceitos, me lembro dos valores que me guiam até hoje. Nessa época, parecia estar perdida e fui trabalhar em uma empresa como PJ (pessoa jurídica).

Na mesma época, meu pai foi morar em Rio Claro, agora com sua terceira companheira. Lembro-me bem que ele não havia deixado sequer um copo plástico para beber água da torneira. A minha irmã caçula vivia com a gente. Ele nos deixou naquela casa somente com nossas camas para dormir. Eu ganhava um pouco melhor, claro, mas sem nenhuma garantia nem benefícios. Então a minha irmã caçula começou a namorar aquele que se tornaria um grande amigo. Já eu estava passando por uma série de relacionamentos ruins até que encontrei o que eu acredito que tenha sido o grande amor da minha vida: ele era 35 anos mais velho do que eu, pai do meu cunhado, viúvo. Fomos apresentados de uma maneira simples, desinteressada, ele era totalmente diferente de mim, me fez conhecer e valorizar ainda mais o que eu pensava que sabia fazer, que é viver. Quando o conheci, a impressão que tive foi que estava sobrevivendo, mas ele se abriu para a vida e para o amor. Por causa dele reforcei ainda mais a minha fortaleza de contexto. Para entender alguém ou alguma situação, é sempre importante conhecer a história, conhecer as origens e tentar entender como foi criado. Convivendo com ele, entendi como ele se tornou a pessoa que é, todas as dificuldades, perdas e decepções fizeram ele se tornar uma pessoa muito dura consigo mesmo. Ele criou seus dois filhos com o tipo de amor que ele conhecia, e esse era o melhor que poderia ter feito.

Nosso relacionamento teve muitos altos e poucos baixos, mas foi em um dos momentos baixos que eu realmente tive medo e até pareceu que as escolhas eram certas, mas eu não tinha ideia do que era certo até conhecer o errado. Por minha culpa, quase destruí uma das estruturas que estava só começando a conhecer: a família, essa que estava prestes a perder, juntamente com a oportunidade de ser mãe. Essa época da minha vida parecia estar perdida novamente, desenganada pelo médico que disse que não poderia nunca ser mãe por motivos de saúde. Estava perdendo tudo ao trabalhar em uma empresa que permaneci por quase cinco anos, um lugar que posso dizer que foi meu melhor MBA. Apesar de me desgastar física e psicologicamente, esse trabalho me trouxe, além de um grande aprendizado, amigos que carrego até hoje. Então me fechei novamente, e a única válvula de escape que conhecia minava todo meu valor financeiro. Nessa época, gastava mais do que ganhava, havia esquecido de valorizar meu esforço, de honrar meus compromissos, e tudo isso com outra faculdade para pagar, aluguel, contas, ajudar minha irmã caçula, honrar meu companheiro. Porém não cheguei ao ponto de querer me destruir, nunca usei drogas, exceto um vício em cigarro, mas cheguei a um ponto em que pensei em tirar a minha própria vida e foi nesse momento que fui salva pela religião, encontrei o Candomblé. Fui resgatada, minha vida voltou aos eixos quando aprendi minha ligação com meus orixás, presentes em minha vida e, quando eu errei, estava traindo a mim mesma e aos meus orixás. Nesse momento, dois dos meus valores foram colocados à prova: fé e amor. Entendi que um não anda sem o outro, que sem amor-próprio as coisas perdem sentido. Fui restaurada, trazida de volta aos meus princípios e valores e, então, minha vida voltou para os eixos, mais focada, buscando resultados para minha vida e um sentido para que eu tenha sobrevivido a tudo isso. Saí daquele emprego que me sugava e fazia com que eu me levasse à autodestruição, encontrei um novo trabalho. Reaprendi algo podado em mim, confiar nas pessoas e em mim mesma. Nesse novo emprego, encontrei as melhores pessoas da minha vida e restaurei uma necessidade importante para qualquer ser humano, a amizade. Reaprendi o que era ter amigos, isso me impulsionou de verdade, transformei em poucos meses muita coisa por lá, era eu novamente, aquela que sempre fez a diferença por onde passava.

 Estava tão em paz que em 2015 tive a maior surpresa da minha vida, estava grávida. Era inacreditável que uma pessoa com a saúde que tinha, lacunas psicológicas ainda em evolução, que ainda nem tinha aprendido a ser filha, agora seria mãe. Em abril de 2016, minha vida mudou, fui abençoada com a criança mais perfeita que Deus poderia preparar para mim, seu nome: Alexandre por ele, crenças limitantes caíram por terra. Era a felicidade batendo na porta. No dia que ele nasceu, prometi que seria a melhor mãe que conseguisse ser. Nesse dia, nasceu a leoa, a guerreira. Nem tudo eram flores, tive uma gravidez difícil, de risco e sem apoio do pai, família, vivendo de favor, mas com a vontade de finalmente ter minha casa própria. O primeiro ano sendo mãe foi muito difícil, essa falta de apoio, chorar no banheiro, depressão, sorrir quando por dentro só queria correr e chorar. Nesse momento, descobri que era hora de resgatar tudo o que havia aprendido naqueles 34 anos. Parece meio tarde para acordar, mas para mim, não era simplesmente virar uma chave, era hora de dar meu melhor por mim e pelo meu bebê. Não estava mais sozinha, a vida dele dependia de mim e, claro, minha vida dependia dele.

 Era o momento de alçar novos voos, melhores condições financeiras e comecei a buscar um novo trabalho. Fui contratada para ser diretora na América Latina, uma oportunidade de fazer o que gosto, utilizando meus valores, princípios, conhecimento e, claro, viajar. Mesmo a trabalho, cada viagem era uma oportunidade de manter viva essa chama de curiosidade, aprender novas culturas, deixar um pedacinho meu em cada canto, fazer novas amizades. Como sempre, nunca são só flores, deixar meu bebê para viajar me partia o coração. Se não fosse pelo apoio da família, não teria conseguido alcançar o que o cargo e a tarefa necessitava e ir mais além. Mas chega a hora em que não é suficiente ser você, pessoas e empresas, algumas vezes, pedem que deixe seus princípios de lado. Era hora de deixar o "cargo", restaurar minhas crenças e partir.

Em seguida, fui contratada para uma posição mais baixa do que a anterior, para liderar uma equipe grande. Ao ser convidada para o processo, quando descobri o nome da empresa, comecei a pesquisar sobre a equipe que estaria lá me esperando. Ao conhecer os perfis, pensei: "Essa vaga tem que ser minha", não pela posição em si, mas pelo desafio de poder colocar em prática tudo o que a vida havia me ensinado. Fui contratada com a missão de ser a *Head* de Compras e Facilities, mas o que eles não contaram foi que eu deveria ser muito mais do que isso, teria que ser uma líder de verdade. Encontrei nesse time as pessoas mais incríveis, com talentos extraordinários, e que só precisavam de amor. Mas não estou falando de amor fraternal, esse amor de que falo no título do meu capítulo é um amor condicional, alinhado à empresa, mas principalmente ligado à estratégia de cada um, pois é impossível ser um tipo de líder só. Quando conhecemos pessoas com limitações parecidas com as minhas, que precisam ser amadas, compreendidas, ajustadas à medida, é necessário ajudá-las a se reencontrar, como fiz comigo muitas vezes, utilizando os meus princípios como guia e logo em plena pandemia de covid-19. Tive que me esforçar muito para conhecer cada um, conhecer seus limites, suas possibilidades e encontrar uma maneira de tocar em cada vida, como liderado e como ser humano, apliquei a cada um estratégias distintas, para provocar o melhor que eles poderiam me entregar – eles se entregaram, cada um ao seu modo – e com a certeza de deixar um legado na vida de cada um.

Escrevo esse final, pensando que tudo o que passamos nessa vida é uma lição aprendida. Seja ela positiva ou negativa, ainda é uma lição. Não existe final quando se fala sobre legados. Deixar um legado vai além de herança e coisas materiais. O mais importante de deixar um legado é saber que durante sua existência você se permitiu viver, amar, aprender e, com certeza, por onde passar, vai deixar um ensinamento.

24

CONECTAR MENTES E ORGANIZAÇÕES EM ALTA PERFORMANCE

Deixar um legado para a humanidade requer resiliência, esforço e determinação. E, acima de tudo, a vontade de agregar. Entender e conhecer nosso propósito de vida torna-se potencializador para que nosso conhecimento e nossas ações perpetuem de pessoa para pessoa, de organização para organização e de geração em geração. Neste capítulo, trago os pilares que permitem fazer com que as conexões de mentes e organizações em alta performance ocorram de forma humanizada e contínua.

REGINA BIGLIA

Regina Biglia

Contatos
regina.biglia@gmail.com
LinkedIn: Regina Biglia
19 99118 5202

Executiva de finanças com vivência 360º em áreas correlatas e em grandes indústrias multinacionais dos segmentos de alumínio, alimentos e bebidas e farmacêutico. Sólida experiência em Governança Corporativa advinda de atuação como auditora em uma das Big 4, *head* de Riscos e Controles Internos e *controller* de *joint venture*. *Coach* executiva e de negócios, com histórico comprovado de sucesso em desenvolvimento de líderes e aumento da maturidade do ambiente de controles de uma organização. Escritora aspirante e difusora de conhecimento por meio de palestras e treinamentos. Empreendedora e idealizadora de plataforma digital no contexto da transformação digital para implementação e gestão de governança corporativa de forma simples e desmistificada.

Desenvolver pessoas e conectar mentes e organizações em alta performance
Identificação e viabilizadores

Tornar consciente o motivo pelo qual vivemos, estudamos, trabalhamos e compartilhamos uma vida inteira ao lado de outros seres humanos é para mim um presente e uma alegria. As dificuldades e desafios enfrentados ao longo da vida impactam as pessoas de forma diferente, mas não deixam de ocorrer para todo e qualquer ser humano. A forma de lidar com eles é o que diferencia uma pessoa de outra e permite trazer clareza sobre por que estamos aqui e o legado que queremos deixar ao mundo.

Depois de muito estudo, trabalho, tropeços, desafios e reerguidas, dediquei horas e esforço à incrível jornada do autoconhecimento. Este é o primeiro passo e, na minha opinião, o mais importante para conseguirmos trazer à consciência os porquês de tudo o que acontece ao nosso redor, deixar de nos vitimizar e de somente enxergar a oportunidade que existe em nós mesmos, em uma visão altamenta autocrítica, para então viabilizar a potencialização de nossos talentos.

O autoconhecimento traz luz ao nosso talento, mas este somente é potencializado quando andamos de mãos dadas com a felicidade. Pode parecer piegas e muitas vezes criticado por grandes intelectuais quando associamos grandes feitos com a felicidade. Agora pergunto-lhe, você de fato consegue entregar o seu melhor quando está triste e apequenado, ou quando não tem a capacidade de se autoperdoar?

Dalai Lama, junto com o psiquiatra Dr. Howard Cutler, especialista na ciência da felicidade humana, nos fala em seu livro *A arte da felicidade*, que alcançamos a felicidade por um estado de satisfação permanente, paz interior e bem-estar mais por meio de nosso estado mental do que pelos acontecimentos externos. É importante desenvolvermos recursos internos e mentais de como lidar com os sofrimentos usuais da vida e termos a meta, devidamente sistematizada, de buscar a felicidade independente dos acontecimentos.

A psicologia positiva, uma linha de atuação relativamente nova na ciência da saúde mental, instituida após estudos e comprovações científicas pelo professor Dr. Martin Seligman, também demonstra que a felicidade é o que faz o ser humano florescer em todas as esferas de sua vida. Se tiver interesse em estudar e buscar modelos para facilitar a busca constante para a felicidade, recomendo a leitura de livros como: *Felicidade autêntica* e *Florescer: uma nova compreensão da felicidade e do bem-estar*, ambos de Martin Seligman, ou também um livro fácil e simples que sumariza estes três já citados, que é o *Semeando felicidade*, por Flora Victoria.

Atribuo como pilares fundamentais para construção e efetividade da entrega do meu legado a associação do processo de autoconhecimento, minha jornada pessoal, acadêmica e profissional, minhas atitudes comportamentais de humildade de buscar opiniões de outros, escuta ativa e curiosidade, juntamente com a decisão de colocar a felicidade como a minha principal meta e objetivo de vida.

Didática e interesse genuíno no outro

Na minha vida escolar, sempre fui procurada por colegas para ajudar nos estudos, pois conseguiam entender melhor com a minha abordagem de ensino.

Durante minha atuação enquanto auditora, sempre fui selecionada como facilitadora e instrutora de treinamentos técnicos, além de fazer diversas palestras em universidades.

Ao longo de toda a minha carreira, fui reconhecida como uma líder que identificava e desenvolvia talentos e bons profissionais pelo meu dom nato em ensinar e transmitir de forma simples e didática o conteúdo a ser aprendido e aplicado. É uma constante em minha vida as pessoas perguntarem se sou professora. Creio que pelo fato dos meus olhos brilharem quando explico e ensino algo, e por eu fazer de tudo para garantir que todos estejam no mesmo nível de entendimento e com clareza para o que precisa ser atingido. Além disso, sou apaixonada pelos estudos, e mais ainda em poder compartilhar conhecimento para facilitar o dia a dia das pessoas. Não é para menos que fui buscar minha formação enquanto *Coach*.

No final de minha adolescência e início de juventude, fui professora de inglês em escola de idiomas. Neste período, um colega convidou-me para viajar com ele, sua namorada e um europeu da empresa em que ele trabalhava e que estava visitando o Brasil. Este europeu perguntou-me se eu era uma daquelas brasileiras que por conhecer um pouco de inglês já se considerava professora. Eu optei por não responder e deixar para avaliação dele depois de um tempo. Na primeira noite, ele disse que não acreditava que a namorada do meu colega, que pouco conhecia de inglês, conseguia entender o que eu explicava, ainda que em inglês, e a ele não podia entender, mesmo falando devagar. A resposta veio... didática para ensinar.

Gosto de contar esta história, pois situações desconcertantes, engraçadas, ou mesmo esquisitas podem denotar nosso dom em comparação a outros. Portanto, precisamos sempre ficar atentos ao resultado das interações que temos e nunca ignorar o óbvio.

E quando identificar esse dom, empossar-se dele com unhas e dentes para poder identificar ações que o potencializam ao longo do tempo, além de ajudar a identificar como empregá-lo da melhor maneira em sua carreira e subsistência. Isso garantirá que você de fato consiga deixar o seu legado.

Não permita que a frustração de algo que não lhe cabe abafe aquilo que tens de melhor.

Olhar para a diversidade

Em minha vida pessoal, tenho também uma história de diversidade que me faz olhar o ser humano com suas dificuldades e diferenças e avaliar como posso apoiar para que consigam identificar seus talentos e entregarem ao mundo este dom, sabendo lidar com as diferenças, injustiças e dificuldades, o que acontece com qualquer ser humano.

Alguns já ouviram falar sobre distúrbios do aprendizado, outros nunca ouviram, mas já vivenciaram em sua vida escolar colegas que eram criticados por burros e preguiçosos. Hoje em dia, é muito mais comum a clareza e o conhecimento sobre como o aprendizado é diferente para cada tipo de pessoa. Há transtornos de aprendizado decorrentes de dislexia, discalculia, déficit de atenção, autismo, entre outros. Entretanto, isto não define o ser humano e nem mesmo sua capacidade de aprender. Isso somente define a forma como o ser humano aprende, assim como para trazer um talento diferente do comum. Tomar conhecimento dessas situações, vivenciar e ter que aprender como ensinar o outro de forma diferente para que ele não se sinta julgado, diminuido e criticado é uma oportunidade imensa e única, permitindo que a pessoa se sinta realizada enquanto ser humano e profissional. Esse olhar de empatia para com o outro é o que precisamos ter todos os dias, e não somente pela diversidade decorrente de questões físicas, mas também por questões de ideologia. E digo que aplicar isso dentro de casa, com sua família e filhos, é ainda mais lindo e nos enche de orgulho de ver o legado que estamos deixando para o mundo por criar, educar e desenvolver um ser humano que irá prosperar os ensinamentos recebidos na prática. E esse legado eu tenho muita alegria em dizer que estou deixando, ao criar minha amada filha, Beatriz.

Amor pelo conhecimento e pelos negócios

Frente a outra vertente do meu propósito de vida, para ser catalisadora de prosperidade de organizações, busco focar e especializar-me em frentes que trazem impactos e efeitos angulares positivos a toda a organização, que é governança corporativa, liderança em momentos de transformação e gestão da mudança.

A gestão com transparência, ética, responsabilidade e proatividade é o que reflete uma boa governança, permeando todos os pilares de uma organização, seja em pessoas, processos ou tecnologia. E conseguir ter visibilidade de forma simples, ágil, assertiva, com as devidas avaliações de risco e respectivos gerenciamentos, é o coração para que todo o sistema prospere.

Nesse sentido, em parceria com outras executivas de finanças e uma empresa de tecnologia, estamos desenvolvendo uma plataforma de governança corporativa na palma das mãos, alinhada ao conceito da transformação digital. Queremos que esse tema seja dismistificado e com boa experiência do usuário, que empresas de todos os portes entendam que uma boa governança não requer regras complexas e inúmeras, mas algumas diretrizes básicas de alinhamento e gestão de conflitos, código de conduta e um bom gerenciamento de risco. Tal processo tem que ser simples a fim de que seja utilizado por todos e possa gerar relatórios gerenciais sucintos e assertivos, de modo a permitir agilidade e assertividade nas decisões de negócio.

Conclusão

Procuro aplicar no meu dia a dia com meus liderados, pares e demais profissionais de uma empresa, com minha filha e seus amigos, com amigos, *coaches*, *mentees*, ouvintes de minhas palestras e treinamentos, leitores dos capítulos em livros em que participei em coatoria e clientes, por meio de meu talento de sintetizar, ensinar com didática para entendimento de forma simples de conhecimento denso e específico, influenciar e inspirar pessoas a serem empáticas e identificarem suas melhores habilidades para atuarem e entregarem resultados com excelência e empatia, exercer uma liderança humanizada e aproveitar minha curiosidade e adaptabilidade para um olhar aberto às transformações do mundo e do que é necessário para o ser humano prosperar, conseguindo, assim, entregar o meu legado de Conectar Mentes e Organizações em Alta Performance.

Para ilustrar, transcrevo a seguir alguns depoimentos de pessoas e profissionais a quem pude contribuir para desempenharem com excelência suas atribuições e continuarem o legado de desenvolver outros por meio de uma gestão humanizada.

> Dando a clareza devida, quero agradecer por nossas jornadas terem se cruzado, pela forma como você impactou na construção da minha base profissional e no meu desenvolvimento pessoal. Pelo quanto me ajudou, sempre dando oportunidades (muitas!), ensinando, apoiando, guiando e confiando! Pelo exemplo de determinação, dedicação, de luta! Pelos momentos de aconselhamento, de reflexão, de orientação! Pelo exemplo: aprendi na prática o que é ser um líder... fazer pelas pessoas e para as pessoas.
> (FABRÍCIO GOMES, diretor de auditoria interna Magazine Luiza)

> Por pouco mais de dois anos, tive o prazer de ter a Regina como minha gestora direta. E posso dizer que ela não deixou um, mas vários legados. O de não aceitar o não como primeira resposta. Sempre questionar, pensar além, buscar mais, fazer mais. Entender que o mais simples é frequentemente o melhor, que não é preciso complicar para entregar o excepcional. E acredito que o legado mais importante que ela deixou, sua maior marca, seja a valorização da pessoa. Valorizar seu time, seus pares, seus superiores. Valorizar o ser humano. Construir relacionamentos verdadeiros. Impulsionar carreiras. Regina fez questão de frisar que esse é o maior legado que um gestor poderia deixar e, com certeza, foi o que ela deixou junto a tantas outras maravilhosas coisas.
> (FABIOLLA CARO, *head* do CSC Burguer King)

> Foi uma honra trabalhar com a Regina. Extremamente dedicada, respeitosa, inteligente, sabe lidar com o cliente e com a equipe. Por meio de sua liderança, permite o empoderamento de cada um, sabendo respeitar as respectivas individualidades. Aprendi com ela a não somente entender a técnica e a legislação contábil, mas como agregar valor para o negócio.
> (FERNANDA CALAIS, *head* R2R CSC Johnson & Johnson em Praga)

Quando penso em legado e Regina, a primeira coisa que me vem à mente é construção de CONFIANÇA enquanto alicerce do relacionamento e entrega de qualidade. Nem sempre temos isso para cima, mas o que cabe a mim é levar esse alicerce para meus times, e tenho sido reconhecida por isto.
(FERNANDA GARRIDO, gerente de melhoria contínua em controladoria na PepsiCo)

A Regina apoiou-me no processo de entender meus medos e dificuldades e, com compreensão e clareza, tomar decisões assertivas.
(LUCAS BRIGATTO, sócio na Ethimos Investimentos)

A Regina me incentivou a ter a coragem para ver o mundo de outra maneira, potencializando meus pontos fortes e neutralizando os fracos! Me ensinou a arte do autoconhecimento de maneira empática, solidária e cheia de amor, compartilhando seu conhecimento! Ela é inspiradora, não somente na área profissional, onde exala competência, mas também uma pessoa cheia de luz que tem o dom de ajudar o próximo a se encontrar, e faz isso de modo impecável.
(LAUREN BANDONI, coordenadora administrativa e empreendedora social)

Conheci a Regina em 2018, eu acabara de iniciar como colaboradora em sua equipe. Talvez ela não saiba, mas três meses antes eu havia desistido de atuar na área de finanças devido a situações de machismo que eu convivi e sofri em outras experiências. Ela me acolheu de uma forma incrível e me disse com todo o carinho que se eu fizesse por onde, eu teria grandes oportunidades. Depois disso, juntamente com minha inspiração por ela, eu voltei a amar Finanças e entender que mulheres têm e devem ter seus espaços e cargos nessas áreas. De fato, eu fui reconhecida, amadurecida, treinada e desenvolvida. Hoje, meu amor por Finanças foi restaurado por toda a representatividade e legado que a Regina deixou.
(BRUNA GOMES, analista sênior de FP&A na Page Group)

25

SOU UM MILAGRE!

A vida é um dom de Deus. É o presente mais lindo que Ele deu a cada um de nós. Por isso é preciso vivê-la intensamente. Às vezes, temos vontade de desistir diante dos obstáculos. Entretanto eles não podem ser encarados como pedra de tropeço, mas como degraus para alcançarmos o próximo nível. Essa é uma história de superações em série. O seu início por si só já é um verdadeiro milagre.

RENATA GOLDFELD

Renata Goldfeld

Contatos
www.renatagoldfeld.com
renatagoldfeld@gmail.com
YouTube: Renata Goldfeld
Instagram: @rehgoldfeld
62 98137 2227

Apaixonada pela mente humana desde criança, me formei em Psicologia muito jovem. Queria continuar fazendo o que fazia desde criança, instintivamente. Após participar de vários congressos e fazer alguns estágios, optei por exercer a Psicologia Clínica. Fiz especialização em Atendimento Sistêmico de Família, uma abordagem que visa compreender o funcionamento da família dentro dos diversos sistemas e subsistemas. Trabalhei também na Psicologia Organizacional, selecionando pessoas e acompanhando seu desenvolvimento nas empresas. Sou palestrante. Motivo pessoas a buscarem seu desenvolvimento pessoal, por meio do autoconhecimento e aumento da autoestima. Em uma outra linha de palestras, trabalho os diversos tipos de ansiedade, suas causas e consequências, bem como ferramentas para melhor combatê-la. Há algum tempo, realizei outro sonho, me tornando coautora do livro *Improváveis, a ação muda tudo*. Depois do *Meu legado.com*, tenho um projeto de escrever um livro solo.

Sou a terceira filha de um casal jovem. Ou seria a primeira?
Permita-me explicar melhor essa história.
Amigos desde criança, meus pais se casaram muito jovens.
Dois anos depois, recebiam a notícia da chegada do primogênito.
Como pais de "primeira viagem" e jovens, viveram esse período com muita alegria, mas também com ansiedade e insegurança.
Janeiro chegou! Um novo início, e a oportunidade de fazer coisas novas. Um ano de grandes mudanças, já que o nascimento do bebê se aproximava.
Mas não foi bem assim!
Oito dias depois, eles receberam a notícia que esse filho não chegaria mais.
Minha mãe teve pré-eclâmpsia. Uma complicação da gravidez que pode trazer consequências graves para o bebê, e até mesmo levá-lo a morte.
E foi assim que minha mãe deu à luz a uma bebê já sem vida.
Não foram dias fáceis, mas poucos meses depois, uma nova vida se formava no ventre da minha mãe.
A segunda gestação foi bem tranquila. Festas de final de ano se aproximando e a ansiedade aumentando, pois finalmente conheceriam o bebê.
No dia oito de janeiro, minha mãe dava à luz a mais uma bebê sem vida.
Vivenciaram a mesma dor exatamente um ano depois.
Minha mãe havia tomado um choque elétrico na noite de Natal. A bebê não resistiu e veio a óbito dias depois.
Mais uma vez superaram, e a vida seguiu em frente.
Já haviam se passado dois "janeiros", quando descobriram que Deus mais uma vez havia os abençoado com uma nova gravidez.
Provavelmente, o bebê chegaria na primeira semana de fevereiro, e teriam que passar pelo "oito de Janeiro" mais uma vez.
Janeiro chegou e nada aconteceu.
Tudo indicava que dessa vez o sonho se tornaria real.

A alegria foi tão grande que minha mãe decidiu que durante um ano todinho o bebê se vestiria só de branco e que consagrariam a vida dele a Jesus o quanto antes.

O carnaval se aproximava e fevereiro já ia longe. A angústia e preocupação já se faziam presentes. Não é possível que aconteceria novamente.

Como a gestação já estava a termo, eles optaram pela cesárea para não correr riscos.

Nasci numa segunda-feira de carnaval, no ano de 1969. Ou melhor, renasci. Estava com o cordão umbilical enrolado no meu pescoço e na minha axila.

Sou um milagre!

Se eu tivesse tentado vir ao mundo pelo meio normal, provavelmente teria tido o mesmo fim das minhas irmãs. Teria sido degolada.

Porém, cheguei chegando! Renata! Renascida!

Apaixonada pelo meu nome, mesmo quando nem entendia a profundidade do seu significado na minha vida.

Já no meu nascimento, experimentei o zelo e o amor de Deus por mim e pela minha família.

Finalmente, meus pais puderam levar o tão sonhado bebê para casa. Mas antes, uma "parada obrigatória".

Antes mesmo de conhecer minha casa, fiz minha primeira visita a Jesus. Foi um momento de forte emoção. Meus pais me consagraram a Ele, e, desde então, Jesus tem governado minha vida.

Acredito que nem eles imaginavam as benevolências que receberíamos depois daquele gesto.

Sempre fui uma criança meiga e feliz, dona de um olhar profundo, desde que era bebê e usava roupas brancas.

Gostava de brincar com outras crianças e, quando não as tinha por perto, brincava com uma "amiguinha imaginária".

Sempre pacificadora, era enganada nas brincadeiras e partilhas, mas não me importava.

Habitualmente, era eu a criança que aconselhava e ajudava as outras a resolverem seus problemas.

Assim, aprendi que a paz e o amor precedem a razão.

Meu primeiro trauma aconteceu quando eu ainda era bem pequena. Perdi meus primeiros dentes, e assim fiquei até nascerem os permanentes. Isso me trouxe prejuízo na fala e me tornei alvo fácil para o famoso *bullying*.

Tive uma infância muito feliz!

Meus avós moravam em uma viela onde todos eram muitos amigos, e quando a criançada se juntava, era uma festa.

Ainda tinha a chácara do Vovô Landeco, onde passei vários finais de semana e férias na companhia de primos queridos. Ô, época boa!

É verdade que nunca fui uma criança muito rápida.

Levei umas boas palmadas para aprender a andar de bicicleta e a pular corda. Nas brincadeiras, sempre era a última a ser escolhida, quando era.

Já sabia o que era ser excluída e quais as consequências dessa exclusão.

Na escola, era bastante estudiosa e sempre gostei muito de escrever. Meus textos constantemente se destacavam e ali surgia uma escritora.

Depois que completei meus sete anos, meus pais se separaram. Eu já tinha uma irmã, que também teve suas peculiaridades para nascer.

A separação dos meus pais foi algo marcante na minha vida. Presenciei discussões pesadas entre eles.

Numa delas, meu pai saiu de casa, deixando um grande vazio em mim. Mas isso não afetou nosso relacionamento. Até hoje é um paizão, sempre presente na vida dos filhos e um grande amigo da minha mãe.

Enfim chegou a adolescência.

"Agora você é uma mocinha!"

O que eu faço com isso mesmo? Uma fase com tantas mudanças! Físicas, emocionais, mentais.

Em certos momentos, achamo-nos tão responsáveis! Em outros, tão incapazes.

Curti muito essa fase da minha vida. Mas sempre com muita responsabilidade e sem extravagâncias.

Vivi tudo intensamente. Sou intensa em tudo o que faço.

Foi na minha adolescência que senti pela primeira vez a dor de perder pessoas tão importantes e amadas.

Ali compreendi que não podemos simplesmente passar pela vida. Precisamos viver abundantemente.

Precisamos marcar nossa história, ou melhor, é preciso fazer história, deixar um legado para todos aqueles que virão depois.

Interessante que tudo na adolescência é muito rápido. Quando menos me dei conta, estava entrando na faculdade. Como era difícil escolher uma profissão! Algo que mudaria a vida para sempre.

Minha paixão pela mente humana, aliada à minha eterna predisposição em conversar e motivar as pessoas, me levou a escolher a Psicologia como profissão.

Agora era tempo de me dedicar ainda mais.

Estudei demais! Foram inúmeras noites em claro.

Fiz vários estágios e congressos.

É muito bom quando nos encontramos naquilo que escolhemos.

Paralelamente à Psicologia, iniciei meus estudos no curso de Economia, já que meu pai era empresário e me sentia pressionada em ajudá-lo.

Foram tempos muito loucos!

Dois cursos superiores que não se relacionavam, estágios, congressos, e ainda me vi obrigada a trabalhar na empresa.

Humanamente, era impossível dar conta de tudo. Tornei-me uma pessoa extremamente ativa.

Nos anos finais da faculdade, reencontrei meu primeiro namorado, e passamos a ter um relacionamento mais sério; logo depois, decidimos que era hora de dar um passo maior na nossa vida.

Meses depois, me formei em Psicologia. Economia, nunca cheguei ao fim. Faltou apenas uma matéria, que fiz algumas vezes.

Penso que o professor iria sentir muitas saudades de mim se me aprovasse, por isso abandonei o curso.

Porém, esse abandono não me fez muito bem, pois sou uma pessoa muito exigente comigo mesma.

Foi muito frustrante saber que falhei, não por incapacidade, mas por alguém se tornar um obstáculo na realização do meu objetivo.

Um grande ensinamento: faça o seu melhor sempre. Dedique-se sobremaneira a tudo o que você se propuser a fazer. E desfrute daquilo que você alcançar com seu esforço. Nunca crie expectativas!

Comemore as pequenas vitórias. Às vezes, focamos em algo tão grandioso que não percebemos os pequenos milagres que recebemos de Deus todos os dias.

Era hora de começar a planejar o casamento. Um outro sonho se realizaria. E tudo foi preparado com muito amor, carinho e dedicação.

Por aquela ocasião, eu já tinha uma relação muito próxima a Deus e, portanto, tinha certeza do passo que estava dando. E já se vão 29 anos.

Os dias que precederam foram bastante angustiantes.

Um sentimento ambíguo de pura felicidade e gratidão a Deus, mas, ao mesmo tempo, uma tristeza profunda por deixar o ninho.

Deixar a convivência diária com minha mãe, minha melhor amiga, meu exemplo de fé, luta, amor, perseverança, doação incondicional. Deixar a minha zona de conforto e partir para algo totalmente desconhecido.

Minha mãe sempre foi meu exemplo. Trabalhava fora, era extremamente empenhada, mas a sua dedicação total era com a casa e com as filhas. Embora meu pai sempre foi muito presente, ela exercia o famoso papel de "pãe". E cumpriu tudo com extrema maestria.

Mas, enfim era chegado o momento que eu caminharia com minhas próprias pernas.

Os dias depois ao casamento foram bastante instáveis. Era hora de readaptações. Meus dias não seriam só meus, mas divididos com outra pessoa para o resto da minha vida.

Foi preciso ir muito além da sabedoria humana.

Nessa hora, é preciso ir em busca da sabedoria do alto, colocar-se diante de Deus. Ele é a resposta.

Os sonhos de Deus são maiores do que os meus e não faço nada nessa vida sem escutá-Lo.

Com o passar do tempo, sentimos que era hora de aumentar a família. Como sonhávamos em nos tornar pai e mãe!

Mas nada nessa vida é fácil.

Tentamos por anos seguidos e todo mês era uma decepção.

Foi preciso buscar ajuda médica.

Mas não havia nada que impedia a gravidez.

Então, decidimos partir para fertilizações artificiais. Processo bastante doloroso emocionalmente, fisicamente e financeiramente.

Entretanto, se não for a hora de Deus, não adianta. Tentamos duas vezes e não obtivemos êxito.

Muito desapontados, resolvemos viajar, descansar. O futuro a Deus pertence.

Para nossa surpresa, quando chegamos de viagem, notamos que algumas coisas estavam diferentes.

O tão sonhado "positivo" tinha chegado. Finalmente teríamos o nosso bebê.

Gustavo foi tão desejado que, no dia do seu nascimento, vários familiares se aglomeravam na sala de espera da maternidade. Quando ele chorou, a sensação foi que estávamos em um estádio em final de copa do mundo.

Após alguns meses, começamos a observar que seu desenvolvimento era mais lento do que o das primas de mesma idade. As meninas já estavam querendo engatinhar e ele mal sustentava o pescoço.

Após inúmeros exames e avaliações, sem ter nenhum diagnóstico, descobrimos que Deus nos amava tanto que nos enviou um daqueles seres especiais.

Provavelmente ele teria um desenvolvimento mais lento, com possíveis limitações.

E assim aconteceu. O atraso no desenvolvimento motor ocasionou um jeito característico de se locomover e uma dificuldade acentuada na fala.

Contudo, a limitação está no olhar do outro e não em você.

Gustavo é um grande homem!

Totalmente independente, feliz, inteligente. É um exemplo de vida para todos. Por meio de seu abraço, sorriso e olhar, catequisa jovens, mostrando que o amor tudo pode.

Não existe barreira que ele não consiga transpor.

Quatro anos depois, fomos agraciados com uma nova gravidez.

Não esperávamos e nem estava no nosso planejamento para aquele ano.

Porém, quando entregamos verdadeiramente nossa vida a Deus, os planos não são nossos, mas Dele.

Minha doce menina chegou nas águas de março. Como a mãe, Jordana chegou mostrando ao mundo para o que veio.

Seus olhos amendoados já conseguiam expressar a força daquela guerreira.

Como grande parte dos bebês, teve icterícia. Aquela doença que deixa os bebês amarelinhos. Mas a dela durou tempo demais. E tal fato indicava que algo não ia bem.

Com poucos dias de vida, descobrimos que, mais uma vez, Deus nos presenteava com uma vencedora.

Ela teve atresia das vias biliares, doença que não deixa o fígado se desenvolver. Todos os seus canais biliares eram atrofiados. Com apenas dois meses de vida, passou por sua primeira cirurgia e, com nove meses de idade, foi submetida a um transplante.

Como o caso era extremamente grave, foi preciso encontrar alguém compatível para doar parte do seu fígado para ela.

E, mais uma vez, a graça de Deus se manifestou por meio de um primo com apenas 22 anos de idade e um coração cheio de amor pelo próximo.

Era preciso correr contra o tempo, pois ela não resistiria por muitos dias mais.

Acredito ter sido o dia mais difícil da minha vida! Todavia, após longas 12 horas, pudemos mais uma vez presenciar um milagre!

Jordana é uma moça linda, dócil, extremamente responsável, alegre, intensa e sempre disposta a ajudar o seu próximo. Tem um coração enorme e uma missão grandiosa aqui na Terra.

Certamente terá muito êxito na vida!

Mas os desafios da vida não pararam por aí...

Oito anos atrás, recebi uma notícia nada animadora. Descobri que eu era portadora de um câncer raro na mama.

Seria preciso cirurgia e tratamento quimioterápico. E tinha que dar certo, pois o tipo do meu câncer não era sensível a hormônios, então não teria como entrar com medicação para ajudar no tratamento.

Foi um tratamento longo e doloroso.

Diferentemente daquela criança frágil, mole e cheia de medos, encarei mais esse presente com muita fé e determinação.

Nunca reclamei de nada. Encarei tudo com muita bravura.

Aliás, a resiliência sempre foi uma característica muito forte em mim.

Atravessar os desafios com fé, força, coragem e sobretudo com o coração cheio de amor e gratidão.

Estar sempre disposta a entender e ajudar o próximo, muitas vezes, guardando minhas dores para ajudá-lo a cuidar das suas.

Ser misericordiosa, como Jesus foi.

Isso faz parte dos meus valores e é o que eu procuro transmitir.

Faça o seu melhor! Sempre! Entregue uma poção de amor todos os dias da sua vida.

Faça tudo de coração, sem esperar nada em troca.

Deus é justo, fiel e benevolente. Ele mesmo te recompensará. Sou um milagre!

UM CONVITE À REFLEXÃO SOBRE O SEU LEGADO

O que levamos dessa vida? Geralmente, essa reflexão ocorre nos últimos momentos e a resposta é: nada! E se invertêssemos a pergunta e o *timing* da reflexão? O que deixamos nessa vida? Qual é, ou qual foi, o nosso propósito até aqui? Peço licença para contar um pouco sobre minha história e meu propósito em vida para, quem sabe, te inspirar a refletir sobre o seu.

RENATO POSSANCINI

Renato Possancini

Contatos
rpossancini@hotmail.com
LinkedIn: linkedin.com/in/renato-possancini
Instagran: renatopossancini
11 95061 2850

Graduado em Administração de Empresas pela Universidade Paulista, MBA em Gestão Empresarial pela FGV (Fundação Getulio Vargas), especialização em Controladoria e Finanças pela FIPECAFI USP e Geração de Valor através de Fusões e Aquisições pela Kellogg School of Management em Chicago. Profissional da área financeira, com mais de 25 anos de experiência em empresas multinacionais dentro e fora do Brasil. Pai de uma filha maravilhosa, esposo de uma mulher espetacular que sempre acreditou no meu potencial – meu porto seguro, a quem recorro sempre, nos bons e nos maus momentos – e apaixonado por esportes de areia.

Algumas pessoas vivem para construir impérios; outras sobrevivem sem perspectiva, muitas vezes impostas pela vida, outras, pela sua própria característica, terceirizando a culpa ou sendo minimalista, contentando-se com o que o "universo" lhe promove e se questionando do porquê.

O que vou lhes contar aqui não é um conto de fadas, tampouco tem final feliz, até porque não existe o fim até que ele realmente chegue. Quero refletir com você sobre o que você tem feito da sua vida, qual é o seu legado.

Termino esse capítulo no ano em que completo 45 anos. E o que sempre me pergunto é: **O que me trouxe até aqui?** O que eu fiz? Quais foram minhas escolhas? As certas, as erradas, que, de certa forma, me trouxeram até aqui. Como pautei minhas escolhas? Qual foi a mais assertiva? A mais equivocada? Uma coisa é certa, pautei todas alinhadas com o meu propósito de vida.

Acredito que devemos acordar todo dia com um propósito. Pare um minuto e reflita, o que te faz levantar da cama? No meu caso, a vontade de vencer, ser alguém na vida, fazer a diferença, ser lembrado como alguém que deixou um legado e fez acontecer.

Pode parecer clichê, mas nunca tive preguiça de levantar-me da cama na segunda-feira. Todo domingo antes de dormir, costumo refletir sobre o que tenho que fazer na semana, arquitetando e planejando meus compromissos pessoais e profissionais, mas confesso, às vezes, isso não é tão bom porque se tenho uma semana complicada pela frente, perco o sono.

Venho de uma família bastante humilde, dizem que a memória do ser humano é mais forte após os cinco anos, mas me lembro de muitas coisas de quando tinha menos.

Lembro-me do esforço da minha mãe em manter a casa. Ela saía todo dia para trabalhar e eu ficava boa parte do tempo com minha avó e minha tia. Ela estava sempre preocupada com o futuro e sempre batalhou muito para nos proporcionar uma vida melhor, mesmo que sem muitos confortos.

Creio que essa é a minha primeira referência de quem eu queria ser na vida. Alguém como minha mãe, determinada, trabalhadora e vencedora.

Quando completei 5 anos, minha irmã nasceu; com sua chegada, uma carga de responsabilidade maior ainda em cima da minha mãe e também de mim, que, aos 8 anos, já era responsável por cuidar dela depois da escola.

Uma das maiores preocupações da minha mãe foi com os estudos. Morávamos na periferia de São Paulo e o colégio público naquela época não era uma boa referência. Então, apesar de uma vida difícil e restrita, os estudos sempre foram uma prioridade em casa. Desta forma, toda a minha base escolar foi construída no Colégio Adventista.

Ao contrário da minha mãe, meu pai já não se preocupava com nada e sempre foi uma incógnita para mim. Questiono-me, qual é o propósito dele nessa vida? Ele sempre foi uma pessoa muito ausente, e é até hoje.

Daí, minha segunda referência, mas dessa vez de quem eu não quero ser na vida. Naquela idade, eu já sabia que, se um dia fosse pai, eu seria o oposto do meu.

Quando estava no oitavo ano do fundamental, minha mãe nos comunicou que a empresa em que ela trabalhava iria fechar as portas em São Paulo, transferindo-se para o interior. Com isso, ela não conseguiria mais pagar as duas mensalidades da escola, mas que ela daria um jeito. E deu. Conseguiu uma bolsa de estudos para mim, em troca, eu trabalharia no colégio para pagar meus estudos.

Então, aos 11 anos, eu estava trabalhando, responsável pela limpeza do pátio, banheiros e apoio na cantina nos intervalos das classes. De lá para cá, nunca mais soube o que é não trabalhar.

Sentia-me responsável e orgulhoso de poder ajudar minha mãe a continuar pagando o colégio para minha irmã.

Formei-me, e o colégio não tinha, até então, o "segundo grau", hoje conhecido como ensino médio. Então, fui buscar outra bolsa em outro colégio para poder seguir com meus estudos e consegui.

Pela minha "experiência" anterior, fui ser "controlador de acesso" do prédio onde ficava o "primário" e responsável pela limpeza e organização do pátio e dos banheiros mais uma vez.

Nesta época, acredito que tomei minha primeira decisão equivocada, de cursar o ensino médio técnico em química, já que queria ser médico e achava que tinha tudo a ver.

Confesso que nunca fui um aluno "nota 10", não gostava de estudar para as provas. Sempre prestei muita atenção nas aulas e participava ativamente, sendo, para mim, o suficiente para realizar os exames, o que me tornou um aluno "nota 8".

No meu primeiro ano no colégio novo, fui reprovado e acabei perdendo a bolsa de estudos, já que essa era uma das condições do bolsista. Eu acredito que foi reflexo das matérias "mais técnicas" e do trabalho no período da tarde. Minha primeira grande decepção.

Com 13 anos de idade, me vi sem escola, sem "emprego" e pensei "agora lascou, vou ter que ir para o colégio público". Mas me recusava a aceitar isso, então decidi procurar por um emprego de verdade.

E a prova que Deus sempre opera nas nossas vidas: naquela semana, minha mãe foi fazer uns exames e, no laboratório, estavam precisando de um *office boy*. Ela conversou com a dona se eu poderia fazer uma entrevista, e lá fui eu, que até então, jamais tinha saído da periferia para uma entrevista nos Jardins (bairro nobre próximo à Av. Paulista em São Paulo).

Fui contratado. Eu tinha um emprego de verdade, carteira assinada. Responsável por entregar resultados de exames nos consultórios médicos da região.

Em paralelo, com emprego garantido, fui procurar um colégio em que pudesse estudar à noite. Matriculei-me em um colégio técnico em administração e me encontrei na profissão, eu sabia que era aquilo que eu "queria ser quando crescer". Administrador de empresas. Só tinha um problema, meu salário era menor do que o valor da mensalidade do colégio. O que fazer?

Para me locomover de um consultório ao outro, eu recebia vale transporte, e foi aí que eu encontrei a oportunidade de "equilibrar minhas finanças". Realizava todas as entregas a pé e comercializava o vale transporte, complementando, assim, o valor da mensalidade. Engraçado que, mesmo fazendo todo o serviço a pé, eu era sempre elogiado pelos médicos e pela minha chefe sobre a minha pontualidade nas entregas.

Como caminhava muito pela Av. Paulista, sempre via aqueles executivos de terno e gravata e pensava comigo mesmo: "um dia eu vou andar nessa avenida igual a esses homens". E essa foi minha terceira referência de quem eu queria ser, um "executivo da Av. Paulista".

Com o colegial técnico, tive a oportunidade de concorrer a uma vaga de estágio e passei. Vocês não imaginam a cara da minha mãe quando disse que iria pedir as contas para ser estagiário. Me lembro exatamente das suas palavras: "filho você vai trocar um emprego de carteira assinada para ser estagiário?", e eu disse: "vou, faz parte dos meus planos de vida, mãe".

Naquela época, valorizava-se muito o emprego com carteira assinada, mas eu pensava: se quero ser um executivo, não é sendo *office boy* que vai me gabaritar a isso. E essa foi minha segunda e assertiva grande decisão na vida.

Quando cheguei para pedir as contas, ninguém aceitava que eu saísse, fui conversar pessoalmente com os donos para explicar meus motivos e, naquele dia, recebi meu primeiro grande *feedback,* de que eu estava no caminho certo. Eu deixei minha marca no meu primeiro emprego.

E assim foi até a conclusão do colegial, dois anos como estagiário da Caixa Econômica Federal. Quando me formei, automaticamente meu contrato de estágio se encerrou. Prestei vestibular para Administração de empresas e passei. Só que, mais uma vez, como é que eu iria pagar as mensalidades se não tinha emprego?

A segunda prova de que estava no caminho certo e construindo meu legado aconteceu quando os funcionários da agência em que trabalhava "estenderam meu contrato" por três meses, fazendo uma "vaquinha" entre eles e pagando meu salário até que eu encontrasse um emprego. Em contrapartida, eu os ajudaria naquilo que já fazia anteriormente como estagiário.

Percebi que, por onde passava, eu deixava minha marca. Tinha sido assim no laboratório e agora na CEF.

Durante esses três meses em que estava trabalhando informalmente na agência e procurando emprego, uma vizinha me disse que um amigo estava procurando alguém para trabalhar na área de cobrança de uma pequena empresa de telefonia e que seu filho não gostou da oportunidade e me perguntou se a vaga me interessava, na hora eu disse "sim"! E foi assim que eu voltei a ter minha carteira assinada.

Trabalhei nessa empresa por quase três anos, era longe de casa e ainda estudava à noite na faculdade, dormia cerca de 5 horas/dia. Sempre me perguntando se o que estava fazendo me levaria a ser o "executivo da Av. Paulista".

Foi quando uma prima (que trabalhava em uma indústria química de porte médio) comentou comigo que tinha uma posição de assistente financeiro lá. Fiquei super empolgado, mandei meu CV por ela e consegui a vaga.

Era mais um passo rumo ao meu objetivo. Um escopo de trabalho maior, mais responsabilidade, mais próximo de casa, salário maior, estava no caminho.

Com a rescisão do meu contrato de trabalho anterior, comprei meu primeiro carro. Um Chevette 1977 caindo aos pedaços, minha primeira grande realização. Mas o carro vivia quebrando. Foi aí que minha mãe me ensinou mais uma lição que trago na vida.

Vendo minha situação, ela pegou parte das suas economias e, somado ao meu Chevette, me ajudou a dar entrada em um carro mais novo. Ela queria que eu tivesse responsabilidade e desse valor às minhas conquistas, sendo responsável por pagar as prestações.

E foi trabalhando nessa indústria química que me formei na faculdade.

Certo dia, conversando com um amigo, ele comentou comigo que estava trabalhando em uma empresa multinacional. Pedi a ele para entregar meu CV no RH e, mais uma vez, Deus operou na minha vida. Uma semana depois, fui convidado para uma entrevista e contratado. Agora eu era Analista Financeiro de uma Multinacional, mais um passo rumo ao meu objetivo.

E foi trabalhando nessa empresa que conheci uma pessoa que mudaria minha vida. Meu gerente. Eu admirava o modo como ele liderava sua equipe e resolvia os problemas, procurava me espelhar nele e nas suas ações. Era o exemplo do líder que eu queria ser.

Mas logo ele recebeu um convite para trabalhar em outra empresa e, três meses depois, me ligou com um convite para trabalhar com ele. Não pensei duas vezes e ingressei na empresa que trabalho até hoje (data em que escrevi este capítulo).

E foi nessa empresa que realizei meu sonho, dez anos depois de passar na Av. Paulista entregando exames, lá estava eu, de terno e gravata, indo para uma reunião. Naquele dia, me lembrei de quando era *office boy* e de tudo que vivi até ali, eu havia conseguido. Fiquei uns cinco minutos apreciando o momento e agradecendo a Deus.

Durante mais de dezoito anos na empresa, cresci e aprendi muito como profissional, tive diversos líderes, com os quais sempre busquei aprender, seja nos exemplos bons e nos maus também, para não correr o risco de fazer o mesmo.

Casei-me e realizei o sonho de ser pai e, adivinhem, procuro ser o pai mais presente, o mais amigo, o herói e, até aqui, parece que estou indo bem.

Quando me tornei líder de equipe, me sentia preparado e responsável pela vida dos meus liderados, sempre me preocupei muito com o impacto que minhas ações como líder têm sobre meus liderados e até mesmo sobre suas famílias.

Sempre procuro incentivar as pessoas que trabalham comigo a se desenvolverem para que elas possam crescer e alcançar seus objetivos, e sabe qual é a maior recompensa?

É quando seu liderado vira para você e fala:

- "Obrigado por apostar em mim."
- "Você fez a diferença na minha vida."
- "Você é o melhor chefe que já tive."

E a mais impactante, quando um dos gerentes que trabalhei me disse: "Tem duas escolhas que me orgulho na vida: a primeira, foi dizer sim para minha esposa, e a segunda, por ouvir você".

Minha esposa sempre me questiona: "por que as pessoas gostam tanto de você?" e, de verdade, não sei responder. Só procuro ser um bom marido, um bom pai, um bom amigo, um bom líder, apenas sou o que sou.

Hoje, além de seguir como profissional da iniciativa privada, resolvi empreender. Está sendo uma experiência muito interessante e que, apesar dos desafios diários, é muito gratificante poder fazer algo para meus colaboradores e clientes. Minha nova meta, transformar meu negócio também em um legado.

Vou concluindo aqui, colocando alguns pontos que norteiam a minha vida pessoal e profissional e te convido a praticar também:

- Coloque-se sempre na posição do outro;
- Procure entender o outro lado;
- Descubra qual o propósito por trás;
- Respeite seus colegas e amigos;
- Se não puder ajudar, ajude assim mesmo, descubra como;
- Não perca seu tempo se preocupando "se a grama do vizinho está mais verde", preocupe-se em cultivar a sua;
- Procure deixar a sua marca por onde quer que passe;
- Tenha um objetivo na vida, seja qual for, coloque-o como uma meta a ser alcançada e busque-o!

Você é resultado das suas experiências, viva intensamente cada uma delas, aprenda com seus erros, potencialize os acertos e siga em frente.

27

MEU LEGADO
INSPIRANDO PESSOAS

Legado é aquilo que construímos durante a vida e que, mesmo quando não estivermos mais neste mundo, vai continuar falando por nós. Os seus feitos, nas diversas áreas de atuação, representarão o seu legado, servirão de inspiração para que seus familiares, amigos, colegas de trabalho e a sociedade como um todo possam se lembrar dos seus feitos e neles se inspirar para construírem as suas próprias histórias de sucesso, independentemente da área em que esse objetivo esteja traçado.

RENATO TOSHIHIRO KOTSUKA

Renato Toshihiro Kotsuka

Contatos
renato.kenkopatto@me.com
15 3239 2003 / 15 98120 3333

Casado com Erika Melo Kotsuka, pai de dois filhos, Vinícius e Bruno, e do enteado Renatinho. Graduado em Ciências Contábeis pelas Faculdades Associadas do Ipiranga (FAI), possui especialização em gestão empresarial pela Fundação Armando Alvares Penteado (FAAP). É sócio proprietário no cargo de vice-presidente do grupo Kenko Patto do Brasil; mentor de sua esposa Erika na fundação e Gestão da Empresa Caixas Erika Melkot Ltda.; membro fundador, palestrante e Treinador Silver da Escola de Treinadores Photon Training; fundador e idealizador do Projeto Kenko Patto Jovem, orientando jovens acima de 14 anos para um futuro de Liderança. É Mestre Maçom na Loja União Fraternal – GLESP, presidente do conselho consultivo do Capítulo Jovens Templários de Sorocaba, da Ordem Demolay. Apaixonado pela pescaria esportiva.

Nasci em 19 de dezembro de 1966, em uma fazenda de café chamada Fazenda Mauá, no interior do Estado do Paraná, na cidade de Rondon, com aproximadamente 8.000 habitantes. Neto de imigrantes japoneses, filho de pais brasileiros. Aos 18 anos, decidi ir para São Paulo capital, pois minha família havia perdido tudo em virtude das conhecidas geadas negras da década de 1970, que destruíram toda a plantação de café na fazenda da família, aproximadamente 100.000 pés.

A situação financeira era muito difícil, cheguei em São Paulo no dia 25 de janeiro de 1985, com apenas uma mochila, dinheiro equivalente a R$ 400,00. Fui morar com meu avô materno em uma casa simples de 60 m², onde já morava, além do meu avô viúvo, um tio em cadeira de rodas e uma tia solteira que cuidava de ambos. Depois de três semanas procurando emprego, dezenas de entrevistas sem sucesso e ajudando nas despesas da casa com esse pouco dinheiro, confesso que já passava pela cabeça a possibilidade de voltar para casa sem conseguir o objetivo do primeiro emprego.

Em uma manhã de sábado, minha tia me entrega um recorte de jornal com uma vaga de auxiliar de escritório, pensei comigo mesmo: "esse será o meu emprego", eu senti isso, meu coração acelerou e meus braços se arrepiaram, eu sabia que algo de bom ia acontecer a partir daquele momento.

A vaga era no centro da cidade de São Paulo, cheguei acompanhado da minha tia, pois ainda não sabia andar sozinho de ônibus e metrô, chegamos quase meio-dia, pois minha tia tinha que cuidar do meu avô e do meu tio antes de sairmos. O entrevistador já tinha atendido várias pessoas, já estava se preparando para sair para o almoço, eu era o último e minhas chances eram baixíssimas, ele mal me cumprimentou e ainda de pé abriu minha carteira profissional e perguntou: "você não tem nenhuma experiência? Quem sabe em outra oportunidade!" Olhei fixamente nos seus olhos e disse: "meu senhor, sou paranaense, membro de uma família japonesa, há um mês em São Paulo e não encontro ninguém disposto a me dar uma oportunidade, tenho uma proposta para te fazer, trabalho para você por um mês e se não gostar do meu serviço, não precisa me pagar nada, volto para o Paraná da mesma forma que vim". O nome dele era Rafael, um chileno imigrante, se comoveu com minha fala e disse: "japonês, esteja aqui amanhã às 8:00 horas". Atordoado, saí sem conseguir afirmar para minha tia se tinha conseguido ou não o emprego. Expliquei o que tinha acontecido e ela, sem acreditar naquilo, perguntou como eu iria trabalhar um mês de graça, onde eu arrumaria dinheiro para isso. Contudo, peguei dinheiro emprestado com meu tio e cumpri minha palavra. Duas semanas se passaram e, sem que findasse o primeiro mês, fui efetivado nessa empresa. Unilivros Paulista Livraria Ltda, livraria e papelaria na região central de São Paulo, com quatro lojas. Recebi meu primeiro salário, paguei o empréstimo e iniciei uma carreira profissional e uma amizade com o Rafael, que já somam 36 anos, ele, o chileno, e eu, o japonês.

Findo o primeiro ano de trabalho, saí de férias e fui visitar a minha família em Rondon. Depois de duas semanas, voltei trazendo comigo minhas duas irmãs mais novas, uma de 19 e a outra de 16 anos. Um novo desafio se apresentava, cuidar das meninas e arrumar emprego para ambas. Fomos todos morar na casa do meu avô, que já era pequena para os que ali viviam, imaginem com mais duas moças. Rapidamente estávamos todos trabalhando, então, no segundo semestre de 1986, trouxe meus pais e mais o irmão caçula de 9 anos e, pasmem, fomos todos morar naquela casa do meu avô por algumas semanas até alugarmos uma pequena casa para nossa família. Meu outro irmão, de 21 anos, estava em Brasília no quartel do Exército e, assim que alugamos a casa, ele também se juntou a nós. Todos arrumaram emprego, menos minha mãe e o caçula, dávamos início à nossa história de família e trabalho em São Paulo.

Com um ano de trabalho, já era um encarregado de setor, com dois, assumi totalmente o escritório no lugar do meu chefe. Ele me orientou, ensinou e treinou para que eu pudesse substituí-lo, pois tinha sonhos diferentes profissionalmente. Depois de muito esforço e dedicação, durante mais um ano e meio, reformulei e reestruturei as rotinas administrativas e fiscal da empresa, voltei para a faculdade em curso noturno, ia direto do emprego para a escola, de ônibus chegava em casa por volta da meia noite para sair no dia seguinte às 6:00 da manhã. Aspirando melhores condições de trabalho, consegui uma oportunidade de mudar de emprego, pedi demissão, o que foi recusado por parte da proprietária da empresa, mas, depois de preparar um substituto, em

1988, fui como chefe de departamento pessoal para a Diauto (Distribuidora de Automóveis Vila Paula Ltda.), uma concessionária da marca Volkswagen na cidade de São Caetano do Sul. Depois de dois anos de trabalho e dedicação, prestes a me formar como contabilista, assumi a contabilidade da empresa. Em seguida, como chefe administrativo. Quatro anos se passaram e uma nova concessionária seria construída na cidade de Guarulhos, os filhos dos donos das empresas Diauto e Utivesa que eram primos e sócios seriam os gestores dessa nova empresa. Fui convidado a ir juntos e em três comporíamos a administração do novo empreendimento. O desafio seria a terceira concessionária na qual três jovens iriam administrar, eu e mais os dois filhos dos donos das empresas. O desafio era enorme: tínhamos como objetivo construir uma empresa de mais de 10.000 m² com uma identidade nova, que já atenderia às especificações da marca na Alemanha, pois o projeto da empresa alemã era a transformação de todas as concessionárias a nível Brasil nesse novo modelo e identidade. A mais recente empresa do grupo Nova Geração Veículos Ltda. foi iniciada em 1992, com os três jovens à frente das decisões e gestão do negócio. Em seguida, a inauguração do prédio novo aconteceu com centenas de pessoas vindo conhecer as novas instalações e a nova identidade, com diretores da Volkswagen alemã presentes. Sucesso absoluto: tornou-se a maior empresa do grupo em três anos de atividade. Após o quarto ano, passei a apoiar a outras duas concessionárias, pois nosso sucesso nos capacitou a participarmos também da gestão das outras empresas. Como diretor executivo, liderei um corpo gerencial de quinze pessoas, cinco em cada concessionária. Um dos grandes desafios era gerir pessoas que tinham idade para serem meus pais, me viram entrar na empresa em 1988 como chefe de departamento e, oito anos depois, com apenas 30 anos, passei a dirigir líderes que num passado recente eram meus chefes. A última e mais desafiadora tarefa foi, em 1999, iniciar a separação das empresas e da sociedade, pois ninguém era mais capaz de resolver os conflitos gerados tanto nas empresas como nos assuntos familiares. A separação das empresas foi inevitável, sendo eu não apenas um funcionário, mas um amigo da família e o mais completo gestor de todas as informações, depois de mais de um ano e dezenas de reuniões, realizamos a separação de forma conciliatória, dezenas de milhões foram divididos. Finalmente, no ano 2000, tudo se acertou e, com a separação, entendemos ser o momento certo para a minha saída do grupo. Com um prêmio de U$ 100.000,00, me despedi dos que até hoje são meus amigos.

Em 2001, o desafio foi um tanto diferente e muito mais grandioso, pois iniciei minha trajetória de empreendedorismo. Fui convidado pelo meu irmão Kozuka a compor a sociedade que ele já mantinha com outros três sócios, a empresa Kenko Patto do Brasil, naquele momento composta por quatro ex-diretores da multinacional Nikken do Brasil, empresa multinacional detentora da marca dos colchões Kenko Patto no mundo inteiro. Deixei de ganhar mensalmente U$ 8.000,00 como executivo para receber U$ 1.000,00 de pró-labore, mas passaria a ser sócio proprietário da empresa com marca reconhecida mundialmente e uma história de sucesso no Brasil que vinha sendo construída desde 1983. Depois de alguns anos e pouco a pouco, os demais sócios foram saindo da empresa. Em 2003, ocasião que já estávamos todos em Sorocaba-SP, saiu o último sócio que iniciara o negócio com meu irmão, cinco anos de dificuldades se seguiram, ao ponto de chegarmos a ter cento e oito protestos em nome da nossa empresa e dívidas para com os governos nas três esferas. Período mais difícil financeiramente das nossas vidas, era como no dito popular: "Vender o almoço para comer a janta". Se somássemos o ativo da empresa, ele não fazia frente a um quinto do nosso passivo.

Por causa da nossa união como sócios e irmãos, somada à força do nosso corpo gerencial, formamos uma unidade com o desafio de tirar a empresa daquela situação de inadimplência e colocá-la em uma condição de prosperidade. Muito trabalho, dedicação, criatividade e coragem foram necessários para que, em janeiro de 2008, chegássemos com as contas em ordem e iniciássemos um período de crescimento. Com as finanças equilibradas, mais um desafio se apresentou a mim, fui desenvolver o trabalho de gestão de redes de distribuidores no sistema de vendas diretas e marketing multinível. Passei a viajar muito, conheci centenas de cidades e quase todos os estados brasileiros, visitando, formando, motivando e treinando distribuidores na apresentação do nosso negócio e nas vendas dos nossos produtos. Essa mudança de área de atuação foi um desafio dos mais valiosos que trilhei dentro da minha vida profissional, fazer algo diferente, mudar e poder viver experiências novas deve fazer parte da vida de todo o empreendedor, pois só assim ele vai se completando, lapidando e se transformando em um empreendedor e profissional cada vez mais completo. Essa temporada, que durou por volta de dez anos, foi incrível, pude aprender e desenvolver atividades totalmente diferentes daquilo em que me formei e trabalhei durante quase vinte anos. Era muito divertido, muito desafiador e encantador o fato de trazer alguém para o negócio sem conhecer nada e, em pouco tempo, você acompanhar essa pessoa e vê-la se transformar em um empreendedor, ganhar dinheiro, comprar casa, carros e fazer muitas viagens, inclusive internacionais, conquistas reais que jamais haviam passado sequer na cabeça de muitos que hoje fazem parte do nosso negócio. Foi mais ou menos nessa época, em 2008, que três jovens, um deles meu filho, e dois sobrinhos com idade média de 15 anos, iniciaram suas carreiras profissionais na empresa, estudando de manhã e trabalhando à tarde, passando por gestão e supervisão direta do meu sócio. A formação desses três jovens, que, depois de 13 anos, são hoje gestores do negócio. Com a costumeira dedicação, muito trabalho, transparência e conceitos administrativos de origem japonesa, conduzimos a empresa, a partir do ano de 2009, a uma reestruturação nos mais diversos setores. Colocamos todas as nossas contas em ordem, passamos a ser adimplentes e, com isso, em 2014, construímos nossa sede própria com recursos do próprio negócio, fizemos investimentos na área imobiliária, buscando criar uma reserva econômica para fazer frente às dificuldades normais e naturais do mundo empresarial no Brasil, equilibramos o caixa com reservas financeiras para investimentos e tranquilidade operacional, que nos proporcionaram abertura de uma filial nos Estados Unidos, e distribuidores na América do Sul e na Europa, fizemos nossas economias particulares, que nos proporcionam nos dias de hoje rendimentos para uma vida tranquila e segura.

Atualmente, eu, com 55 anos, e meu sócio, com 56 anos, compomos o conselho de administração do grupo, tendo à frente dos negócios nosso corpo de gestão empresarial. Nossa principal tarefa como conselheiros é acompanhar a gestão atual, orientando para o crescimento dentro da filosofia das cinco saúdes, que tem origem japonesa e que aplicamos nas nossas vidas, nas vidas das nossas famílias, dos nossos colaboradores e rede de distribuidores. Essa filosofia orienta para o equilíbrio nas saúdes espiritual, física, familiar, social e financeira, pois somente com o equilíbrio nessas saúdes o ser humano poderá alcançar um índice de felicidade que o fará viver a vida plenamente.

Enfim, espero que essa história profissional de alguém que tem como valores a família, a honestidade, a simplicidade e a honra possam motivar pessoas em busca de seus objetivos e construção dos seus legados.

28

COMO SEREI LEMBRADO?

Quando me pego a pensar na trajetória da minha vida, lembro de momentos nos quais me perguntava: como irei marcar meu nome na história? Como serei lembrado? Acredito que essas perguntas sondem os pensamentos de muitos. Quando fui convidado a escrever este capítulo sobre qual é o meu legado e o que tenho transmitido a outros, comecei a recordar de muitos momentos na minha vida e é isso que compartilho aqui.

SIDNEI D. MOTTER

Sidnei D. Motter

Contatos
sdmotter@hotmail.com
LinkedIn: www.linkedin.com/in/sidneimotter

Engenheiro eletricista pela UTFPR (2005), com MBA em Gestão Estratégica de Empresa pela FGV e pós-graduado em Gerência de Manutenção pela UTFPR. *Executive coach* pelo Integrated Coaching Institute (2018). Consultor, empreendedor, conselheiro, empresário e sempre buscando estar alinhado com o novo mercado por meio de formações como na Gonew.co em Master em Governança & Nova Economia e participando no Instituto Connect, em que vários executivos, dos mais diversos segmentos e países, se encontram para compartilhar, apreender e discutir o que há de mais novo no mundo da tecnologia, gestão e inovação.

É um profissional apaixonado pelo que realiza, com mais de 25 anos de experiencia no mundo executivo em empresas de grande porte e com grande interação multicultural em outros países, em setores como: bens de consumo, automotivo, alimentício e telecomunicações. Possui grande experiencia em gestão de fabricação com vários departamentos, em gestão de projetos e gestão de manutenção.

Quando olho para trás, vejo o quanto tenho que ser grato a Deus por tudo o que tem me proporcionado na minha história, pela família, pelos amigos, pelos ensinamentos, superações e pela fé de que tudo é possível quando se tem foco no caminho que Ele nos indica, com a esperança de seguir em frente e superar os desafios que surgirem, transformando-os em aprendizados para fazer melhor.

Tenho ainda mais claro de como meus pais foram fundamentais para o meu desenvolvimento como ser humano e como profissional. Pois através deles pude conhecer a beleza e a graça de me aproximar de Deus e o quanto isso foi fundamental na minha vida, no dia a dia, na família, no trabalho, na sociedade e na igreja.

Meus pais, em sua simplicidade, transmitiram através de palavras e ações, lições importantes para superar os grandes desafios que a vida nos proporciona, mesmo que, em muitos momentos da minha história, não os tenha praticado, sei que os ensinamentos ficaram com aquilo que Jesus nos ensinou: "amar ao próximo como a ti mesmo".

A origem

Minha família, tanto por parte de pai como de mãe, é de origem italiana, que chegou no Brasil aproximadamente na metade do século XIX, vindos com toda a esperança de uma vida nova nas terras do Rio Grande do Sul.

Por parte da família paterna, estabeleceram-se em diversas regiões do estado com atividades ligadas à produção de vinho, na agricultura e na indústria de madeira.

Por parte da minha mãe, atividades foram com agricultura e se estabeleceram no interior do Rio Grande do Sul, contudo, em 1970, meu avô e sua família se mudaram para o interior do Paraná.

Aqui começam alguns fatos curiosos, pois meu nono com sua família, também em 1970, foram morar justamente em uma cidade vizinha a da minha mãe, Medianeira. Por conta de algumas atividades de trabalho, as famílias se conheceram e, um dia, meu pai, seu João, andando com seu primo, falou que iria namorar a moça mais velha, e é o que veio acontecer semanas depois.

Mas o fato mais marcante foi que minha mãe, dona Amélia, tinha sonhado ou tido uma inspiração divina, ainda quando morava no Rio Grande do Sul, sobre como iria conhecer seu esposo. E, adivinha, quando meu pai foi pedir a minha mãe em namoro, todo o cenário foi exatamente igual, a casa, a varanda, o lugar, a roupa do meu pai, a calça, a camisa, o suspensório e até a boina de italiano.

Dois anos depois se casaram, tiveram minha primeira irmã, e já tiveram que superar grandes provações, pois ela faleceu no parto. Mas com fé e esperança perseveraram e, para encurtar um pouco a história, tiveram quatro filhos: duas meninas, eu e depois mais uma menina.

Meu pai sempre foi um "faz tudo", com uma habilidade e inteligência genuína de transformar e criar com perfeição tudo que trabalhou, como: agricultor, carpinteiro, ferreiro, mecânico, eletricista, pedreiro, soldador, entre outras inúmeras atividades que teve necessidade de exercer para poder levar o sustento à família.

E da minha mãe, dona Amélia, o que falar? De uma pessoa que dentro das suas limitações, sempre teve uma sabedoria inspirada pelo Espírito Santo, que sempre zelou, nos cuidou e mostrou o caminho da fé, da caridade, do despojamento, da renúncia pela família, pelos filhos. Um exemplo de pessoa que sempre sabia trazer lindas palavras e motivação à família para seguir em frente, com fé e confiança em Deus.

Minha família sempre foi muito simples, passamos por várias privações, meus pais abriram mãos de muitas coisas, passaram necessidades, mas sempre faziam tudo com muito amor e dedicação, construindo uma família no alicerce do amor e dos princípios cristãos.

Essa confiança em Deus foi mais uma vez demonstrada com tanto amor, sabedoria, perseverança e luta no momento que vi meus pais na maior batalha que tinham vivido até aquele momento, quando a minha irmã, 11 meses mais velha, a Marinêz, teve câncer aos 31 anos de idade e, depois de muita luta, veio a falecer. Como meus pais demonstraram o seu amor, dedicação, mas, acima de tudo, sua fé e amor a Deus. Quando minha mãe, com minha irmã nos braços fazendo uma oração à Maria, entregou minha irmã, que suspirou e se entregou. Minha mãe mostrou mais uma vez a coragem do amor e da fé.

Infância: uma das fases mais belas

Aos sete anos, veio a primeira grande mudança na minha vida e de minha família, que para mim na época foi um grande choque, pois saímos de uma cidade do interior para ir morar no sítio em um vilarejo menor ainda, onde tinha aproximadamente 800 pessoas. Lembro até hoje, o primeiro ônibus que pegamos para nos mudar, o trajeto, a ponte de madeira que passamos praticamente tocando o rio. Sentimentos se misturavam entre curiosidade de como seria morar naquele lugar e a perda das amizades de criança.

Hoje, vejo o quanto crescer no meio de máquinas que meu nono e meu pai utilizavam para fazer as reformas de carroça, transformando ferros e madeiras em verdadeiros equipamentos para o agricultor, mais as atividades da vida no campo, de lavoura, dos animais, do trabalho de acordar bem cedo e dormir tarde, me ensinaram tantas coisas e geraram em mim a curiosidade de aprender, de conhecer sempre algo novo, de arriscar.

Como foi uma fase muito importante, alegre, pude realmente ser criança, brincar, sonhar, errar, aprender, descobrir o novo, amizades, família. E onde aprendi desde cedo que servir, ajudar e estar à disposição de ajudar o próximo na comunidade, na igreja, no trabalho, onde for, é o melhor caminho para liderar e aprender, graças a essas grandes lições que meus pais me ensinaram na vivência dentro igreja e nos ensinamentos de Cristo.

A nova etapa

Em 1990, o CEFET-PR (Centro Federal de Educação Tecnológica do Paraná) abriu sua primeira unidade descentralizada, fora de Curitiba, isso mudou toda a trajetória da minha vida, pois, em 1993, quando veio o resultado de que tinha passado no curso de eletromecânica, eu estava prestes a tomar outro caminho, mas optei em seguir para área técnica. Foi um período que exigiu perseverança, muita renúncia, noites em claro, conciliando a vida árdua no campo e os estudos.

Quando estava para me formar, em 1996, vem a notícia de que algumas montadoras de automóveis se instalariam no Paraná, lembro como se fosse hoje o desejo que me despertou, que eu iria trabalhar na montadora francesa.

Ah! O primeiro emprego a gente não esquece. Foi como técnico em uma empresa de telefonia rural. Trabalhei durante dez meses e tive que aprender a dirigir e já tirar a carteira para caminhão. Viajava de 2000 a 3000 quilômetros por semana, visitando clientes em fazendas e pequenas propriedades, mas consegui economizar o dinheiro necessário para começar essa nova jornada, ir para uma cidade onde poderia cursar engenharia elétrica ou eletrônica.

Com isso, surgiu uma oportunidade de me mudar para Curitiba, e essa foi a segunda grande mudança na minha vida. Com 19 anos, fui morar na capital, com uma pequena mochila com poucas roupas, um colchão enrolado com uma manta e um travesseiro dentro, sem nenhum parente, somente alguns amigos, para começar uma nova vida.

Realizando os sonhos

Quando cheguei, em 5 de novembro de 1997, em um dia frio e chuvoso de Curitiba, vários sentimentos brotaram, sonhos, esperança, medos, mas com muita fé no caminho que Deus tinha me indicado. Passou um mês, várias entrevistas e nada de conseguir um emprego, começou a vir a preocupação, mas em determinado dia, veio o retorno e iniciei em novo trabalho.

Em 1998, aquele desejo de entrar na montadora francesa estava se realizando: no dia 3 de agosto, iniciava minha carreira no setor de automobilismo na área de manutenção industrial. Um mundo de descobertas e aprendizado sobre tecnologia, robôs, prensas, solda por indução, mergulhei com muita dedicação para aprender tudo aquilo que podia.

Mas, fato interessante que percebi mais tarde, é que na parte humana, em gestão de pessoas e na liderança, eu estava sendo lapidado nas atividades no grupo de jovens. Eu participava em um grupo de jovens grande, fazíamos retiros, em que jovens palestravam para outros jovens, com mais de cem participantes. Sendo assim, tive a graça de me desenvolver tanto na parte técnica quanto na humana.

Estava em ritmo frenético, trabalhando, estudando no cursinho pré-vestibular, participando em grupo de jovens, isso fazia com que eu dormisse de 3 a 4 horas por noite, mas como me sentia bem, pois estava realmente fazendo o que gostava, tudo fluía com muita naturalidade.

No grupo de jovens, conheci a pessoa que iria mudar completamente minha vida, a Sibelle, minha amada esposa, minha companheira, a pessoa que me fez e me faz melhor todos os dias, pois é uma pessoa com coração inigualável, uma mãe super dedicada e carinhosa, uma pessoa única, que, às vezes, pensa que é frágil, mas que é uma vencedora, uma lutadora.

Mas voltando um pouco, em dezembro de 1999, comecei a namorar, em 2000, iniciei no curso de engenharia elétrica, e na vida profissional começava a assumir o meu primeiro cargo de liderança, tendo, assim, um novo período muito intenso na minha vida, de dedicação, renúncia, perseverança, fé e esperança, o qual foi recompensado, pois, em quatro anos e meio, me formei em engenharia. Antes de me formar, casei-me, em 2003, com a Sibelle; na vida profissional, também já vinha evoluindo, ocupando várias funções de lideranças.

Em 2005, tive um momento muito marcante na minha vida, quando minha esposa ficou grávida – como eu festejei, como agradeci a Deus – mas também de muita provação: no dia da minha formatura, minha esposa acabou perdendo o bebê. Lembro que, durante toda a formatura fiquei emocionado, uma mistura de emoções, tristeza pelo acontecido, orgulho por ter dado essa alegria aos meus pais, felicidades por ter sido escolhido o melhor da turma. Mas com muito companheirismo, fé e esperança, superamos juntos essa etapa.

Novo caminho

Em 2008, tinha que tomar uma decisão de ir para a Argentina ou buscar uma nova empresa para priorizar uma situação familiar. Nessa época, já tinha um dos maiores presentes da minha vida, o meu filho, João Paulo, e tínhamos planos para ter mais filhos. E a providência de Deus me mostrou o caminho novamente, fui convidado a iniciar de forma direta na empresa automobilística francesa, na qual prestava serviço de manutenção e projetos.

Fiquei por 12 anos, iniciei como supervisor de manutenção, passei por diversas funções e departamentos, cada vez com maiores reponsabilidades e, aos 38 anos de idade, me tornei diretor adjunto da terceira maior fábrica do mundo desse grupo automobilístico.

Liderei aproximadamente 5000 pessoas entre operadores, técnicos, engenheiros, gestores e gerentes em três turnos de fabricação. Mostrei que a decisão foi acertada, pois o meu aprendizado como profissional e como pessoa foi imenso, e agradeço a todos os profissionais que passaram pela minha vida nesse período.

Porém, a dedicação, a entrega e as renúncias também foram grandes. Em 2009, nasce a minha primeira princesa, a Maria Luiza, que trouxe uma grande alegria, mas que, por causa do momento da vida profissional em que estava, acabei não dando todo o acompanhamento que precisava ter dado. E como isso marcou a minha vida como pai, pois vejo a diferença com a minha terceira filha, a Maria Paula, que nasceu em 2019, quando ninguém esperava. No momento mais desafiador da minha vida profissional, Deus nos presenteou com uma luz para toda a família. E hoje vejo o quanto estar presente na vida dela me faz feliz, me realiza como ser humano e quanto é importante para ela.

No final de 2019, começo a pensar muito no meu legado para a família, para a sociedade, para os meus amigos, sobre a minha carreira profissional. E isso começou a me inquietar no sentido de que gostaria de novos ares, novos caminhos, uma maior presença familiar. Em 2020, depois de 22 anos no setor automobilístico, novos caminhos começaram a surgir para outros segmentos industriais, empresariais, nova economia, empreender, dar consultoria, ou seja, um mundo a ser explorado, mas com a fé e esperança em Deus que sempre me guiou.

O que aprendi com tudo isso

Como fala o ditado: "todo grande caminho se dá pelo primeiro passo". Vejo hoje como os passos que dei desde minha infância, guiados pela fé e esperança em Deus, foram essenciais para construir minha carreira, minha família, minha vida em sociedade.

Revivendo esse filme das minhas memórias, lembro de tantos momentos de desafios, de desapego, de superação, aprender a desaprender para aprender novamente, de levantar a cabeça com ânimo nos momentos de queda, de fé com o joelho dobrado rezando e buscando a força no alto, em Deus, para continuar. Uma palavra que sempre vem em meu coração é que todo ouro é purificado no fogo.

Portanto o legado não se refere somente à carreira, como no meu exemplo, que saí de um pequeno sítio no interior e cheguei a estar como executivo em empresas multinacionais, mas sobre como você influenciou, aprendeu, compartilhou, acolheu, se colocou a serviço do próximo. Quando falo do próximo, são familiares, amigos, colegas de trabalho e até as pessoas que simplesmente passaram por você em algum momento qualquer.

O que aprendi é que a vida vale a pena ser vivida no amor, na esperança, no respeito, na fé em Deus, em olhar o ser humano na plenitude do seu ser, assumindo a liderança e a responsabilidade pelas escolhas que faz na vida, enfrentando os medos e superando os desafios.

Porque, no final, você será lembrado, não pelo cargo que ocupou em um determinado momento, porque tudo isso passa, mas será lembrado e seguido por aquilo que foi e transmitiu, se ajudou e se colocou a serviço do próximo.

Referência

BÍBLIA, N.T. Livro de São Lucas. In: *Bíblia Sagrada*.

29

CONECTE-SE COM A VIDA

Há uma magia que é "viver", pois tocamos vidas, seja de forma consciente ou não. Esse é nosso LEGADO e já é um poder que você tem no HOJE e no AGORA. Temos um papel muito importante na vida de quem nos cerca e saber qual é o estímulo que geramos e recebemos é fundamental. Conecte-se consigo, com a vida, com amigos e com sonhos. "As conexões movem o mundo!" Sua história é tão sensacional quanto a nossa, de superação, medos, conquistas, e isso inspira as vidas das pessoas que o cercam... Isso é legado!

SILVANA PAMPU

Silvana Pampu

Contatos
www.institutoconnect.org.br
connect@institutoconnect.org
LinekdIn: Silvana Pampu
41 99211 5427

Apaixonada por impactar vidas, seja por meio de temas de inovação, *life long learning* ou conexões. Experiências na área de pessoas e cultura em algumas empresas e atualmente estou como *HR Business Partner* na Renault Latam. Além disso, atuo como conselheira, colunista da *Gazeta do Povo* e presidente do grupo Pessoas e Cultura do World Trade Center. *Founder* do Instituto Connect, que é uma confraria de executivos, ávidos por aprendizagem e conexões. Esse legado uniu minhas paixões de conectar pessoas, *life long learning* e histórias inspiradoras. Almejamos ser um grupo de impacto, capaz de transformar vidas e resultados. Casada com o Paulo e mãe do Gabriel e do Leonardo, "meu mundo azul". Fui brindada com pessoas marcantes e uma família maravilhosa, pois são meu alicerce e meu estímulo de viver. "As conexões movem o mundo", pois o que seria das nossas vidas sem relacionamentos?

Acredito que cada escolha é uma renúncia, ou seja, estar conectado aqui nesta leitura já faz parte de uma decisão de estar deixando de lado coisas em paralelo... Assim é a vida, cheia de escolhas, tomadas de decisões que nos moldam, que nos abrem portas, que fazem nos sentirmos bem ou mal por escolhas tomadas ou até mesmo pela falta de tomá-las.

Começo com essa reflexão, pois é um pouco o que me trouxe até aqui, quando recebi o convite de escrever sobre legado, uma mistura de sentimentos, desde alegria por fazer parte de um projeto interessante e a sensação de insegurança, receio e voz interna dizendo: "Será que eu tenho um Legado a compartilhar?"

Mas uma das minhas características é ousar, arrepender-me pelo que faço ao invés do que pelo que deixo de fazer (nem sempre foi assim). Com reflexões rápidas acerca do que aprendi, desenvolvi, compartilhei e vivi com amigos e familiares, acredito que todos temos histórias e lições a compartilhar.

Inquietude

O fato de estar lendo um livro sobre "legado" já fala muito de você, provavelmente alguém que está buscando encontrar seu propósito de vida, como compartilhar lições, refletindo qual legado está deixando para humanidade, amigos e familiares.

Minha frustração nas buscas iniciais sobre "legado" inicia-se pelo dicionário e pela *Wikipedia*, pois não retratam de fato o motivo da nossa busca, ou seja, meu desejo é uma atualização no significado disponível no Google.

Legado 1

substantivo masculino

1. **Jurídico (termo)**

Disposição de última vontade pela qual o testador deixa a alguém um valor fixado ou uma ou mais coisas determinadas.

2. **Por analogia**

Ente querido, bem ou missão confiada a alguém por pessoa que está a ponto de morrer.

3. **Figurado (sentido) – figuradamente**

O que é transmitido às gerações que se seguem.
(Fonte: Google – Oxford Language)

Conforme podem observar, fala-se de uma "última vontade", de testamento, ente querido, de gerações que se seguem... Não quer dizer que não esteja correto, mas incompleto, haja vista essa nova linguagem usada nos últimos anos sobre "legado".

Minha frustração é que nosso legado é na vida, nas gerações que nos cercam, e não só nas futuras, no potencial que temos de transformar vidas, inspirar pessoas, construir sonhos etc. Estaríamos minimizando o potencial dessa palavra se não acreditarmos na sua força no HOJE, no AGORA, e na VIDA.

A inquietude que me move é um pouco de questionar o óbvio, é de saber que o mundo não é movido pelas respostas, mas pelas boas perguntas, saber que a curiosidade é uma das características-chave que não devíamos ir perdendo ao longo da vida, pois ela é nosso motor de aprendizagem.

Quem sou e quais são minhas crenças?

Uma apaixonada pela vida, entusiasta por desenvolvimento, amo trabalhar com temas de inovação, liderança etc. Mas muito mais do que carreira profissional, gosto de conectar pessoas, conectar vidas, sonhos, histórias. Acredito que as conexões movem o mundo...

Em uma reflexão rápida, observe seus últimos empregos: conseguiu por intermédio de indicações? Seus momentos mais legais de descontração, alegria, são conectados com amigos ou família, bons negócios de comprar, vender, trocar, sempre são através de conexões...

Enfim, a nossa vida é conectada, porém, quão intensos são esses pontos de conexão, quão verdadeiras são as relações, quão desgastadas estão as parcerias.

As conexões movem o mundo e você é um elo-chave dessa conexão.

Meu porto seguro e fonte de inspirações

Aqui já começa uma das minhas lições de vida, a família! Quando digo que tenho uma maravilhosa, é com todos os defeitos e qualidades que as famílias têm, e não a da propaganda da família ideal. Em conversas prévias com meus irmãos, já é nítido que o que marcou para cada um e a leitura de vida são diferentes, mesmo sendo os mesmos pais, esse já é o barato da vida.

Aqui recomendo esse exercício: perguntar a seus irmãos e pessoas próximas o que você acha que é marcante na sua família, valores e crenças passados etc. Irá descobrir que há sim um fio condutor, mas com leituras individuais que colorem as experiências e nos moldam ao longo da nossa jornada.

Seu primeiro grande legado de vida é nesse mini espaço existencial que chamamos de família, quem você é e o que representa para as pessoas que te cercam? Não apenas as "famílias" no sentido tradicional da palavra, até porque há um redesenho na estrutura familiar.

Observe as lições que teve, mas também observe quais estímulos você tem dado. Às vezes, não nos damos conta, mas para sobrinhos, primos, amigos, somos exemplos de sucesso, de comportamentos, de coragem ou ousadia. Os grandes ídolos que temos na maioria das vezes não são grandes empresários ou artistas, mas, são nossos pais, avós, tios, irmãos. Assim como comportamentos que mais repulsam o que achamos "certo" também tendem a estar nesse pequeno círculo de contato.

Vim de uma família simples, meus pais não terminaram o primário e nós, seus filhos, estudamos até o ensino médio em escolas públicas. Confesso que, nessa época, eu nem tinha sonho de fazer faculdade, porque parecia algo tão distante e irreal, mas, para orgulho dos nossos pais, os três filhos se graduaram, cada um com a sua história e seu desafio de como bancar, muita solidariedade entre nós e missão cumprida.

Aqui já é uma grande lição de vida: na época, meus pais não nos incentivavam a fazer faculdade, não porque não desejassem, mas por insegurança que não conseguíssemos pagar e nos frustrássemos. Por outro lado, se desdobravam para apoiar da forma que podiam e dentro da linguagem de amor deles.

Por que compartilho isso com vocês? Já ouvi a frase de não terem feito algo por falta de incentivo, mas é importante olharmos ao nosso redor e não colocarmos essa responsabilidade na mão de alguém. Hoje entendo que meus pais não tinham a ousadia de estimular algo que era desconhecido para eles, ou seja, termos concluído o ensino médio já era muito mais do que tiveram.

Essa busca de apoio na rede próxima, por vezes, acaba frustrando, pois nem todos tiveram vivência e repertório amplo para incentivar, por exemplo, a empreender, morar fora do país, fazer intercambio, ou seja, amplie sua rede de apoio para ter estímulos diferentes.

Não delegue a responsabilidade da sua vida ou carreira e não justifique algo que não teve a ousadia de tentar.

O mundo tem várias "janelas" para olharmos as perspectivas, observe quais são os sinais que você está dando para quem o cerca, e quais estímulos tem recebido de quem tem convivido. Pois a maior diversidade possível de experiências, crenças e histórias de vida, ajuda a ampliar seu repertório e sua visão de "Quem quer ser?" e "Qual legado quer deixar?"

Lições de vida

O processo de escrever esse livro tem sido um presente para reviver memorias e fazer analogias de experiências que vivi na infância e como as transformei em lições de vida.

Não é um processo fácil, mas te convido a pensar e enumerar quais foram as grandes lições que teve ao longo da vida?

- Amar: o amor na minha vida tem uma força incrível, amo muito quem me cerca, amo o que faço, amo a vida.
- Fé: indiferentemente da sua religião, a fé é a força de acreditar. No meu caso, acredito em Deus, confio muito, peço conselhos, converso, agradeço. É a minha força!
- Gratidão: pela vida, pelas pessoas, não apenas pelas coisas boas porque seria muito fácil ser grato assim, gratidão vai além.
- Juntos somos mais fortes! Parece uma frase clichê, mas, ao longo da vida e dos projetos, precisamos de pessoas, elas nos complementam, nos incentivam, desafiam.
- A força da inteligência coletiva: seja em projetos pessoais ou profissionais, cerque-se de pessoas incríveis. Não creia naquela bobagem que contar para outros dá azar. Cada um tem uma visão de mundo, que pode te ajudar a tirar o seu do papel.
- Cocriar: não construa projetos "PARA", e sim "COM" as pessoas, isso trará uma visão sistêmica e o desejo genuíno de que dê certo.
- Se joga! A grande sacada não é ter grandes ideias, mas a ousadia de implementar, se der medo, vai com medo mesmo.

A diferença não está na ideia fenomenal, porque o nosso potencial criativo é gigante, mas na nossa capacidade de realização, de tirar uma ideia do papel. Dê o primeiro passo!

O que te move?

Todos temos uma força interior, histórias de vida, um grande motivo ou por quem lutar. Cada leitor aqui tem uma história mágica de vida. É um ciclo, cheia de momentos, alguns bons, outros ruins, dias alegres e tristes, momentos coloridos e outros que gostaríamos de esquecer.

Acredito que o universo conspira a favor e que é difícil para muitas pessoas ser otimista, mas, no fundo, os acontecimentos não mudam, o que muda é a forma que lidamos com eles e encaramos o desafio.

Medo, pavor, raiva são sim sentimentos reais e que fazem parte de quem somos, mas eles também bloqueiam e limitam a nossa capacidade de encontrar alternativas. É preciso permitir-se ter um tempo de tristeza, luto, dúvidas etc., mas, depois disso, encontrar forças no seu interior, tomar decisões e se mover. O movimento, mesmo que lento, te leva de um lugar a outro e, com ele, você sai da inércia. Qual área da sua vida você gostaria de "transformar"?

A vida é uma jornada e precisamos aproveitar todo o percurso: "a jornada é tão importante quanto o destino", adoro viajar e curto ser surpreendida pelas experiências do percurso e, às vezes, acreditem, superam o destino.

Conheço muitas pessoas que se dedicam a trabalhar e falam que vão curtir a vida quando se aposentarem, ou atingirem a posição dos sonhos, ou quando os filhos crescerem. Na minha humilde opinião, não façam isso, o amanhã não nos pertence, e eventos inesperados, doenças e acidentes são provas disso. A pandemia de covid-19, por exemplo, roubou os sonhos de muitos que não tiveram "o dia do amanhã."

Outra analogia com meu *hobby* de viajar é quanto à sua bagagem. Inicie a viagem com pouca e tenha espaço para coisas novas, ou seja, não carregue cargas pesadas e não acumule sentimentos que não te façam bem.

Por outro lado, fazemos novas conexões e vivemos novas experiências que precisam compor sua bagagem de vida. Ou do que valeria a jornada da vida se, ao longo dessa estrada, não formos aprendendo, trocando e desaprendendo coisas?

Uma frase que gosto muito:

> *O analfabeto do século 21 não será aquele que não consegue ler e escrever, mas aquele que não consegue aprender, desaprender e reaprender.*
> ALVIN TOFFLER

Qual foi a última vez que você fez algo pela primeira vez?

Sempre fui inquieta, curiosa e amo aprender, fazer coisas diferentes, mas essa frase passou a me acompanhar desde uma formação de *Learning Agility*, ou seja, são agilidades de aprendizagem.

Gosto da reflexão que ela me provoca, porque sempre estamos repetindo as coisas na vida e é preciso ousar e romper "bolhas" de outras áreas para gerar novas experiências.

Essa paixão por aprender, estar antenada às tendências, por trocas e me conectar, fez com que criasse o Instituto *Connect*, que une algumas das minhas paixões. Na Confraria de Executivos, temos um DNA muito criativo, com discussões instigantes e, por ser on-line, permite conectar e democratizar o conhecimento.

Transito em outros "mini mundos", como agro, *tech*, serviços. E tem sido um dos motores para ampliar *networking* e acompanhar as inovações.

Experiências novas geram novos comportamentos e nos desafiamos a dar voz aos nossos executivos por meio de artigos para a mídia, mentoria a *startups* e ONGs, *peer coaching*, pois temos a crença de que a liderança não precisa ser solitária.

Criar algo em paralelo à minha carreira tradicional também permitiu ampliar horizontes e perceber que o mundo é de multitarefas e pode ser multirendas, sem uma coisa interferir em outra, mas serem complementares.

Superei inseguranças e receios e assumi novos desafios trabalhando com desenvolvimento de cultura de inovação, metodologias ágeis, futurismo em planejamento estratégico, parcerias para ampliar nosso ecossistema e modelos de negócios, ou seja, saindo mais uma vez de uma "zona de conforto" para uma "zona de aprendizagem".

Além disso, me tornei conselheira, mentora, presidente de *business club* etc., o que passou a ampliar meu olhar, me conectar com novas pessoas, descobrir novos "mundos".

Não foram decisões tranquilas, mas tive ao meu lado pessoas que acreditavam em mim. Faço parte de movimentos para o empoderamento feminino e falamos da Síndrome de Impostora, que é quando duvidamos da nossa capacidade de fazer algo. É tão imperceptível que eu não tinha me dado conta que estava prestes a declinar a oportunidade pelo receio de não ser boa ou sei lá quais eram os medos que eu me sabotava para justificar meu receio.

Cerque-se de pessoas que te recordem o quanto você é bom(a) em algo, o quanto você é capaz, não precisa saber fazer, mas ter a vontade e acreditar que irá aprender e que dará seu melhor.

Leve contigo a frase *Life Long Learning*, ou seja, a vida é um constante aprendizado, e esteja sempre com páginas em branco para escrever o próximo capítulo da sua história.

30

O QUE DEIXAREMOS AQUI? O QUE MAIS IMPORTA A VOCÊ?

Todos nós nascemos neste planeta sem saber o motivo, quais desafios serão encontrados e o que devemos fazer para deixarmos nossa marca para as futuras gerações. Por outro lado, à medida que investimos no autoconhecimento e descobrimos nossos talentos, é como se nascêssemos novamente e, a partir daí, podemos construir nossa vida como um escultor, aproveitando o caminho e deixando um legado para outras pessoas.

WAGNER MOTTA

Wagner Motta

Contatos
linktr.ee/wagnermotta.oficial
wagnermottaoficial@gmail.com
Instagram: @wagnermotta.oficial
Linkedin: linkedin.com/in/wagnermottaoficial
Youtube: Wagner Motta Oficial

É escritor, palestrante, advogado e mentor de carreira. Criador do método que, em seguida, se tornou o livro best-seller *O código da realização*. Conta com alunos em cinco continentes, MBA em Liderança, Inovação e Gestão pela Escola de Negócios da PUC, credenciado ao International Coaching Council – ICC.

Trabalhou durante 12 anos na área de RH da terceira maior empresa do mundo em seu segmento – Sabesp – e, desde 2011, atua como gestor jurídico na mesma empresa. É consultor formado pela Adigo Desenvolvimento, com fundamentos na antroposofia e especialista em análise de perfil. Estudioso da cultura e da filosofia chinesas, com formações como instrutor com mestres brasileiros e chineses.

É muito importante pensarmos sempre em nossas origens, visto que raízes profundas acabam sendo a sustentação para as grandes árvores e, como sabemos, a natureza é sábia!

Minhas histórias podem ser diferentes das suas, porém, certamente existem pontos em comum entre elas; o cinema sabe muito bem disso quando se utiliza, por exemplo, da jornada do herói para criar seus enredos.

Na jornada do herói, para ser bastante objetivo, temos algumas etapas mais ou menos semelhantes as quais o personagem central percorre no decorrer da história.

Lembram-se do filme *Rocky Balboa*? No início da trama, o personagem principal sempre sofre muito e, neste caso, ele pertence a uma família de origem humilde que enfrenta diversas dificuldades. Após uma longa jornada de esforço, ele obtém uma grande oportunidade: a chance de ser um lutador profissional.

A partir daí, ele começa a se desenvolver e a vencer algumas lutas, atraindo olhares de fãs e, assim, seu entorno familiar e de amigos começa a crescer.

Após muito esforço e treinos pesados, consegue a grande chance de sua vida: a disputa do título mundial!

Nas lutas decisivas, nosso personagem sempre começa levando uma grande surra, esse é um ponto comum no enredo da jornada do herói: as grandes dificuldades enfrentadas.

Após literalmente apanhar muito, naturalmente, ele desperta em todos nós uma grande torcida para que possa reverter aquele quadro tão desfavorável e aí está uma das magias da jornada, visto que nos identificamos através de nossa humanidade com aquela situação, é despertado um gatilho muitas vezes inconsciente de empatia.

Quando tudo parece perdido, nosso herói começa a mudar o jogo e aí temos uma grande lição de superação com a vitória final em cada uma dessas lutas.

A ideia de trazer essa primeira história é para que você comece a refletir sobre quantas lutas você teve que passar e superar para chegar onde está hoje e também que a jornada é longa e pode ser revertida até o final, que ainda não chegou para nenhum de nós, pelo menos não neste momento em que escrevo e neste momento em que você está lendo.

Até o final de nossas histórias, você certamente irá mergulhar profundamente em suas vivências e tudo isso ficará ressoando por um bom tempo, podendo gerar ações que modifiquem seu destino.

Onde tudo começa...

Voltando a falar um pouco de origem: todos nós devemos ter um sentimento de gratidão aos nossos antepassados, visto que abriram caminho para que pudéssemos estar hoje aqui.

Tudo começa muito longe, depois passa por nossos avós e pais; sendo que, para estes últimos, temos que reservar um capítulo muito especial, visto que ninguém deu algo mais valioso do que eles deram a nós, que foi a vida!

Por esse motivo, devemos ter gratidão eterna, independentemente das outras histórias pessoais que cada um de nós possui com os pais e mães.

Assim, aproveito este espaço para agradecer profundamente aos meus pais pela vida e por tudo o mais que fizeram por mim.

Nos momentos mais difíceis e nos melhores também, sempre procuro pensar em meus pais, em suas histórias e todo o legado que deixaram para mim e meus dois irmãos.

A vida vai propiciando alguns impulsos; assim, precisamos reconhecer e valorizar a história de nossos antepassados que vieram todos em seu tempo e com as circunstâncias da época, contribuindo para tudo o que estamos vivenciando na atualidade.

Assim, desde já, quero deixar claro que não há nada mais importante do que nossas famílias.

Particularmente, sinto-me muito privilegiado por ter recebido impulsos importantes da família e da vida, assim como poder ter iniciado minha vida profissional muito jovem, o que me trouxe muitos aprendizados, e por ter me casado muito bem, com uma relação que me fornece um lar equilibrado e saudável, propício ao desenvolvimento de todos.

Gratidão à minha esposa, por ser quem é e por ter me propiciado ser pai do Matheus, um verdadeiro presente de Deus!

Com a base familiar, reconhecendo e agradecendo toda ajuda e apoio recebido em diversas situações, podemos seguir em frente.

Assim como a história do *Rocky Balboa*, minha vida também contém momentos de grandes desafios, principalmente relacionados à minha saúde, sendo que, em algumas ocasiões, cheguei a "beijar a lona".

Seguindo o roteiro da jornada do herói, após muitas pancadas, aprendi a lidar com muitos desafios, criar uma proteção para novos golpes e também saber ter empatia com outras pessoas que passam por problemas similares.

Assim, percebemos que em nossos momentos mais difíceis, e minha família sabe de muitos dos que precisei superar, acabamos saindo mais fortalecidos.

Todos nós, de um modo ou de outro, temos nossas dores, fragilidades e desafios, e o que venho aprendendo por experiência própria e pelos estudos é que o que fazemos com aquilo que acontece conosco é o que faz toda a diferença no final.

O valor dos pais!

Como palestrante e escritor, já tive a oportunidade de agradecer publicamente muitas vezes ao meu pai e à minha mãe pela base que me ofereceram para que eu pudesse bater asas e pelo apoio em diversos momentos.

Todo esforço no trabalho para prover com educação, cuidados médicos e outros elementos importantes para os três filhos, enfim, o que eu agora como pai busco dar para meu filho, Matheus, tive a oportunidade de ter com meus pais.

Como temos um espaço reduzido aqui, gostaria de lembrar um momento bastante importante de minha vida.

Neste exato momento que escrevo, ainda passamos pelo drama da pandemia da covid-19, mas, antes disso, em 2009, tivemos um surto da chamada gripe A ou gripe suína, como era conhecida.

Desde criança, tenho problemas respiratórios. Em 2009, meu filho era muito pequeno, com menos de um ano. Fato é que fiquei internado com suspeita em razão do surto e o quadro foi se agravando de forma muito preocupante; não podia ver meu filho e aquilo me deixou muito abalado.

Minha mãe esteve ao meu lado naquele momento absolutamente crítico no hospital, em que tudo estava dando errado; atrasavam o horário dos remédios, e a mancha em meu pulmão aumentava gradativamente.

Por fim, o diagnóstico foi uma pneumonia. Depois de vários dias de internação, pude sair do hospital e recomeçar minha vida, com utilização de medicamentos de uso contínuo.

Agradeço muito à minha mãe por estar comigo o tempo todo e apenas nós dois sabemos o terror que vivemos naquele hospital.

Antes disso, já havia passado por algo muito impactante em relação à minha saúde, em 2003, deixando suas marcas, mas que, graças à ajuda de muita gente e de Deus, consegui superar e administrar até hoje.

Tal história conto com mais detalhes no meu livro: *O Código da Realização,* e como desenvolvi uma metodologia a partir disso para ter mais resultados em meio a grandes adversidades.

Como falei anteriormente, quando levamos muita pancada e sofremos, sempre há escondido uma semente de aprendizado e podemos nos tornar mais fortes, ou como nas palavras da moda, resilientes ou antifrágeis, sendo que não gosto muito desta última.

Após o evento de 2003, em que fiquei afastado do trabalho por 70 dias, acabei voltando com mais força e buscando práticas e técnicas que pudessem me blindar e me ajudar no processo de superação e retomada.

A partir dali, vieram algumas promoções e realizações de diversos projetos vitoriosos!

Na empresa em que trabalho, cheguei a uma posição em que pude colocar em prática o que vinha aprendendo na área de RH e nas diversas formações que fiz, o que me propiciou muito prazer e resultados positivos.

Paralelamente, lancei o livro: *O código da realização*, que conta com prefácio da incrível Leila Navarro e foi um sonho realizado da melhor maneira possível!

O lançamento ocorreu no "Maracanã" dos escritores, a livraria Cultura do Conjunto Nacional na Avenida Paulista, aqui em São Paulo, um dos lugares que mais gostava de visitar e prestigiar os lançamentos de livros dos grandes ícones. Tive a oportunidade de fazer uma palestra de lançamento ao lado da Leila Navarro e, em seguida, na estrutura exclusiva montada para a ocasião, autografar os livros vendidos.

O livro se tornou um *best seller* muito rapidamente e hoje, além das vendas da versão física em todo o país e da versão digital em diversos países, temos as vendas do livro físico também no Japão, no outro lado do planeta!

Paralelamente, tive a oportunidade de lançar dois cursos virtuais com bônus de vários profissionais de grande destaque no cenário nacional, como Leila Navarro, Tathiane Deândhela, J.B. Oliveira, Alexandre Lacava, Arnaldo Neto, o saudoso Humberto Pazian e outros grandes amigos!

Também me sinto muito feliz por ter participado de projetos voluntários de mentorias para jovens e microempreendedores; no primeiro caso, ter contribuído para recolocações ou obtenção do primeiro emprego para jovens, de fato não há preço que pague e, na segunda experiência (microempreendedores), ter ficado em primeiro lugar com meu mentorado logo na primeira experiência também foi muito gratificante.

Meu filho hoje tem 13 anos e também poderá ler meus artigos, livros, assistir a meus cursos virtuais ao longo do tempo, visto que são materiais atemporais, assim fica aí o registro para todos que já consumiram esses materiais ou ainda o farão como meu legado, que conseguiu romper fronteiras com grande alcance em todas as partes do país e fora.

Somos seres complexos e, sinceramente, aquele ditado:

"Tenha um filho, escreva um livro e plante uma árvore" ainda tem muita relevância e faz muito sentido!

Deixo aqui uma pergunta a você:

Qual é o livro que você tem dentro de si que ainda não revelou ao mundo?

Use seus talentos, disposição e vontade para construir aquilo que é uma oportunidade incrível: sua vida!

Talvez para você o caminho não seja escrever livros, plantar árvores ou até ter filhos, mas o mais importante é descobrir com clareza aquilo que dará significado à sua vida e seguir em frente!

Para finalizar, vou parafrasear o grande professor Marins:

"A inteligência é o farol que ilumina o caminho, mas não faz andar, o que faz andar é a vontade."

Que possamos ter vontade de seguir em frente, fazendo aquilo que sabemos ser o certo, respeitando nossos valores e buscando o bem comum!

Faça de sua vida uma obra-prima! Seja você mesmo e seja feliz!

A felicidade está na construção de nós mesmos.